Martin Zobel (Hg.)

Wenn Eltern zu viel trinken

**Risiken und Chancen
für die Kinder**

Die Deutsche Bibliothek – CIP-Einheitsaufnahme

Zobel, Martin:

Wenn Eltern zu viel trinken – Risiken und Chancen für die Kinder /
Martin Zobel –
Bonn : Psychiatrie-Verl., 2001
(Ratschlag)
ISBN 3-88414-272-0

Weitere Bücher des Psychiatrie-Verlages, auch zum Thema Alkohol,
finden Sie im Internet. Besuchen Sie unsere Homepage:
http://www.psychiatrie.de/verlag

Originalausgabe, 1. Auflage
© Psychiatrie-Verlag, Bonn 2001
Kein Teil dieses Werkes darf ohne Zustimmung des Verlags vervielfältigt
oder verbreitet werden.
Umschlaggestaltung: marcus lau hintzenstern, Berlin, unter Verwendung
einer Grafik von Stefan Mitzlaff, Kassel
Satz: Marina Broll, Dortmund
Druck und Bindung: Clausen & Bosse, Leck

Martin Zobel (Hg.)

Wenn Eltern zu viel trinken

Risiken und Chancen
für die Kinder

Psychiatrie-Verlag

Inhalt

Vorwort   8

Erfahrungen mit trinkenden Eltern

Im verbotenen Paradies
Veronika   12

»Ich habe keine Gefahr gesehen«
Sascha   21

»Willst du nicht mal probieren?«
Bettina   26

Wie der Vater, so der Sohn
Hans-Jürgen   32

Alkohol und dessen Auswirkungen auf die Familie

Die Situation der Kinder in alkoholbelasteten Familien
Martin Zobel   38

Was ist eine Alkoholabhängigkeit und wie entsteht sie?
Johannes Lindenmeyer   53

Zwischen Mitgefühl und Ohnmacht:
das Leben mit einem Suchtkranken
Monika Rennert   62

Alkohol in der Schwangerschaft
Hermann Löser   78

Kinder stark machen – aber wie?

Prävention und Frühintervention bei Kindern
aus suchtbelasteten Familien –
Ergebnisse einer Modellstudie
Michael Klein und Martin Zobel   90

»Mein Kind hat nichts gemerkt ...«
Die Kinder- und Jugendseminare in den
Kliniken Daun-Thommener Höhe
Claudia Quinten   105

»Seelisches Bodybuilding« –
Präventive ambulante Gruppenarbeit mit Kindern
und Jugendlichen aus Familien Suchtkranker
Theresa Ehrenfried und Reinhardt Mayer   113

Die »vergessenen Kinder« –
eine wichtige Zielgruppe der Suchtprävention
Dirk Bernsdorf   128

»Die nehmen uns die Kinder weg!«
Das Jugendamt zwischen Hilfe und Härte
Interview mit Siegfried Holtorf   136

Die Zuständigkeiten müssen klar sein
zwischen Suchthilfe und Jugendhilfe
Gespräch mit Siegfried Holtorf und Dirk Bernsdorf   143

Chancen für die Zukunft

»Die Gruppe ist ein Ort, wo ich Kraft und Ruhe finde«
Selbsthilfegruppen für erwachsene Kinder
Arno Winkelmann   150

**Sex & Drugs & Alkohol oder
»Jetzt bin ich auch noch schwanger!«**
Helga Dilger   162

**Wenn die Realität zum Albtraum wird –
Posttraumatische Belastungsstörungen bei
Kindern alkoholkranker gewalttätiger Eltern**
Monika Vogelsang   169

**»Es tut mir gut, eine klare Grenze zu kennen« –
Kontrolliertes Trinken bei Jugendlichen und
jungen Erwachsenen aus alkoholbelasteten Familien**
Joachim Körkel   178

Damit das Trinken ein Ende hat – handeln statt aushalten
Arno Winkelmann   195

Der Hilfeverein KOALA e.V.   214

Anhang

**Checkliste zur Risiko- und Ressourceneinschätzung
für Jugendliche und Erwachsene aus
alkoholbelasteten Familien**   218

Hilfreiche Adressen   229

Literatur   233

Der Herausgeber   236

Die Autorinnen und Autoren   236

Vorwort

Wenn Eltern zu viel trinken, kann sich kein Mitglied der Familie entziehen, am wenigsten die Kinder. Das übermäßige Trinken von Vater oder Mutter hat Auswirkungen auf die gesamte Familie und verändert das Miteinander grundlegend, die Kinder erleben häufig über Jahre hinweg eine angespannte und angstbesetzte Atmosphäre. Willkürliches und widersprüchliches Verhalten des abhängigen Elternteils, nicht eingelöste Versprechungen und enttäuschte Hoffnungen gehören zum Alltag. Zudem haben oft auch andere Verwandte, wie etwa Onkel oder Großväter, ein Alkoholproblem, so dass es »normal« ist, übermäßig zu trinken. In der Folge finden nicht wenige Jugendliche selbst den Weg zum Alkohol– ein Teufelskreis scheint sich zu schließen. Gleichzeitig entwickeln viele Betroffene aber auch Kompetenzen, die sie für ihr weiteres Leben stark machen.

Dieses Buch möchte die mittlerweile erwachsenen Kinder von alkoholkranken Vätern oder Müttern in ihrer Entwicklung unterstützen und ihnen weitere Perspektiven eröffnen. Es ist ebenfalls gedacht für Mitarbeiterinnen und Mitarbeiter in der Sucht- und Jugendhilfe, die ein entsprechendes Angebot für Kinder aus alkoholbelasteten Familien entwickeln möchten.

Aufbauend auf Schilderungen von Männern und Frauen, die in einer Familie mit einem alkoholkranken Elternteil aufgewachsen sind (*Erfahrungen mit trinkenden Eltern*) wird im zweiten Teil (*Alkohol und dessen Auswirkungen auf die Familie*) zunächst praktisches Handlungswissen vermittelt: Wie muss man sich die Situation von Kindern in alkoholbelasteten Familien vorstellen, welche spezifischen Risiken können bestehen und welche Möglichkeiten haben die Betroffenen, darauf zu reagieren? Die verschiedenen Facetten einer Alkoholkrankheit werden ebenso beschrieben wie typische Reaktionen von Angehörigen. Da bei mütterlichem Alkoholmissbrauch die Gesundheit der Kinder während der Schwangerschaft gefährdet ist, wird ausführlich auf die mögliche vorgeburtliche Schädigung des Kindes durch Alkohol sowie auf Interventionsmöglichkeiten im späteren Leben eingegangen.

Der dritte Teil des Buches (*Kinder stark machen – aber wie?*) stellt fundierte Programme für Kinder und Jugendliche aus alkoholbelasteten Familien vor. Ausgehend von Ergebnissen eines Forschungsprojekts werden konkrete Konzepte und Erfahrungen in der präventiven Arbeit mit Kindern und Jugendlichen aus alkoholbelasteten Familien vorgestellt. Auch die Jugendhilfe nimmt Stellung und beschreibt die Arbeit mit alkoholbelasteten Familien aus Sicht eines Jugendamts.

Konkrete *Chancen für die Zukunft* bilden den Schwerpunkt im vierten Teil. Hier werden Erfahrungen mit Selbsthilfegruppen für erwachsene Kinder aus alkoholbelasteten Familien vermittelt und die Arbeit einer Anlaufstelle für schwangere Frauen mit Suchtproblemen dargestellt. Da eine Reihe von Betroffenen die Nachwirkungen ihrer (Gewalt-)Erfahrungen im Elternhaus auch im späteren Leben noch empfindlich spüren, wird das Phänomen der posttraumatischen Belastungsstörung beschrieben und auf entsprechende Hilfemöglichkeiten verwiesen. Zur Prävention eines eigenen Alkoholproblems wird die Methode des kontrollierten Trinkens erläutert. Neben den konkreten Hilfemöglichkeiten für die Kinder, zeigt die in den USA entwickelte und hier noch wenig praktizierte Methode der Intervention einen Weg, wie Angehörige und Freunde gemeinsam, unter Anleitung eines Therapeuten, den abhängigen Elternteil zu einer Entgiftungs- und Entwöhnungsbehandlung motivieren können. Schließlich wird auf den Hilfeverein KOALA e.V. verwiesen, einem Zusammenschluss von engagierten Wissenschaftlern und

Praktikern zur Unterstützung von betroffenen Kindern und Jugendlichen.

Im Anhang finden Sie eine *Checkliste* zur Einschätzung der eigenen seelischen Gesundheit sowie des eigenen Umgangs mit Alkohol. *Adressen* von speziellen Anlaufstellen sowie *Literatur* zur Vertiefung runden das Buch ab.

Bedanken möchte ich mich bei Karin Koch vom Psychiatrie-Verlag für die konstruktive Zusammenarbeit. Ein Dankeschön an Sabine Flesch für das geduldige Transkribieren der Gesprächs-protokolle.

Ich wünsche mir, dass möglichst viele Betroffene von diesem Buch profitieren und ihren Weg jenseits des Alkohols finden. Es würde mich freuen, wenn Mitarbeiterinnen und Mitarbeiter in der Sucht- und Jugendhilfe dazu ermuntert werden, selbst ein Angebot für Kinder, Jugendliche und Erwachsene aus alkohol-belasteten Familien aufzubauen, um die vorhanden Fähigkeiten und Ressourcen der Betroffenen weiter auszubauen.

Martin Zobel
Koblenz, im Juli 2001

Erfahrungen mit trinkenden Eltern

Im verbotenen Paradies

Veronika, 30

Für mich waren Kneipen schon immer das absolute Paradies. Schon als Kind, wenn mein Vater mich dorthin mitnahm. Alle freuten sich, dass wir da waren, alle hatten Spaß, es gab Musik und lautes Lachen, erwachsene Menschen spielten mit Karten oder Würfeln, ich durfte flippern und Likör trinken. Dort durfte ich sein, wie ich wollte. Niemand erwartete etwas von mir, keiner erzog an mir herum. Vor allem: Dort mochten alle meinen Vater. Ich musste endlich kein schlechtes Gewissen mehr haben, einen derart »unmöglichen« Menschen zu lieben. Dass die Fröhlichkeit hauptsächlich auf dem Alkoholpegel aller Anwesenden beruhte, war mir egal.

Der Reiz dieses »verbotenen Paradieses« hat mich niemals losgelassen; die letzten zehn Jahre habe ich mehr Nächte in schillernden Kneipen und in üblen Rockschuppen verbracht als in meinem eigenen Bett.

Mein Vater war damals so anders als die anderen Erwachsenen in meiner Familie: Er hatte Freunde, war lebenslustig, gesellig, er lachte viel, ging aus, amüsierte sich, rauchte, trank, spielte und vertrat lautstark seine Meinung. All dies wurde in der extrem konservativen, hart arbeitenden Familie meiner Mutter, wo jeder lebenslänglich in fest verteilten Rollen seine Pflicht erfüllt, verachtet. Mir erschien das Leben, das mein Vater führte, damals wesentlich erstrebenswerter als das freudlose der anderen in unserer Familie. Selbst wenn er volltrunken war, war er lebendiger als die anderen. Eine grundlose Tracht Prügel, weil ich irgendwie im Weg war, fand ich bei weitem nicht so schlimm wie das stundenlange Herumgenörgel meiner Mutter oder ihre tagelangen Vorwürfe und Schuldzuweisungen.

Sie hatte natürlich meinem Vater verboten, mich in seine Kneipen mitzunehmen. Zu Hause ging dann sofort die Keiferei wieder los. Ich wurde unter Beschimpfungen ins Bad gezerrt, um den Kneipengestank abzuschrubben. Und danach tagelang behandelt wie eine kriminelle Verräterin.

Ich habe meinen Vater immer darum beneidet, dass er den ständigen Maßregelungen und Verhaltensnormen meiner Mutter entgehen konnte. Wenn er weg war, war es zu Hause richtig schlimm. Meine Mutter trank zwar nie, aber sie benahm sich furchterregender und peinlicher als jeder Betrunkene. Sie raste hysterisch durch die Wohnung, heulte und schluchzte, dass sie allein gelassen worden sei. Sie kontrollierte seine Hausbar, um zu überprüfen, wie viel er getrunken hatte. Sie durchsuchte seine Kleidung nach Haaren oder Parfum von anderen Frauen. Sie löcherte mich mit Fragen, wo er mit mir gewesen sei, was und wie viel er getrunken hatte. Ich habe mich so geschämt für sie. Und verstehen kann ich es bis heute nicht. Wenn sie ihn so doof fand, hätte sie doch froh sein müssen, dass er nicht da war. Wenn er zurückkam, war sie aber auch nicht froh, sondern dann gab es richtig Terror. Das habe ich noch weniger verstanden.

Ich nehme an, die schnell wechselnden Launen meines Vaters hingen mit seinem Alkoholpegel zusammen. Wenn die Johnny-Walker-Flasche auf dem Tisch nicht mehr voll genug war, brach er einen Streit mit meiner Mutter vom Zaun, der stets mit dem Satz endete: »Mir reicht's! Ich geh jetzt in die Wirtschaft.« Die Wirtschaft schien eine Art Strafe für meine Mutter zu sein, die ihre Wirkung nie verfehlte.

Warum meine Mutter neun Jahre lang mit ihm verheiratet blieb, weiß ich nicht. »Wegen mir« sicher nicht, denn den meisten Ärger handelte ich mir wegen meinem offensichtlichen Unglücklichsein und meinem Nichtfunktionieren ein. Auch dass ich meinen Vater so sehr liebte, war schon immer eher ein Problem. Mein Vater war in dieser Familie eine Art Fremdkörper. Durch unsere Ähnlichkeiten ging ich davon aus, genauso unerwünscht zu sein wie er. Später hat mir das als Beleidigung gemeinte »wie ihr Vater!« immer eher den Rücken gestärkt.

Die Ehe meiner Eltern war ein ziemliches Fiasko, in unserer Wohnung war eigentlich immer Streit, Gewalttätigkeit oder eisiges Schweigen. Da lebten zwei Menschen miteinander, die sich offensichtlich nicht ausstehen konnten. Meine Mutter hasst Alkohol und Zigaretten, sie hasst Musik und Unternehmungen aller Art. Freunde hat sie nie gehabt, auch keinen Beruf. Menschen, die anders leben, als sie es für angemessen hält, bezeichnet sie als »primitiv« oder »ordinär«. Sie lehnt bis heute alles ab, was nichts mit hübschen Dekorationen, Museumsbesuchen, teurer Kleidung oder Kosmetik zu tun hat. Sie machte es zu ihrer Lebensaufgabe, ihrem Ehemann alles auszutreiben, was ihr nicht gefiel. Ständig versuchte sie ihn zu animieren, mal ein Buch zu lesen, nicht mehr zu rauchen, Geld zu sparen statt zu verspielen, und vor allem: ihr zuliebe mal *einen Tag lang* nicht zu trinken. Sie litt demonstrativ darunter, dass er ihre Verbote nicht befolgte, hielt Vorträge, machte Szenen, benahm sich in jeder nur erdenklichen Weise peinlich. Dies alles blieb erfolglos, machte es zu Hause aber nicht gerade gemütlich.

Wenn ich mein Kinderzimmer verlassen wollte, musste ich durchs Wohnzimmer durch. Wenn unten Streit war, blieb ich im Bett. Wenn es ruhig war auch, denn dann saß meine Mutter dort und wartete auf meinen Vater. Wenn ich aufkreuzte, fiel sie stattdessen über mich her. Runtergetraut habe ich mich nur, wenn unten der Fernseher lief. Dann war mein Vater da, bei seinen Flaschen mit diesen dramatisierten Flüssigkeiten. Großes Glück hatte ich, wenn sich meine Mutter nicht heulend im Badezimmer, sondern im Schlafzimmer eingeschlossen hatte. Ein paar Mal hatte ich Pech, da brach ein hässlicher Streit aus, weil mein Vater versuchte, meine Mutter aus dem Bad zu beordern, damit seine Tochter mal aufs Klo konnte.

Als ich fünf Jahre alt war, lief mir meine Katze zu, was mein Leben dort erträglicher machte. Wir zwei hielten uns hauptsächlich in meinem Zimmer auf. Bis ich zehn Jahre alt war, habe ich regelmäßig ins Bett gemacht. Das gab mächtig Stress mit meiner Mutter, war aber angenehmer als nachts diesen Kriegsschauplatz zu durchqueren und Prügel oder Beschimpfungen abzubekommen. Die Angst, die ich jetzt oft habe, wenn es gilt, meine Wohnung zu verlassen, fühlt sich so ähnlich an. Nur heftiger. Und unbegründeter. Die Wahrscheinlichkeit, da draußen angegriffen zu werden, ist heute äußerst gering.

Da es bei meinen Eltern ziemlich unerträglich war, hielt ich mich meist bei Oma und Opa auf. Sie wohnten im gleichen Haus. Meine Oma sorgte in ihrer nüchternen und praktischen Art dafür, dass ich regelmäßige Mahlzeiten bekam, ordentlich gekleidet war und mir ab und zu jemand die Haare wusch. Mein Opa führte einen Malermeisterbetrieb, da blieb wenig Zeit für die Familie. Aber wenn er da war, war er der weltbeste Opa. Er schleppte dicke Bücher an und brachte mir Lesen bei. Er zeigte mir, wie man mit Hammer, Nagel, Bohrmaschine und Farbpinsel umgeht, kletterte mit mir durch Wälder und Bäche und kannte die Namen von jedem Baum und jedem Tier. Ohne ihn und meine Tante wäre ich kaputtgegangen. Mit allen anderen wollte ich so wenig wie möglich zu tun haben. Schon ein Jahr bevor ich in die Schule kam, konnte ich flüssig lesen und versuchte, dem Familienhorror zu entgehen, indem ich mich mit Stapeln von Büchern in mein Zimmer verkroch.

Die Ehe meiner Eltern endete, als ich acht Jahre alt war. Eine Nachbarin war beherzt und genervt genug und rief die Polizei, als mein Vater mal wieder randalierte. Danach kam er einfach nicht mehr nach Hause. Erklärt hat mir niemand etwas, alle taten einfach so, als habe er nie existiert. Meine Mutter saß heulend herum und bekam Wutanfälle, wenn sie mich sah. Lange ging ich davon aus, dass er im Gefängnis sei und deswegen nicht mehr da wäre. Als er dann vor meiner Schule stand, war ich sehr froh. Er zeigte mir seine neue Wohnung und versuchte, mir zu erklären, dass er nicht mehr mit uns leben würde, aber weiterhin mein Papa bliebe. Verstanden habe ich das nicht. Außerdem war ich an seine Launen gewöhnt, und ich wünschte mir so sehr, dass er wieder zurückkam. Er hat mich dann noch ein paar Mal von der Schule abgeholt. Meistens gingen wir Eis essen. Ich mochte nie Eis und verabscheue es bis heute, aber mein Vater war der Ansicht, dass alle Kinder Eis mögen. Für ihn war es eine Gelegenheit, sich durch die Regale italienischer Alkoholika durchzutrinken und mit den Kellnerinnen zu flirten. Zu Hause gab es deswegen mächtig Stress mit meiner Mutter, denn sie hatte mir verboten, noch mal mit ihm mitzugehen.

Von meinem Vater habe ich erfahren, dass meine Mutter sich scheiden ließ. Niemand in meiner Familie hatte es für nötig befunden, mir das zu erzählen. Er erklärte mir auch, dass er kein Besuchsrecht hätte, ihm das aber egal sei. Mittlerweile ist die Rechtsprechung verändert worden. Damals hatten Kinder leider noch nicht das Recht, Wünsche zum Umgang mit ihren Eltern zu äußern. Auch waren Scheidungen und allein erziehende Elternteile noch nicht an der Tagesordnung. Ich war die Einzige in meiner Schulklasse, die nun keinen Papa mehr hatte.

Klingt vielleicht komisch, aber ich war immer sehr stolz auf meinen Vater. Egal, wie betrunken er war, er sagte zumindest das, was er wirklich dachte. Ich fand es toll, dass er nur das tat, wozu er gerade Lust hatte. Ich konnte mir also immer sicher sein, dass er einfach gerne Zeit mit mir verbrachte. Ausflüge, Spielen und wildes Herumtoben beruhten bei ihm sicher nicht auf Pflichtgefühl. Ich mochte seine grobe, herzliche Art sehr, und ich finde es bis heute schade, dass er eines Tages einfach wegblieb.

Viele Jahre lang habe ich noch gehofft, er käme mich holen und ich dürfte dann bei ihm leben statt bei meiner Mutter. Sie heiratete nach einiger Zeit meinen Stiefvater, wir drei zogen dann weg von der Familie. Nachdem ich begriffen hatte, dass er nicht versuchen würde, so zu tun, als sei er nun »mein richtiger Papa«, kamen wir prima miteinander zurecht. Ich mag ihn sehr und bin im Nachhinein sehr froh, dass meine Mutter genau diesen Mann ausgesucht hat.

Schon als kleines Kind habe ich Alkohol lecker gefunden. Ich tat alles, um irgendwo ein paar Schlückchen von diesen verbotenen Getränken zu erhaschen. Als mein Vater dann weg war, habe ich mich durch seine dagebliebene Flaschensammlung durchgetrunken. Es störte ja niemanden mehr, wenn etwas leer war oder mit etwas anderem aufgefüllt. Außerdem machte die Wirkung der Getränke das Zusammenleben mit meiner Mutter erträglicher. Alles war so schön egal und irgendwie weiter weg.

Ich hätte nie damit gerechnet, dass Alkohol für mich mal ein Problem werden könnte. Im Gegenteil, später als Jugendliche und junge Erwachsene war ich immer stolz darauf, die meisten Männer lässig unter den Tisch trinken zu können. Ein Leben ohne Alkohol, Drogen, wilde Partys und laute Musik? Blödsinn. Nicht zu trinken und keine Drogen zu nehmen erschien mir spießig, bieder, brav, langweilig. Klingt nach Askese, und so fühlte es sich auch an. Ich habe Unmengen von Alkohol in mich hineingeschüttet und in den Augen meiner Familie höchst »unmoralisch« gelebt.

Ich glaube, es gibt einige Zusammenhänge zwischen der Alkoholikerkarriere meines Vaters und meinen eigenen Alkoholproblemen. »Vernünftig« betrachtet erscheint es unlogisch, als Erwachsene das zu tun, was einem als Kind schon üble Probleme bereitet hat. Trotzdem habe ich nie eine andere Möglichkeit gesehen. Betrunken muss man sich nicht schämen für das, was man tut oder denkt. Es entlastet. Nicht so sehr, weil andere den Bonus vergeben (»Die kann nix dafür, dass sie sich peinlich benimmt«), eher eine Entschuldigung vor mir selber. Von wegen »in vino veritas«. Klar, Alkohol enthemmt, je mehr, desto besser. Aber gerade deswegen war es für mich immer ein Mittel, mal jemand anders sein zu dürfen. Urlaub von mir selber.

Das Schöne an Alkohol ist, dass er so einfach und billig überall zu bekommen ist, man stürzt sich nicht in extreme finanzielle Probleme. Man muss auch nicht die sexuellen Bedürfnisse irgendwelcher Dealer erfüllen, man muss nicht mal lächeln. Kokain dagegen bringt diese unangenehmen Begleiterscheinungen mit sich, von den körperlichen mal ganz abgesehen.

Ziele hatte ich überhaupt nie. Bei meiner Lebensführung ging ich davon aus, sowieso nicht alt zu werden. Es schien logisch, irgendwann bei einem Sauf- oder Kokainexzess einfach tot umzufallen, weil mein Körper nicht mehr mitmacht. Dass ich jahrelang die Partykönigin abgegeben habe, hat zumindest einen Vorteil: Ich habe nicht mehr das Gefühl, irgendwas zu verpassen.

Bis heute reagiere ich etwas allergisch auf alles, was ich als Kontrolle, Bevormundung oder Erziehungsversuch empfinde. Von Vereinnahmungsversuchen ganz zu schweigen. Wegen meiner Sauferei gab es natürlich haufenweise Stress mit anderen, von unerwünschten »guten Ratschlägen« bis hin zu Beschimpfungen. Nicht nur von Partnern, die übrigens alle selber tranken, sondern auch oft genug von Freunden und Bekannten. Komischerweise war aber immer ich diejenige, die Freundschaften oder Beziehungen beendete.

Vor einem halben Jahr habe ich aufgehört zu trinken. Kokain habe ich seit zwei Jahren nicht mehr angerührt. Ich hätte nicht gedacht, dass es so schwer werden würde. Ich dachte, wenn ich erst mal den Wunsch hätte, mein Leben zu verändern, würde es ab dann bergauf gehen. Ich dachte, Willenskraft allein würde reichen. Der Wille ist weiterhin da, aber das allein reicht offensichtlich nicht. Ich bin froh, einen »Spezialtherapeuten« gefunden zu haben, der sich mit Sucht auskennt. Alleine käme ich mit den Folgeproblemen, vor denen ich nun stehe, sicher nicht klar.

Ich habe keine Ahnung, was ich mit Gefühlen machen soll, auf die ich früher einfach ein paar Liter Rotwein gekippt habe. Oder mit dem Ekel vor plötzlichen Erinnerungen, mit den Erwartungen von anderen. Ich weiß nicht, wie andere Menschen damit umgehen. Realität ist für mich Neuland. Fühlt sich wackelig und unsicher an. Ich bin viel zu verletzbar, als dass regelmäßiger Kontakt mit anderen möglich ist. Leuten zu vertrauen ist sowieso nicht gerade meine Stärke. Und Dinge so anzusprechen, wie sie sind, auch nicht. Überhaupt: Dinge ansprechen. Oder gar Gefühle. Bei allem, was meine eigene Meinung betrifft, oder gar Dinge, die ich mir anders wünschen würde, hört es sowieso auf. Wenn es mir nicht gut geht, kann ich gar nicht sprechen. Ich kann dann meine Wohnung nicht verlassen, ich kann nicht ans Telefon gehen.

Mächtige Schuldgefühle treiben mich dazu, mich alle paar Monate bei Geburtstagen mal zu Hause »sehen zu lassen«. Da bekomme ich dann ständig Vorwürfe zu hören, dass ich mich nie blicken ließe, man hätte mir doch nichts getan usw. Jeder erzählt mir, wie sehr ein beliebiger anderer darunter leiden würde, dass ich so aus der Art geschlagen sei, wie schlimm mein Verhalten für XY sei und mein schlampiges Aussehen für Z. Vor allem meine Mutter will einfach nicht begreifen, dass ich nun mal so bin, wie ich bin. Wo sie sich doch so viel Mühe gegeben hat, alles Störende an mir wegzuzuziehen. Nach einem Familientreffen habe ich früher zwei oder drei Tage nonstop gesoffen. Heute verbringe ich danach ein bis zwei Tage im Bett, im Dunkeln und mit ausgestöpseltem Telefon.

Durch die Sauferei habe ich nie irgendwelche beruflichen Ziele verfolgt, das Höchste an »Planung« war: »Wäre toll, später mal 'ne eigene Kneipe zu haben.« Ich habe eine abgebrochene Berufsausbildung, ein abgebrochenes Studium und keinerlei berufliche Qualifikation. Und große Probleme, ohne Alkohol allein die körperliche Anwesenheit anderer Menschen zu ertragen, von Gesprächen ganz zu schweigen.

Die existenziellen Probleme, vor denen ich jetzt stehe, habe ich mir selber eingebrockt. Dieses Wissen macht es nicht leichter, auf Alkohol zu verzichten. Gerne würde ich manchmal aus der Wirklichkeit aussteigen. Kein »Du musst/solltest/hättest gemusst« mehr in meinem Kopf, wenigstens für kurze Zeit.

Seitdem ich nicht mehr trinke, falle ich immer mehr in ein altbekanntes Verhalten zurück: Schweigen, Nichtvorhandensein, mich verbarrikadieren, keinen an mich ranlassen. Alkohol war immer eine gute Möglichkeit, meine Ruhe zu haben. Keine Angst, keine störenden Gedanken. Nichts kommt richtig an einen ran, und wenn doch, dann trinkt man einfach noch mehr.

Seltsam ist schon, dass so viele scheinbar erfolgreiche, selbstbewusste Leute ohne Alkohol offensichtlich nicht amüsierfähig sind. Ohne Alkohol läuft gar nichts, alle trinken und ich komme mir komisch vor, wenn ich mein Wasser bestelle.

Schade ist, dass mein Alkoholproblem mich einsamer gemacht hat. Die wenigen Leute, die ich kenne, die sowieso selten was getrunken haben, verstehen nicht mal das Wort Sucht. Es sagt ihnen nichts. Die anderen, die wie immer weitertrinken, sehen kein Problem, finden mich höchstens lächerlich oder ein bisschen überspannt. Was noch schlimmer ist: Die, die mich gut kennen und wissen, wie schwer es mir fällt, ein »normales« Leben zu führen, behandeln mich, als hätte ich nun einen Heiligenschein. Dabei fühle ich mich gar nicht so. Eigentlich bin ich eher traurig. Ich fühle mich nicht besonders erfolgreich oder stark.

Es gibt aber Ausnahmen. Und die Reaktionen meiner engsten Freunde bestätigen meinen Eindruck, in die richtige Richtung zu gehen, und überraschen mich immer wieder. Sätze wie »Klasse, wenn wir nichts trinken, können wir ja mit dem Auto fahren« oder »Nüchterner bist du echter, nicht unbedingt einfacher, aber das macht nichts« begegnen mir und machen mich ein bisschen hilflos.

Meine Freunde freuen sich, wenn ich nicht mehr trinken muss. Sie sehen es nie als ihren Verdienst an, obwohl ihre stetige Freundschaft – größtenteils über viele Jahre hinweg – sicher eine Menge dazu beigetragen hat. Sie mochten mich schon früher, egal in welcher Verfassung ich gerade war, und sind zum Glück nicht beleidigt, wenn ich mich heute mal eine Weile nicht melde oder wenn ich keine Lust habe, etwas zu unternehmen.

Überhaupt habe ich ziemlich wenig Lust zu etwas. Spaß haben ist für mich ohne Alkohol kaum vorstellbar. Ich fange an, mich selber langweilig zu finden, und bin immer überrascht, wenn andere mich trotzdem mögen, obwohl ich so bin, wie ich bin. Tja, offensichtlich reicht es nicht, irgendwelchen Süchten einfach nicht nachzugeben, um ein glückliches Leben zu führen. Offensichtlich artet es in Arbeit aus, aber ich bin bereit, es anzugehen.

»Ich habe keine Gefahr gesehen«

Sascha, 25

In meiner Familie haben eigentlich alle getrunken: meine Mutter, mein Vater, mein Opa und meine Tante. Der Opa war morgens um 10 Uhr schon voll. Meine Mutter und meine Tante waren rund um die Uhr betrunken und außerdem voll gepumpt mit Medikamenten und Tabletten. Wenn ich Glück hatte, wurde ich morgens geweckt, wenn nicht, musste ich eben selber sehen, dass ich pünktlich in die Schule kam. Frühstück gab es sowieso nie, da die anderen noch völlig fertig in den Betten lagen.

Und dann in der Schule – meine Gedanken waren zu Hause geblieben: Was, wenn meine Mutter wieder betrunken die Treppe herunterfällt? Dass sie total betrunken war, wenn ich nach Hause kam, war normal.

Ich bin immer zuerst zu meiner Oma gegangen und habe die Lage gecheckt. Oma war der einzige erwachsene Mensch in meiner Umgebung, der nicht getrunken hat. Manchmal frage ich mich, wie sie das alles ausgehalten hat. Meine Oma war der ruhende Pol. Bei Oma gab es mittags immer etwas zu essen. Da war immer ein gemachtes Bett und sie hat sich auch dafür interessiert, ob ich die Hausaufgaben mache oder nicht. Sie war einfach immer da. Ich weiß nicht, was aus mir ohne meine Oma geworden wäre. Meistens bin ich nachmittags bei ihr geblieben und erst später nach Hause gegangen.

Dort habe ich mir dann das Theater angeguckt oder angehört. Meine Mutter hat mich selten in Ruhe gelassen. Immer kam sie mir hinterher, sofern sie noch gehen konnte, hat sich an mich geklammert und mich voll geheult, bis ich mich in mein Zimmer verzogen habe. Ich konnte es irgendwann nicht mehr hören, weil ich sowieso nichts daran verändern konnte.

Abends habe ich mich um meine jüngere Schwester gekümmert, sie ein bisschen getröstet und mit ihr gespielt. Ich war sehr traurig, fühlte mich hilflos. Da war die kleine Schwester, die konnte ich in diesem Krieg ja nicht alleine lassen, die war noch viel zu klein und konnte sich nicht wehren.

Es gab unzählige Entziehungskuren und Entgiftungen, und immer war es wie ein Schlag vor den Kopf, wenn meine Mutter nach drei oder vier Wochen heimkam und wieder anfing zu trinken. Die Hoffnung war zwar immer da, dass sie nichts mehr trinkt, aber die Chance war höchstens 50 : 50. Irgendwann habe ich auch nicht mehr daran geglaubt, denn jedes Mal, wenn sie wieder mit dem Trinken anfing, hat sie ständig beteuert, wie Leid es ihr tut und dass sie demnächst aufhören wird. Aber es war klar, dass es so weitergeht und genauso enden würde wie die etlichen Male davor auch.

Da sind Situationen in so einem kleinen Dorf, die sind so furchtbar, das kann man gar nicht beschreiben. Wenn die eigene Mutter total abgemagert durchs Dorf läuft und jeder sagt: »Guck mal, da geht doch deine Mutter.« Dann muss man sagen: »Na und?« Ich hatte immer ein ganz grausames Gefühl und Tränen in den Augen, wenn ich sie sah und nicht helfen konnte. Wenn sie wie auf allen vieren durch das Dorf ging oder auf Festen ausfallend wurde. Wurde ich darauf angesprochen: »Das war doch gestern wieder deine Mutter, war ja wieder hackevoll«, musste ich sie immer verteidigen.

Wenn sie nüchtern war, war sie herzensgut. Dann wollte sie alles gutmachen, was sie in der nassen Zeit verbockt hatte und wollte wieder Strenge aufbauen: Hausaufgaben machen, pünktlich zum Essen kommen, pünktlich schlafen gehen usw. Sie wollte eben die gute Mutter spielen. Wenn sie dann, durch was auch immer, wieder anfing zu trinken, konnte sie das nicht. Dann hat sie zwar auch geklammert und geklammert, aber es war ganz anders. Sie hat geheult, dass es ihr Leid tut und sie wüsste ja auch nicht, warum. Aber ich konnte sie einfach so nicht lieb haben, konnte sie nicht drücken und ihr nichts anvertrauen, weil sie mich damit anschließend immer eiskalt erwischt hat: Sie hat mich, um an Alkohol zu kommen, mit diesen Geheimnissen erpresst oder bloßgestellt. Das war einfach nur widerlich.

Wir waren ansonsten zu Hause eine ganz eingeschworene Sippe, der eigentlich nichts passieren konnte, weil wir immer zueinander gehalten haben. Mit dem Stiefvater lief allerdings überhaupt nichts, der redet ja keine zwei Wörter mit mir. Da bin ich immer der Dumme gewesen, das war schon gang und gäbe. Damit muss man schon umgehen und leben können. Und dann immer wieder dieses ständige Trösten untereinander.

Ich habe mittlerweile Angst, dass ich jetzt erwachsen werden muss. Dass ich nie mehr zu denen hingehen kann und man ganz brutal jetzt die Erwartung an mich hat: »Du bist jetzt schon über zwanzig, du Weichei. Es gibt niemanden, der in deinem Alter noch so an der Mutter hängt.« Das Verhältnis zu meiner Mutter war früher wie heute total intim. Ich gehe in fast jeder Situation zuerst zu ihr, bevor ich zu meinem Freund gehe oder zu sonst jemandem, und umgekehrt ist es genauso. Sie sagt immer: »Du bist mein Sohn, ich lasse dich niemals fallen.«

Am 60. Geburtstag meines Opas habe ich zum ersten Mal Alkohol getrunken. Ich war zwölf Jahre alt. Plötzlich war ich total betrunken. Danach kam die übliche Discoabend-Phase am Wochenende. So richtig bewusst ist mir erst mit 16 geworden, dass ich beim Einschlafen eine panische Angst vor dem Sterben hatte. Meine Uroma war zwei Jahre zuvor gestorben und ich habe gesehen, wie sie tot die Treppe heruntergetragen wurde.

Ich hatte zu der Zeit bei meiner Oma ein kleines Zimmerchen und konnte abends wunderbar abschalten, wenn ich vier bis fünf Flaschen Bier trank und mir dabei einen Videofilm ansah. Es ging mir fantastisch und ich konnte einschlafen, ohne an den Tod zu denken. So ging das dann weiter. Tagsüber die Lehre, abends Abschalten bei Oma. Das Bier habe ich mir immer abends gekauft, denn da hat mich ja außer der Oma niemand gesehen, da war ich sicher. Und vor allen Dingen bin ich dann ohne irgendeinen Gedanken eingeschlafen. Ich habe oft ein bisschen fantasiert, wie schön alles sein könnte, wie gut es mir dann gehen würde.

Und dann wurde es immer mehr, von Monat zu Monat. Da haben fünf Flaschen nicht mehr gereicht, bis ich dann so auf acht Flaschen Bier war. Konstant jeden Tag, d.h. abends. Die musste ich gezielt kaufen. Da wusste ich, das reicht. Neun Flaschen Bier habe ich meistens nicht runterbekommen, sieben waren zu wenig. Ich konnte regelrecht die Uhr danach stellen: Ich habe abends um halb sechs angefangen zu trinken und bin um elf Uhr ins Bett gegangen. Von meinem 17. Lebensjahr bis heute habe ich jeden Tag, den Gott erschaffen hat, acht oder neun halbe Liter Bier getrunken, also etwa sieben Jahre lang. In diesen Jahren gab es nicht einen Tag, an dem es nicht mindestens acht Flaschen Bier waren, nicht einen Tag. Es gab Wochenenden, da hatte ich nichts zu essen im Haus, aber für jeden Abend acht Flaschen Bier.

Meine Mutter hat immer wieder gesagt: »Wie kannst du nur? Du hast doch gesehen, was dann passiert. Du hast doch gesehen, was dabei rauskommt. Hast du nicht genug gesehen? Hast du nicht genug erlebt?« Und ich habe dann immer entgegnet: »Ja, ja, aber ich werde nicht abhängig, mir passiert das nicht.« Ich konnte mir nie vorstellen, dass ich einmal so in der Ecke liege, so heule und so absinke. Ich habe doch nur abends mein Bier getrunken. Ich konnte das nie vergleichen, obwohl ich wahrscheinlich schon mittendrin war. »Ich trinke doch nur beim Videofilm mein Bier. Ich trinke doch nicht schon morgens. Ich zittere nicht. Das passiert mir doch nicht. Das ist doch gar nicht schlimm«, habe ich mir immer wieder gesagt. Ich habe keine Gefahr gesehen. Wenn ich betrunken war, dann ging es mir ja gut. Dann war alles gar nicht mehr so schlimm, was ich da sehen musste oder dass ich arbeiten musste.

Meine Mutter hat mich trotzdem nie fallen lassen. Sie hat immer zu mir gestanden. Nur voriges Jahr im November, als die Depressionen und Ängste bei mir ganz akut wurden, da hat sie gesagt: »Nein, es geht nicht mehr.« Und ich habe selber kapiert, dass mir im Grunde nur eine Therapie helfen kann.

Ich telefoniere fast jeden Tag mit ihr. Es ist gar nicht so einfach, selbständig zu werden. Sie hat bis heute immer alles für mich gemacht, sofern sie konnte.

Meine Mutter ist jetzt seit fünf Jahren trocken. Ich glaube, die letzte intensive Entgiftung, die sie gemacht hat, war in einem guten Haus. Da hat sie vielleicht mal etwas verstanden. Vielleicht hat sie es kapiert. Vielleicht aber auch wegen des körperlichen Zustands, in dem sie sich zuletzt befand. Ich vermute, dass sie total am Boden war. Tiefer konnte ein Mensch gar nicht mehr fallen. Sie war in jeglicher Hinsicht unten. Sie hätte also nur noch sterben können oder sich helfen lassen.

Ich hoffe, dass ich es auch schaffe, vom Alkohol loszukommen. Es ist verdammt schwer, aber ich habe es mir fest vorgenommen. Ich möchte selbst einmal Kinder haben. Und die sollen einen Vater erleben, der sich um sie kümmert und sie liebt. Ohne Alkohol.

»Willst du nicht mal probieren?«

Bettina, 33

Das Verhältnis zu meinem Vater war gerade in meiner Jugend nicht einfach. Es war für mich oft nicht kalkulierbar, warum und wann er mir positiv gesonnen war und warum und wann nicht. Oft genügte mir ein Blick ins Zimmer, um sofort auf dem Absatz kehrtzumachen. Es gab Begegnungen mit ihm, denen ich irgendwann den Namen »Sternstunden« gab. In diesen »Sternstunden« kamen wir uns sehr nah und ich gab viel von mir und meinen Gefühlen preis. Ich hatte einige Male die Hoffnung, es möge der Durchbruch gewesen sein. Doch oft kam es schon am nächsten Tag wieder zu heftigen Streits und Auseinandersetzungen – meist nur um Kleinigkeiten – und mehr als einmal wurde meine Offenheit mit verletzenden Bemerkungen bestraft. Irgendwann beschloss ich dann, mich ganz zurückzuziehen und nichts mehr zu riskieren.

Wichtige Dinge besprach ich mit meiner Mutter und nicht mehr mit ihm. Wenn mein Vater sich bei Entscheidungen einmischen wollte, die ich bereits getroffen hatte (z.B. Wahl der Fächer in der Oberstufe; Urlaub mit Freunden), und diese durch

Androhungen wieder rückgängig zu machen versuchte, gab es große Streits und lange Schweigephasen. Auch als Erziehungsperson war mein Vater für mich nicht wirklich relevant. Einmal sagte mein Vater zu mir: »Ich glaube, ich habe meine Autorität versoffen.« Er hatte Recht.

Mein Vater hatte schon als Jugendlicher viel getrunken. Er war dann, wie er mir später schilderte, mutiger und enthemmter und konnte besser seine Meinung sagen. Ende der 60er, Anfang der 70er Jahre spitzte sich sein Alkoholkonsum zu. 1972, damals war ich fünf Jahre alt, durchlief er eine sechsmonatige Entwöhnungsbehandlung, wobei ich mich nicht mehr erinnern kann, dass und wie meine Eltern damals mit mir über den Alkoholismus und den Sinn und Zweck der Therapie gesprochen haben.

An das Trinken selbst und seine Folgen habe ich ebenfalls nur vage und eher bildhafte Vorstellungen. Bei einigen Erinnerungen und Eindrücken, die ich heute habe, weiß ich nicht genau, ob es sich dabei um miterlebte Ereignisse oder um spätere Schilderungen meiner Eltern handelt. Und im Nachhinein bin ich froh darüber, dass es meiner Mutter gelungen ist, vieles von mir fern zu halten, denn aus Erzählungen weiß ich heute, dass es seinerzeit doch »ganz schön zur Sache gegangen ist«, wie z.B. 1971, als mein Vater unmittelbar vor Weihnachten mit Suizid drohte, weil meine Mutter ihn nicht ziehen lassen wollte.

Nach der Entwöhnungsbehandlung trank mein Vater sieben Jahre lang von 1972 bis 1979 keinen Alkohol, besuchte aber zusammen mit meiner Mutter regelmäßig eine Selbsthilfegruppe. Mein Vater war zwar »trocken«, doch wurde mir und meiner Schwester sein nicht immer ganz unproblematisches, cholerisches Verhalten von meiner Mutter mit der Krankheit Alkoholismus erklärt und auch entschuldigt. Und ich erinnere mich, dass mich das oft ziemlich genervt hat, denn es hatte den Anschein, als beinhalte diese Krankheit einen Freifahrschein für gemeines Verhalten.

Ab 1979 begann mein Vater für ca. anderthalb Jahre kontrolliert zu trinken, d.h., er trank Alkohol, war aber nicht betrunken. Erst viel später habe ich erfahren, dass das kontrollierte Trinken für Alkoholiker auf Dauer nicht möglich ist. Der Absturz ließ auch nicht lange auf sich warten: Karneval 1981 war es so weit. Zu der Zeit musste mein Vater beruflich lange Strecken fahren und ich habe mitbekommen, dass er unterwegs zweimal so betrunken war, dass Kollegen ihn erst seinen Rausch ausschlafen lassen mussten, bevor er sich wieder auf den Heimweg machen konnte.

Ich habe dann oft abends im Bett gelegen und gehört, wie mein Vater noch mal das Haus verlassen hat und mit dem Auto losgefahren ist. Das Einschlafen fiel mir oft nicht leicht. Es gab eine Situation, in der er betrunken zu meiner Schwester und mir ins Zimmer kam. Er begann zu weinen und sagte, er wolle das alles nicht und wir sollten ihn nicht hassen. Diese plötzliche Nähe war uns unheimlich. Im Nachhinein bot dieser Rückfall mir die Gelegenheit, erstmals wirklich eine Vorstellung davon zu bekommen, um was für eine Krankheit – von der in unserer Familie schon so lange mehr oder weniger die Rede war – es sich da überhaupt handelte. Zum Glück sind mir viele schlimme Erfahrungen, die andere Kinder in alkoholbelasteten Familien machen müssen, erspart geblieben, denn mein Vater hat, wenn er betrunken war, oft lange geschlafen.

Ostern 1981 wurde das Trinken meines Vaters so extrem, dass meine Mutter aktiv wurde: Sie stellte ihm den Esstisch voller Flaschen, dekorierte alles mit Luftschlangen und Luftballons und legte einen Zettel dazu, auf dem stand: »Sauf, sauf, sauf, von nun an geht's bergauf.« Dann fuhr sie mit uns zu meinen Großeltern. Ostermontag kam auch mein Vater betrunken dorthin. Er hatte die Absicht, mit dem Trinken aufzuhören, und bat meine Mutter, ihm dabei zu helfen, weil er es allein nicht schaffen würde. Mein Vater war erst eine Woche »trocken«, als er zum Deutschlandtreffen der AA (Anonyme Alkoholiker) fuhr. Er traf dort einen Freund, der ihn einfach in die Arme nahm und sagte: »Schön, dass du wieder da bist.« Kürzlich erst antwortete er mir auf die Frage, was ihm AA gebracht habe: »Alles.« Und das hängt wohl ganz stark mit dieser Begegnung zusammen. Mein Vater hat den Rückfall bis heute überwunden, aus eigener Kraft heraus, mit der Hilfe meiner Mutter und AA und ohne eine Therapie zu machen – jetzt beim Schreiben merke ich, dass ich darauf stolz bin.

Aus all dem Erlebten heraus habe ich ein sehr distanziertes Verhältnis zum Alkohol entwickelt. Es gibt bis heute nur wenige alkoholische Getränke, die mir schmecken und die ich in geringen Mengen rein zum Genuss trinke. Als Jugendliche hatte ich nur ein einziges Mal einen Schwips; das Gefühl, meinen Körper nicht mehr 100%ig unter Kontrolle zu haben, habe ich als so abstoßend empfunden, dass es nie wieder so weit kam.

In meinem Freundeskreis bin ich mit meinem völligen Verzicht auf alkoholische Getränke immer wieder auf Unverständnis gestoßen. So sagte z.B. meine damalige beste Freundin nach einem Kneipenbummel, obwohl sie wusste, dass mein Vater Alkoholiker war: »Ich finde das ganz merkwürdig, dass du nur Säfte trinkst. Willst du Alkohol nicht mal probieren?« Überhaupt fiel es mir recht schwer, Freundschaften zu schließen, denn mit Gleichaltrigen konnte ich oft nicht allzu viel anfangen.

Das Thema Abhängigkeit tauchte in meiner ersten Beziehung wieder auf, denn mein erster Freund war drogenabhängig. Ich hatte zwar sehr schnell beschlossen, dass ich mich im Falle eines Rückfalls trennen würde, was ich auch nach acht Monaten getan habe, dennoch begann ich mich mit der tieferen Bedeutung, die dahinter steckte, zu befassen. Mich beschäftigten Fragen wie: Warum einen abhängigen Freund? Verfolgt mich das Thema Sucht? Kann ich den Kreislauf noch durchbrechen? Mir wurde in dieser Zeit ganz bewusst, dass Alkohol in meinem weiteren Leben keine entscheidende Rolle spielen sollte.

Die Zeit des Studiums verbrachte ich in einer Stadt, in der es Al-Ateen-Meetings (Selbsthilfegruppe für Jugendliche aus alkoholbelasteten Familien) gab. Und diesen Meetings verdanke ich zahlreiche Erfahrungen und die Begegnung mit vielen lieben Menschen. In der ersten Zeit war es für mich interessant zu erfahren, was andere Kinder mit ihren alkoholabhängigen Eltern erlebten bzw. durchlebten. Später konnte ich vielleicht dem einen oder der anderen durch die Schilderung meiner Erfahrungen Hinweise geben, die hilfreich waren. Ich habe aber auch eine weniger erfreuliche Erfahrung mitgekriegt: Zwei Schwestern, die sich nach kurzer Zeit in der Gruppe öffneten und dadurch viele Anregungen mit in ihr Familienleben nahmen, wurden ihren Eltern nach einiger Zeit zu »aufmüpfig«, so dass diese es gar nicht mehr gerne sahen, dass ihre Töchter in die Gruppe gingen.

Mein zweiter Freund und heutiger Ehemann ist zum Glück nicht alkoholabhängig. Dennoch kam es zu Beginn unserer Partnerschaft über fast sechs Jahre immer wieder zu Konflikten, die die Themen Alkohol und Trinkverhalten betrafen. Wir lernten uns im Studium kennen und er trank bei gelegentlichen Kneipenbesuchen mit Kommilitonen einige Gläser Bier. Heute weiß ich, dass sein Trinkverhalten völlig unbedenklich war, doch damals sah ich in ihm den potenziellen Alkoholiker, den ich vor seinem Niedergang bewahren musste. Es kam deswegen immer wieder zu Streitereien und ich musste mühsam lernen: Es gibt doch tatsächlich Menschen, die Alkohol trinken können, ohne abhängig zu werden oder zu sein. Als wir in unsere erste gemeinsame Wohnung zogen, tauchten weitere Konfliktthemen auf: Ich ertrug es nicht, dass es in unserem Haushalt Bier – und gleich eine ganze Kiste! – geben sollte. Und gelegentlich sichtbar herumstehende Flaschen brachten mich auf die Palme. Auch hier dauerte es eine Weile, bis ich damit umzugehen lernte.

1994 bekam ich eine Stelle als Sozialpädagogin in einer Beratungsstelle, die familienorientiert mit Kindern und deren Eltern aus alkoholbelasteten Familien arbeitet. Ich ging sehr unbedarft an diese Arbeit heran und hatte nicht damit gerechnet, dass die Einarbeitung nochmals zu einer massiven Konfrontation mit meiner eigenen Familiengeschichte und meinem derzeitigen Leben führen würde. Festzustellen, dass ich dem in der Fachliteratur beschriebenen »Helden« und den damit einhergehenden Eigenschaften doch sehr entsprach, brachte einige mühsame Lernprozesse in Gang, wie z.B. bewusst zu lernen, »Nein« zu sagen und mich nicht mehr als Partnerersatz meinen Eltern zur Verfügung zu stellen.

Auch heute noch vertrete ich – mancher würde sagen – recht radikale Standpunkte zum Thema Alkohol. Ich akzeptiere z.B. absolut kein Alkohol in der Schwangerschaft und kein regelmäßiges Trinken in der Gegenwart von Kindern. Mit diesen Standpunkten habe ich eine recht einsame Position gewählt, die oft als zu kritisch und zu überzogen bewertet wird.

Ich hatte das große Glück, zu einem idealen Zeitpunkt einige sehr konfrontierende Selbsterfahrungsseminare zu besuchen und dort viel über mich zu lernen. Der Zeitpunkt war deshalb ideal, weil die Wut auf meinen Vater und meine innere Distanz durch unsere räumliche und zeitliche Distanz seit meinem Auszug erheblich abgeflaut waren, mein Vater inzwischen selber Selbsterfahrungs-Seminare besuchte und wir uns aufgrund dessen wieder aufgeschlossener begegnen konnten. Auch meine Eltern und mein Mann nahmen später an diesen Seminaren teil, so dass sie ein wichtiger Teil unseres gemeinsamen Weges geworden sind. Doch das Wesentlichste war, dass ich den Mut fand, wirklich auf meinen Vater und auch auf meine Mutter zuzugehen und das Gespräch mit ihnen zu suchen, ihnen vieles wirklich zu verzeihen und die Vergangenheit wirklich abzuschließen. Heute haben wir ein sehr freundschaftliches Verhältnis zueinander und können sehen, was wir durch all das Erlebte auch lernen konnten und immer noch können.

Wie der Vater, so der Sohn

Hans-Jürgen, 40

Ich habe mir immer gewünscht, dass ich nie so werde wie mein Vater. Ich wollte größer sein als er, ich wollte alles anders machen und vor allem konnte ich mir früher nie vorstellen, dass ich mal Alkohol trinken würde. Mein Vater hat meistens Wein mit Mineralwasser gemischt, also Weinschorle getrunken. Wenn ich mich später betrunken habe, dann auch mit Weinschorle. Heute stelle ich mir oft Situationen vor, in denen mich seine Trinkerei angeekelt hat. In solchen Situationen habe ich mich dann später selber wiedergefunden. Das hat mich ganz schön fertig gemacht. Ich habe mich oft dabei beobachtet, dass ich genau das Gleiche tue wie er, und habe mich gefragt, warum. Ich habe vorm Spiegel gestanden und nach Ähnlichkeiten zwischen mir und meinem Vater gesucht. Nachdem ich etwas getrunken hatte, habe ich in den Spiegel gesehen und festgestellt, dass ich ihm immer mehr gleiche. Dass ich mal abhängig werde vom Alkohol, hätte ich nie gedacht.

Meine erste Erfahrung mit Alkohol war fürchterlich, daran denke ich oft zurück. Es war an meiner Konfirmation, ich war 13 oder 14 Jahre alt. Vorher hatte ich nie auch nur an Alkohol genippt. An diesem Tag habe ich meine erste Flasche Bier und einen Schnaps getrunken. Danach war mir die ganze Nacht über schlecht, ich habe gebrochen und jedes Mal, wenn ich zur Toilette gelaufen bin, stand mein Vater unten und hat mich geschlagen, weil ich was getrunken hatte. Es war fürchterlich. Ich habe gewusst, wenn ich wieder runterrenne, kriege ich wieder Schläge. Da habe ich zum Schluss immer aus dem Fenster raus gebrochen, nur damit ich nicht wieder nach unten musste. Beim zweiten Mal war ich 16 oder 17 Jahre alt. Ich habe auf einem Fest drei

Flaschen Bier getrunken und mich anschließend nicht nach Hause getraut.

Mein Vater war unheimlich streng. Ich kann mich erinnern, dass meine Mutter sich früher nachts zu mir ins Bett legte, weil sie sich wieder gestritten hatten. Mein Vater kam dann lauthals ins Zimmer gerannt und hat rumgeschrien. Ich sehe mich als kleines Kind meistens heulend und meine Mutter liegt neben mir und heult auch. Vom Kindesalter bis zu meinem zwölften Lebensjahr habe ich in ständiger Angst vor meinem Vater gelebt. Und das Gefühl, das ich damals als Kind hatte, habe ich heute eigentlich immer noch. Wenn jemand ziemlich laut rumschreit und mit mir streitet, dann kriege ich Bauchschmerzen.

Ich konnte nachts oft nicht schlafen. Sobald ich etwas gehört habe, bekam ich Angst. Nachts habe ich mich fast gar nicht mehr zur Toilette getraut. Und wenn ich dort etwas gehört habe, bin ich immer aus dem Bad rausgerannt oder aus dem Fenster geklettert und habe mich versteckt. Das ging mindestens ein ganzes Jahr so. Ich merke heute noch, dass ich beim Einschlafen hochschrecke. Und wenn ich nachts wach werde, dann schalte ich immer sofort das Licht an. Ich habe erst nach dem Tod meiner Mutter erfahren, was sonst noch früher passiert ist. Meine älteren Schwestern haben mir erzählt, dass er sie auf der Straße halb totgeschlagen hat und dass wir oft nichts mehr zu essen hatten.

Auch in der Schule hatte ich oft Angst. Wir sind damals häufig umgezogen, so dass ich oft die Klasse wechseln musste. Einmal hatten wir einen strengen Lehrer, der die Schüler auch geschlagen hat, und das war fürchterlich für mich. Ich habe mich dann morgens nicht mehr in die Schule und mittags nicht mehr nach Hause getraut. Auch wenn mein Vater mir nichts getan hat, hatte ich trotzdem Angst vor ihm. Noch heute bin ich sehr misstrauisch und habe Angst, es könnte irgendetwas passieren. Es ist immer noch in mir drin.

In der vierten Klasse hatte ich eine Lehrerin, die mich oft gefragt hat, wie es mir geht. Ich bin mittags nach der Schule häufig zu ihr gegangen. Ich glaube, bei ihr habe ich mir Liebe gesucht. Auch heute denke ich noch oft an sie zurück. Ich weiß noch ganz genau, wie sie neben mir gesessen und mich angelacht hat. Sie war einfach sehr verständnisvoll und bei ihr brauchte ich keine Angst zu haben. Zu Hause hatte ich fast immer Angst und bei ihr war es einfach nur schön. Als sie sagte, dass sie weggeht, habe ich geheult und war total fertig.

Als ich 25 Jahre alt war, machte mein Vater für ein halbes Jahr eine Entziehungskur. Als er zurückkam, den Tag vergesse ich nie, hat er gelacht und war freundlich. Das war das erste Mal, dass er mich in die Arme genommen hat. Es hat aber nicht lange gedauert und er begann wieder zu trinken unter dem Vorwand, ab und zu ein Glas Sekt könne nichts schaden. Damals hat niemand von uns gewusst, dass er das nicht durfte.

Zu dieser Zeit spielte ich Fußball und trainierte viermal in der Woche. Der Trainer zog am Wochenende durch die Kneipen, um zu sehen, ob jemand von uns dort sitzt und was trinkt. Ich habe damals eigentlich nur ab und zu ein Bier getrunken, es war nie so, dass ich betrunken war. Irgendwie war ich immer stolz auf mich, weil ich das überhaupt nicht brauchte.

Und dann kam der Absturz. Aufgrund einer Verletzung konnte ich mit 28 Jahren nicht mehr Fußball spielen. Es hat mich ziemlich fertig gemacht, dass ich das Fußballspielen aufgeben musste. Im Verein hatte man mich sehr viel gelobt und ich habe sogar in der Zeitung gestanden. Das alles war plötzlich vorbei. Ich bin immer öfter abends weggegangen und habe gar nicht wahrgenommen, dass sich mein Alkoholkonsum immer mehr steigerte, bis ich schließlich fast jeden Tag zwei Liter Wein trank.

Schließlich habe ich immer weniger Sport getrieben und schon direkt nach der Arbeit mit dem Trinken angefangen. Auch am Wochenende bin ich nicht mehr so oft weggegangen und habe mich zurückgezogen. Wenn bei meiner Schwester mal ein Fest war, habe ich vorher schon etwas getrunken, so dass ich ein bisschen ruhiger wurde. Dabei habe ich immer nur so viel getrunken, dass es niemandem auffiel. Eigentlich habe ich allen immer was vorgespielt, habe unheimlich gesund gelebt und nie geraucht. Man hat mich gelobt und gesagt, dass ich mal hundert Jahre alt werde ...

Trotzdem war ich am nächsten Tag immer fit, habe Sport getrieben usw. Nur Schnaps konnte ich nicht trinken. Mein Vater hat früher auch nie Schnaps getrunken. Wenn ich Schnaps getrunken hatte, war ich am nächsten Tag nicht zu gebrauchen.

Dann ist das mit dem Trinken immer schlimmer geworden, ich habe quasi nur noch gearbeitet und getrunken. Mir war sowieso alles irgendwie egal, ich habe pro Tag fast drei Liter Wein getrunken und bin nur noch im Dunkeln rausgeschlichen, damit mich keiner sieht. Und irgendwann, an einem Freitagmorgen, das weiß ich noch gut, hat meine Schwester vor meinem Bett gestanden. Sie hatte sich einen Schlüssel vom Vermieter besorgt und mich angefleht, eine Therapie zu machen. Das habe ich dann auch getan, und zwar acht Monate lang.

Nach der Therapie habe ich eine Frau kennen gelernt und bin zu ihr nach Bayern gezogen. Ich hatte eine Arbeitsstelle, einen Bekanntenkreis, habe Sport getrieben und für Triathlon trainiert. Es war alles super. Nach der Arbeit war ich meistens sportlich aktiv und habe Squash gespielt. Ich habe mich da richtig reingesteigert, bis ich fast jeden Tag ein oder zwei Stunden Squash gespielt habe. Ich hatte einfach das Talent dafür, wurde wieder gelobt und fühlte mich bestätigt.

Anfang 1998 ist meine Beziehung in eine Krise gekommen und wir haben uns getrennt. Wenn ich mittags nach Hause kam, war ich allein. Zu dieser Zeit habe ich nachmittags meistens schon mit dem Trinken angefangen und so etwa zwei bis drei Liter Wein und Weinschorle getrunken. Die Arbeit war stressig und das

Squash-Spielen nach der Arbeit war auch stressig. Der Wein hat mir einfach gut getan.

Ich habe auf die gleiche Art getrunken wie mein Vater: Er hat immer ein großes Glas genommen, dieses mit drei Viertel Wein und einem Viertel Mineralwasser gefüllt und es in zwei Zügen geleert. Und genauso habe ich es auch gemacht. Ich habe nicht drei- bis viermal daran getrunken, sondern genauso wie er. Oder beim Bier: Wenn er eine Flasche Bier trank, hielt er den Deckel von der Bierflasche in der Hand. Auch das habe ich genauso gemacht. Meistens habe ich, wie er, zu Hause getrunken. Abends, bevor ich wegging, habe ich etwas getrunken und später, wenn ich nach Hause kam, wieder. Ich habe genauso da gesessen wie mein Vater früher und habe Wein getrunken. Ich kann mich nicht erinnern, dass ich in den letzten zehn Jahren in irgendeiner Kneipe gewesen wäre oder dass mich irgendjemand in den letzten zehn Jahren betrunken gesehen hätte. Alles ist genau so, wie mein Vater das früher auch immer gemacht hat.

Alkohol und dessen
Auswirkungen auf die Familie

Die Situation der Kinder in alkoholbelasteten Familien

Martin Zobel

Kinder, Jugendliche und Erwachsene aus alkoholbelasteten Familien wurden bisher häufig nur »am Rande« wahrgenommen. Obwohl die Auswirkungen eines trinkenden Elternteils auf die Familie schon lange Zeit bekannt sind, wurde die Situation der Kinder lange wenig beachtet und kaum erforscht. Insbesondere amerikanische Autorinnen (vor allem Claudia BLACK, Sharon WEGSCHEIDER, Janet WOITITZ) sowie im deutschsprachigen Raum Ursula LAMBROU (1990) machten Ende der 80er, Anfang der 90er Jahre durch ihre populärwissenschaftlichen Arbeiten öffentlich auf die Kinder in alkoholbelasteten Familien aufmerksam. In dem Bemühen, die Situation der Kinder in den Familien anschaulich darzustellen, beschrieben sie eindringlich die Auswirkungen der Alkoholabhängigkeit in den Familien.

Was passiert in Familien mit einem trinkenden Elternteil?
In einer Familie mit einem Alkoholproblem kann sich kein Mitglied dem Geschehen entziehen, da die Abhängigkeit eines Elternteils das tägliche Leben der Familie grundlegend verändert. Die Kinder erleben den trinkenden Elternteil extrem gegensätzlich: Der im nüchternen Zustand fürsorgliche und liebevolle Vater kann unter Alkohol jede Beherrschung verlieren und sein Kind grundlos verurteilen und schlagen. Fürsorge und Versprechungen auf der einen Seite gehen einher mit Desinteresse und Ablehnung. Häufig haben die Kinder den Eindruck, es mit zwei Vätern oder zwei Müttern zu tun zu haben, da die jeweiligen Reaktionen des nüchternen Vaters oder der nüchternen Mutter überhaupt nicht zu denen des betrunkenen Vaters oder der be-

trunkenen Mutter passen. Die Einstellung des trinkenden Elternteils zu seinen Kindern lässt sich prinzipiell in wenigen Worten zusammenfassen: Sie interessieren ihn im Grunde kaum. Eher stören sie, machen Arbeit und Ärger. Je nach Höhe des Alkoholspiegels straft oder lobt der Abhängige sein Kind für dasselbe Verhalten. Wenn er sich ihnen dennoch zuwendet, dann in erster Linie, um für sich Zuwendung zu bekommen, und nicht, um ihnen Zuwendung zu geben. Ihn interessiert vor allem eines: der Alkohol.

Die Kommunikation des abhängigen Elternteils ist entsprechend widersprüchlich im Sinne von »Ich liebe dich« einerseits und »Jetzt lass mich in Ruhe« andererseits. Die Kinder werden durch dieses unberechenbare Auftreten extrem verunsichert. Oft suchen sie in ihrem eigenen Verhalten den Grund für die Überreaktion des Abhängigen. So versuchen sie, sich den widersprüchlichen Erwartungen des Abhängigen anzupassen, und verleugnen dabei ihre eigenen Gefühle. Da Alkohol in diesen Familien meist ein Tabuthema darstellt, dürfen sie sowieso nicht offen über ihre Gefühle reden, wenn sie es doch tun, haben sie Angst, illoyal zu sein. Auch Scham hält sie davon ab, sich Außenstehenden zu öffnen.

Zudem entsteht im Elternhaus aufgrund von verschärften Ehekonflikten eine oft anhaltende Atmosphäre von Anspannung und Ärger. Wird der Abhängige gegenüber den Kindern aggressiv (verbal oder körperlich), entwickeln diese in vielen Fällen eine ausgeprägte Angststörung.

Kinder in alkoholbelasteten Familien erfahren häufig neben dem trinkenden Elternteil noch weitere Verwandte als abhängig, insbesondere Onkel und Großväter. Nicht selten ist ein beträchtlicher Teil der Verwandtschaft mehr oder weniger stark suchtgefährdet oder abhängig. Das bedeutet, dass die Kinder auch in der weiteren Verwandtschaft übermäßiges Trinken als »normal« erleben.

> Oft gibt es in diesen Familien bestimmte unausgesprochene Regeln, die den Familienalltag bestimmen (WEGSCHEIDER 1988):
>
> o Das Wichtigste im Familienleben ist der Alkohol.
> o Der Alkohol ist nicht die Ursache von Problemen.
> o Der abhängige Elternteil ist nicht für seine Abhängigkeit verantwortlich, schuld sind andere oder die Umstände.
> o Der Status quo muss unbedingt erhalten bleiben, koste es, was es wolle.
> o Jeder in der Familie ist ein »enabler« (Zuhelfer).
> o Niemand darf darüber reden, was »wirklich« los ist.
> o Niemand darf sagen, wie er sich wirklich fühlt.

Der Alkohol ist das beherrschende Element in Suchtfamilien. Die Stimmung und die häusliche Atmosphäre werden in erster Linie davon bestimmt, ob der Abhängige getrunken hat oder nicht. Das Alkoholproblem ist nahezu permanent gegenwärtig, darf aber als solches nicht benannt werden. Es ist so, als würde ein lila getupfter Elefant in der Küche stehen, der von allen krampfhaft ignoriert wird. Gleichzeitig darf der Alkoholkonsum des Abhängigen nicht als Ursache von Problemen in der Familie angesprochen werden, da es dieses Problem offiziell nicht gibt. Jedes Familienmitglied weiß oder vermutet zwar, dass Vater oder Mutter ein Alkoholproblem hat, aber niemand darf darüber offen reden. Der hohe Alkoholkonsum des Abhängigen wird oft im Gegenteil entschuldigt und ungünstigen Umständen zugeschrieben wie dem Stress am Arbeitsplatz, der kontrollierenden Ehefrau, den ungezogenen Kindern, den unfreundlichen Nachbarn usw. All dies hält das Trinken des Abhängigen aufrecht und verhindert Veränderungen.

Wenn der Vater der trinkende Elternteil ist, bemüht sich die Ehefrau häufig darum, nach außen hin eine Fassade von Ordnung und Anständigkeit aufrechtzuerhalten. Anfänglich hat sie noch Verständnis für das Trinken des Ehemannes, bald wird sie jedoch zunehmend frustrierter. Sie versucht durch eine ausgiebige Kontrolle (»Wo warst du?«, »Hast du wieder getrunken?«) und das Aufspüren von Alkoholverstecken dem Trinken Einhalt zu gebieten. Es kommt zu heftigen ehelichen Auseinandersetzungen, die nicht selten von Wut und Hass geprägt sind: Ständige Vorwürfe wechseln mit eisigem Schweigen, der abhängige Partner wird zum Sündenbock für alle Probleme, worin dieser nicht selten einen weiteren Grund zum Trinken sieht. Die Ehefrauen von Abhängigen werden demzufolge oft als hart, kontrollierend, gereizt oder abweisend beschrieben.

Wenn die Mutter der trinkende Elternteil ist, sind die Kinder häufig in hohem Maße sich selbst überlassen. Da in den meisten Familien immer noch die Mutter für Haushalt und Kinder zuständig ist, werden die Kinder nur mangelhaft versorgt und übernehmen nicht selten zusätzliche Aufgaben wie Waschen, Putzen, Spülen, Einkaufen sowie die Betreuung und Versorgung von jüngeren Geschwistern. Sie werden so zu »Ersatzmüttern«, die neben Schule und Freizeit einen ganzen Haushalt managen.

Gleichzeitig sind Ehepartner von Abhängigen häufig nicht konsequent in ihrem Handeln und bleiben jahre- und jahrzehntelang in der Beziehung. Aus Scham vermeiden sie lange die Inanspruchnahme von professioneller Hilfe oder die Unterstützung durch eine Selbsthilfegruppe. Oft konfrontieren sie den Abhängigen mit Trennung oder Scheidung erst dann, wenn die Beziehung völlig zerrüttet ist oder wenn bei ihnen bereits körperliche und/oder psychische Schäden aufgetreten sind. Die Partnerinnen und Partner von Abhängigen zeigen zudem häufig deutliche Zeichen einer Co-Abhängigkeit, die in dem Beitrag von Monika Rennert näher beschrieben wird.

Wie reagieren die Kinder?

Die Kinder leiden in der Regel sehr unter den Verhältnissen von Instabilität, emotionaler Kälte, Willkür, unklaren Grenzen, Respektlosigkeit, mangelnder Förderung und mangelndem Interesse. Sie befinden sich dabei in einer Zwickmühle: Einerseits lieben sie den abhängigen Vater oder die abhängige Mutter, andererseits werden sie aber nahezu permanent enttäuscht und verletzt. Die Ablehnung des Kindes innerhalb der Familie kann sich außerhalb der Familie fortsetzen, wenn das Kind aufgrund seines auffälligen Verhaltens von Gleichaltrigen oder Erwachsenen gemieden wird.

Die schwierigen Umstände in einer alkoholbelasteten Familie zwingen die Kinder dazu, sich den Verhältnissen anzupassen. Was tut ein Kind, wenn es von seinen Eltern kaum Wärme, Liebe, Schutz, Stabilität, Förderung, Interesse und Respekt bekommt? Sharon Wegscheider hat das Anpassungsbestreben der Kinder in Suchtfamilien analysiert und es in ein so genanntes Rollenmodell überführt.

Da ist zunächst der »Held«. Der »Held« ist oft das älteste Kind in der Familie. Er versucht, der häuslichen Willkür durch aktives Engagement entgegenzutreten, und sucht beispielsweise durch schulische oder sportliche Leistungen Aufmerksamkeit und Anerkennung. Seine frühe Selbständigkeit wird gelobt, ebenso sein Streben nach Verantwortung. Er schützt sich vor Gefühlen von Angst und Hilflosigkeit durch aktives Handeln, braucht aber den äußeren Erfolg, um sich wertvoll und angenommen zu fühlen. Durch seine Erfolge wird die Familie nach außen hin aufgewertet und bekommt ebenfalls Anerkennung.

Ganz im Gegensatz zum perfektionistischen »Helden« neigt der »Sündenbock« zu Rebellion und Auflehnung. Sein Verhalten ist geprägt von Trotz, Feindseligkeit, Wut und niedrigem Selbstwertgefühl. Nicht selten kommt der »Sündenbock« mit dem Gesetz in Konflikt und nimmt schon früh Alkohol oder illegale Drogen zu sich. Sein Verhalten wird in der Familie zum Problem und lenkt damit vom eigentlichen Problem, dem Alkohol, ab.

Das »verlorene Kind« zieht sich unter den gegebenen häuslichen Umständen eher in seine eigene Welt zurück. Es eckt nicht an, ist unauffällig, einsam und fühlt sich bedeutungslos. Daher bekommt es wenig Aufmerksamkeit und Anerkennung, allenfalls für sein »braves Verhalten«. Das »verlorene Kind« leistet keinen Widerstand, geht Konflikten zumeist aus dem Weg, wirkt unsicher, hilflos und zeigt Kontaktschwierigkeiten.

Der »Clown« schließlich ist meistens das jüngste Kind. Es ist komisch, lustig, unterhaltsam und bekommt durch seine aufgeschlossene Art viel Aufmerksamkeit. Andererseits wirkt es unreif, ängstlich und wenig belastbar. Der Familie bringt es Freude und Humor und lenkt von den Alltagssorgen ab.

Die einzelnen Rollen sind als Versuch anzusehen, einer belastenden Umwelt entweder durch aktives Handeln, Rebellion, innere Emigration oder spaßige Ablenkung zu begegnen. Wegscheider geht davon aus, dass diese Rollen eine janusköpfige Funktion für die betreffenden Kinder haben: Sie stellen zunächst eine Anpassungsleistung dar, führen aber später im Erwachsenenleben aufgrund ihrer einseitigen Ausrichtung zu Problemen. Konsequenterweise ist die Auseinandersetzung mit der eigenen Rolle in der Herkunftsfamilie ein wesentlicher Baustein in der Arbeit mit Jugendlichen und Erwachsenen aus Suchtfamilien.

Auswirkungen auf die Entwicklung der Kinder

Das Einnehmen einer Rolle schützt die Kinder nicht vor seelischen Problemen. Das Aufwachsen in einer alkoholbelasteten Familie hat für die Kinder und Jugendlichen oft erhebliche Konsequenzen. Gegenüber Gleichaltrigen

- schneiden sie oft bei Intelligenztests schlechter ab und sind auch in ihrem sprachlichen Ausdruck weniger weit entwickelt;
- zeigen sie in der Schule häufiger unangemessenes Verhalten und sind insgesamt weniger leistungsfähig bzw. leistungsbereit;
- zeigen sie eher hyperaktives Verhalten und Aufmerksamkeitsstörungen;
- berichten sie häufiger über Ängste und depressive Symptome;
- sind sie öfter sexuellem Missbrauch ausgesetzt;
- neigen sie eher zu somatischen und psychosomatischen Symptomen.

> Eine elterliche Abhängigkeit hat insbesondere dann weitreichende Auswirkungen auf die Entwicklung der Kinder, wenn weitere ungünstige Bedingungen hinzukommen, wie elterliche psychische Störungen (z.B. Depression oder eine antisoziale Persönlichkeitsstörung), sexueller Missbrauch in der Kindheit, zwei abhängige Eltern, ein geringer sozioökonomischer Status der Familie oder eine mangelnde emotionale Bindung zum anderen Elternteil (ZOBEL 2000). Zudem finden sich die Betroffenen als Jugendliche häufig in solchen Cliquen wieder, die ebenfalls Alkohol in hohem Maße konsumieren. Da sich viele Jugendliche aufgrund ihrer eigenen Erfahrungen mit der elterlichen Alkoholproblematik vor einer eigenen Abhängigkeit sicher fühlen (»Mir kann das nicht passieren«; BLACK 1988), wird der eigene hohe Alkoholkonsum oft nicht kritisch hinterfragt. Männliche Jugendliche trinken dabei in der Regel häufiger und öfter Alkohol und sind daher gefährdeter als Mädchen.

Das heißt nicht, dass alle Kinder aus alkoholbelasteten Familien diese Symptome zeigen. Es gibt durchaus Kinder, die eine weitgehend »normale« Entwicklung erlebt haben. Kinder aus Suchtfamilien haben aber gegenüber Gleichaltrigen ein größeres Risiko für die Entwicklung der genannten Symptome.

Aufgrund klinischer Beobachtungen beschreibt WOITITZ (2000) dreizehn charakteristische Merkmale bei Erwachsenen mit abhängigen Eltern, die mittlerweile fester Bestandteil in der therapeutischen Arbeit mit Erwachsenen aus alkoholbelasteten Familien geworden sind. Demnach zeichnen sich viele Erwachsene aus alkoholbelasteten Familien dadurch aus, dass

1. sie keine klare Vorstellung davon haben, was »normal« ist;
2. es ihnen schwer fällt, ein Vorhaben von Anfang bis Ende durchzuführen;
3. sie lügen, wo es ebenso leicht wäre, die Wahrheit zu sagen;
4. sie sich gnadenlos verurteilen;
5. es ihnen schwer fällt, Spaß zu haben;
6. sie sich nicht sehr ernst nehmen;
7. sie Schwierigkeiten mit intimen Beziehungen haben;
8. sie eine Überreaktion bei Veränderungen zeigen, auf die sie keinen Einfluss haben;
9. sie ständig nach Anerkennung und Bestätigung suchen;
10. sie meistens das Gefühl haben, anders zu sein als andere Menschen;
11. sie entweder übertrieben verantwortlich oder total verantwortungslos sind;
12. sie auch dann extrem zuverlässig sind, wenn jemand diese Zuverlässigkeit offensichtlich gar nicht verdient;
13. sie häufig impulsiv reagieren und dazu neigen, sich in Verhaltensweisen festzurennen, ohne alternative Handlungsmöglichkeiten oder eventuelle Konsequenzen ernsthaft zu bedenken.

In der therapeutischen Arbeit mit Erwachsenen aus alkoholbelasteten Familien werden diese Zuschreibungen häufig bestätigt. Auch Leiterinnen und Leiter von Selbsthilfegruppen halten die angeführten Charakteristiken bei Betroffenen aus alkoholbelasteten Familien für durchaus zutreffend. In der Untersuchung von ZOBEL (2000) schrieben sich Erwachsene aus alkoholbelasteten Familien die angeführten Merkmale ebenfalls deutlich häufiger zu als Personen der Vergleichsgruppe ohne trinkende Eltern. Es bleibt aber offen, ob tatsächlich alle Betroffenen als Erwachsene diese Merkmale zeigen. Verschiedene neuere Untersuchungen, die allerdings überwiegend an Studenten durchgeführt wurden, zeigen, dass lediglich einzelne Merkmale eher bei Personen mit trinkenden Eltern anzutreffen sind.

Diese Merkmale können aber eine hilfreiche Orientierung für die Selbstwahrnehmung der Betroffenen sein. Leider hat Woititz nur solche Merkmale hervorgehoben, die eindeutig negativ gefärbt sind. Hier sind weitere Entwürfe notwendig, die ebenfalls die Kompetenzen der Betroffenen, z.B. eine erhöhte Sensibilität für Menschen in Krisen, anerkennen.

Weiterhin wird in der praktischen Arbeit mit Jugendlichen und Erwachsenen aus alkoholbelasteten Familien häufig beobachtet, dass diese einen Partner wählen, der Probleme mit Alkohol hat. Häufig fühlen sich gerade Mädchen und Frauen zu solchen Jungen und Männern hingezogen, die bereits deutliche Anzeichen von Alkohol- oder Drogenmissbrauch aufweisen. Nicht selten erliegen sie der Fantasie, diese Menschen quasi »retten« zu wollen, und nehmen dadurch eine co-abhängige Rolle ein, ähnlich wie die Mutter (hier sei nochmals auf den Beitrag von Monika Rennert verwiesen). Eine Betroffene brachte es in einer Therapiestunde auf den Punkt: »Wenn ich es schon nicht geschafft habe, meinen Vater vom Alkohol loszubekommen, dann werde ich es bei meinem Freund schaffen!« Diese Frauen erliegen der Illusion, durch Zuwendung, Hilfe und Aufopferung den Abhängigen von seiner Droge loszubekommen, und werden bei diesem Versuch häufig selbst krank und hilfebedürftig. Sehr eindringlich hat ROBIN NORWOOD (1986) diese Erfahrungen in dem Klassiker »Wenn Frauen zu sehr lieben« beschrieben.

Was kann man tun?

Die klinischen Schilderungen sowie die einschlägigen Forschungsarbeiten haben vieles bewegt und einen Einblick in den Alltag einer Suchtfamilie gewährt. Sie haben sowohl den Betroffenen ein Verständnis für ihre Geschichte und ihren Werdegang geliefert als auch weitere Forschungsarbeiten initiiert. Die einzelnen Arbeiten haben allerdings – von wenigen Ausnahmen abgesehen – die Tendenz, insbesondere die problematische und in Teilen »gestörte« Seite der Betroffenen zu betonen. Vorhandene Fähigkeiten und Ressourcen wurden selten gesehen, geschweige denn hervorgehoben. Entsprechend wurden viele Betroffene allein aufgrund des Alkoholproblems eines Elternteils von vornherein als krank und behandlungsbedürftig eingestuft und entsprechend stigmatisiert. In den letzten Jahren hat sich dieser Trend erfreulicherweise abgeschwächt, so dass nunmehr in der sozialpädagogischen und therapeutischen Arbeit mit Kindern, Jugendlichen und Erwachsenen aus alkoholbelasteten Familien auch die Kompetenzen der Betroffenen explizit berücksichtigt werden. In der weiteren Entwicklung der Kinder sind neben Risikofaktoren auch immer bestehende Schutzfaktoren zu berücksichtigen (PETERMANN 2000a, 2000b). Offensichtlich gibt es neben den schädigenden Einflüssen in einer alkoholbelasteten Familie eine Reihe von Einflussfaktoren, die einen positiven Effekt auf die Entwicklung der Kinder haben. Hilfreich für die Kinder sind u.a.

⊙ eine emotional stabile Beziehung zum nichtabhängigen Elternteil;

⊙ die Abwesenheit von weiteren psychischen Störungen bei den Eltern;

⊙ eine angemessene elterliche Aufsicht;

⊙ längere Abstinenzphasen des Abhängigen;

⊙ wenige oder keine weiteren abhängigen Verwandten;

⊙ gute schulische Leistungen des Kindes.

Es zeigt sich, dass Kinder durchaus in sehr belastenden Kontexten aufwachsen und dennoch später ein weitgehend »normales« Leben führen können (KAGAN 1984). Solche Kinder zeichnen sich vor allem dadurch aus, dass sie

⊙ ihre Talente effektiv nutzen;
⊙ oft ein spezielles Hobby zusammen mit Freunden ausüben;
⊙ mindestens eine(n) nahe(n) Freund/Freundin haben;
⊙ einen stabilen Kontakt zu Nachbarn, Gleichaltrigen und Älteren haben;
⊙ an Gemeinschaftsaktivitäten wie Schülerbands und Theatergruppen teilnehmen;
⊙ insbesondere in der Schule einen stabilen Freundeskreis aufbauen.

> **Die Fähigkeit zum Aufbau von stabilen Beziehungen außerhalb der Familie** ist damit für die Kinder einer der wichtigsten Grundpfeiler für eine gesunde Entwicklung. Es gibt weitere wichtige Entwicklungsaufgaben und Ansatzpunkte für Betroffene und Hilfeleistende (nach WOLIN & WOLIN 1995):
>
> Die *Bestätigung des Kindes* in seiner Wahrnehmung der häuslichen Verhältnisse (»Ich glaube dir das«), verbunden mit einer Aufklärung über Alkoholabhängigkeit und seine Auswirkungen auf das Verhalten des Abhängigen (»Dein Vater trinkt, weil er Probleme hat, nicht wegen dir!«)
>
> Der *Aufbau einer inneren und äußeren Distanz* gegenüber der Herkunftsfamilie, insbesondere wenn der abhängige Elternteil aktiv trinkt. Dies kann beispielsweise geschehen durch Unternehmungen mit Freunden oder Nachbarn, durch Freizeiten, Wochenendausflüge, Spiel- und Bastelnachmittage, sportliche Aktivitäten, Schulmeisterschaften etc. Positive Erfahrungen außerhalb des Elternhauses fördern eine innere Unabhängigkeit von den häuslichen Gegebenheiten.

Die *Eigeninitiative* des Kindes gilt es entsprechend zu verstärken und zu loben, um dem Kind Zutrauen zu weiteren Unternehmungen zu geben. Gerade diese Verstärkung erfahren die Kinder in ihren Ursprungsfamilien kaum und werden stattdessen oft eher kritisiert und abgewertet. Daher brauchen sie immer wieder Ansporn und Belobigung sowie die Rückmeldung, dass ihre Art zu handeln, zu denken und zu fühlen in Ordnung ist.

Durch *künstlerisches Gestalten* kann das Kind einen Zugang zu seiner Befindlichkeit bekommen und sich in seinen Werken mitteilen. Kreatives Spielen und Arbeiten lenken darüber hinaus vom Alltag ab und geben dem Kind die Möglichkeit, etwas Neues und Besonderes zu erschaffen.

Humor ist etwas, was viele Kinder aus alkoholbelasteten Familien oft erst lernen müssen, da die häuslichen Verhältnisse alles andere als spaßig sind. Aufgrund der ständig angespannten Atmosphäre haben die Kinder die natürliche Fähigkeit zu lachen und Spaß zu haben häufig wenig erlebt. Humor entwickelt sich in Spielen, in denen sie zusammen mit Gleichaltrigen oder Erwachsenen die Lust am Lachen entdecken und wenigstens vorübergehend die häusliche Situation außen vor lassen können. Humor kann zu einem gewissen emotionalen Abstand von den häuslichen Verhältnissen führen und hat darüber hinaus eine wichtige psychohygienische Wirkung.

Die Entwicklung von *Moral* schließlich gibt den Kindern einen ethischen Rahmen, in dem Bewertungen vorgenommen werden. Den Kindern fehlt oft ein klarer und nachvollziehbarer Maßstab für angemessenes und unangemessenes Verhalten. Die Entwicklung von Prinzipien ist bei den Betreffenden ebenfalls in der Regel vernachlässigt, da die Prinzipien des Abhängigen mit der Höhe seines Alkoholspiegels variieren.

Das Abhängigkeitsrisiko

Schon in der Antike wusste man: »Trinker zeugen Trinker« (Plutarch). An dieser Erkenntnis hat sich bis heute nichts geändert. Es gibt in der gesamten Suchtforschung keine ähnlich gesicherte Erkenntnis als diese: Jugendliche und Erwachsene, und hier vor allem die Söhne, aus Suchtfamilien tragen gegenüber Personen ohne familiäre Belastung ein deutlich erhöhtes Risiko für die Entwicklung einer eigenen Abhängigkeit. Dieser mittlerweile als Tatsache geltende Umstand kann nicht ausdrücklich genug betont werden. Wenn es darum geht, eine Risikogruppe für die Entwicklung von Alkoholabhängigkeit auszumachen, dann sind es die Kinder trinkender Eltern.

Sehr anschaulich zeigt sich dies in Kliniken zur stationären Entwöhnung von Alkohol: Nahezu jeder dritte Patient berichtet von mindestens einem Elternteil mit Alkoholproblemen. Während bei Erwachsenen ohne Alkoholproblem nur etwa 5% der Eltern trinken, sind dies bei alkoholabhängigen Erwachsenen mehr als 30% (COTTON 1979).

Als Grund für dieses hohe Risiko wird meistens angeführt, dass die Kinder das Trinken der Eltern nachahmen und daher später selber übermäßig trinken. Diese Einschätzung ist nicht von der Hand zu weisen, aber demnach müssten eigentlich alle Kinder aus alkoholbelasteten Familien früher oder später mit dem exzessiven Trinken anfangen. Dies ist offensichtlich nicht der Fall, so dass das Aufwachsen in einer alkoholbelasteten Familie allein das eigene hohe Risiko nicht befriedigend erklären kann. Vielmehr müssen dabei sowohl Merkmale der Persönlichkeit als auch körperliche und subjektive Reaktionen auf Alkohol mit einbezogen werden:

Umfangreiche Studien in den USA haben ergeben, dass viele Jugendliche und junge Erwachsene aus alkoholbelasteten Familien gegenüber Gleichaltrigen andere Reaktionen auf Alkohol zeigen:

⊙ Sie können größere Mengen an Alkohol »vertragen« und zeigen sich oft nach einem Vollrausch am nächsten Tag kaum beeinträchtigt (so genannte erhöhte Toleranz gegenüber Alkohol). Das bedeutet, dass ein Teil der Jugendlichen von vornherein mehr Alkohol trinken kann als die gleichaltrigen Freunde und Bekannte. Sie fühlen sich häufig bei gleicher Trinkmenge weniger »berauscht«, d.h., wenn ihre Freunde schon betrunken sind, sind sie eher »angeheitert«. Nach einer durchzechten Nacht spüren sie am nächsten Tag deutlich weniger Nebenwirkungen des Trinkens (»Kater«).

⊙ In Stresssituationen fühlen sie sich durch Alkohol deutlich entspannter. Sie merken, dass sie durch Alkohol ruhiger und gelassener werden und auf diese Weise Belastungen besser ertragen können.

Diese veränderten Reaktionen auf Alkohol sind insbesondere für männliche Jugendliche nachgewiesen worden. In gewisser Weise verkörpern die Betreffenden das, was manche unter einem »richtigen Mann« verstehen wollen: trinkfest und am nächsten Tag wieder »fit«. Aufgrund ihrer erhöhten Alkoholtoleranz erfahren diese Jugendlichen und jungen Erwachsenen in entsprechenden Cliquen eine beachtliche Aufwertung, da sie die anderen »unter den Tisch« trinken und den nächsten Tag ohne Probleme meistern können. Da die Betreffenden in ihren Herkunftsfamilien häufig wenig Bestätigung finden, kann diese erhöhte Alkoholtoleranz zu einem wichtigen Pfeiler des eigenen Selbstbewusstseins werden: Alkohol wird immer wieder zur Stärkung des Selbstbewusstseins eingesetzt und schließlich in immer höheren Dosen konsumiert. Gerade Söhne aus alkoholbelasteten Familien mit einer hohen Alkoholverträglichkeit zeigen ein sehr hohes Risiko für eine eigene Suchtentwicklung.

Jugendliche und junge Erwachsene, die die oben beschriebenen Symptome bei sich feststellen, müssen nicht unbedingt auf Alkohol verzichten. Sie sollten aber ein waches Auge auf ihren

Alkoholkonsum haben. Bei denjenigen, die bereits regelmäßig trinken oder fast jedes Wochenende einen Vollrausch haben, empfiehlt sich das Einüben des »kontrollierten Trinkens«, wie es Joachim Körkel in seinem Beitrag beschreibt.

Literatur

BLACK, C. (1988): Mir kann das nicht passieren: Kinder von Alkoholikern als Kinder, Jugendliche und Erwachsene. Wildberg: Bögner-Kaufmann.

Cotton, N. (1979): The familial incidence of alcoholism: A review. *Journal of Studies on Alcohol,* 40, S. 89-116.

KAGAN, J. (1984): The nature of the child. New York: Basic Books.

LAMBROU, U. (1990): Familienkrankheit Alkoholismus. Im Sog der Abhängigkeit. Reinbek: Rowohlt.

NORWOOD, R. (1986): Wenn Frauen zu sehr lieben. Die heimliche Sucht gebraucht zu werden. Reinbek: Rowohlt.

PETERMANN, F. Hg. (2000 a): Lehrbuch der Klinischen Kinderpsychologie und -psychotherapie. Göttingen: Hogrefe.

PETERMANN, F. Hg. (2000 b): Fallbuch der Klinischen Kinderpsychologie und -psychotherapie. Göttingen: Hogrefe.

WEGSCHEIDER, S. (1988): Es gibt doch eine Chance: Hoffnung und Heilung für die Alkoholikerfamilie. Wildberg: Bögner-Kaufmann.

WOITITZ, J. G. (2000): Um die Kindheit betrogen. Hoffnung und Heilung für erwachsene Kinder von Suchtkranken. München: Kösel.

WOLIN, S., WOLIN, S. (1995): Resilience among youth growing up in substance-abusing families. *Substance Abuse,* 42, S. 415-429.

ZOBEL, M. (2000): Kinder aus alkoholbelasteten Familien – Entwicklungsrisiken und -chancen. Göttingen: Hogrefe.

Was ist eine Alkoholabhängigkeit und wie entsteht sie?

Johannes Lindenmeyer

Was ist eine Alkoholabhängigkeit?

Von einem Alkoholiker haben viele Menschen eine sehr negative Vorstellung. Sie denken entweder an einen »Penner«, der ohne festen Wohnsitz und ohne Arbeit äußerlich ungepflegt »auf der Straße« sitzt, oder an jemanden, der wegen ständiger Trunkenheit öffentlich auffällt, herumschreit, sich prügelt oder zumindest täglich riesige Mengen Alkohol trinkt. Gemeinsam ist all diesen Vorstellungen, dass es ihnen zufolge eine bestimmte, vom Normalbürger schon äußerlich klar abgrenzbare, in sich einheitliche Extremgruppe von Abhängigen gibt, mit der ein normaler Mensch keine Gemeinsamkeiten hat. Der Fachmann soll dann eine möglichst präzise Angabe darüber machen, wo die Grenze zwischen »normal« und »abhängig« verläuft. Die meisten Menschen sind daher verwirrt, wenn sie erfahren, dass es eine derart klare und einfache Unterscheidung nicht gibt, weil es »den Alkoholiker« gar nicht gibt, sondern eine Vielzahl individuell ausgeprägter Abhängigkeitsprobleme bei Alkohol möglich ist, die sich z.B. nach Trinkanlass, -menge, -dauer und Grad der körperlichen Abhängigkeit erheblich unterscheiden. Diese lassen sich in folgende vier Haupttypen unterteilen:

Spiegeltrinken: Die Abhängigkeit besteht darin, dass der Betroffene über den Tag verteilt regelmäßig Alkohol trinkt, um die Alkoholkonzentration im Blut nie unter einen bestimmten »Spiegel« sinken zu lassen, da sonst unangenehme Entzugserscheinungen auftreten. Diese Entzugserscheinungen können sowohl körperlicher (z.B. Schwitzen, Zittern oder Erbrechen) als auch seelischer Art sein (z.B. Unruhe, Nervosität, Angst). Besonders deutlich erlebt sie der Betroffene morgens, wenn sein Alkoholspiegel während des nächtlichen Schlafs stark gesunken ist. Abhängige dieses Typs können lange Zeit vollkommen unauffällig bleiben. Bei entsprechend raffinierten Verheimlichungsstrategien merkt ihre Umwelt häufig gar nicht, dass sie überhaupt »unter Stoff« stehen. Ihr Alkoholkonsum ist insofern kontrolliert, als sie meist nur die Menge zu sich nehmen, die sie zur Aufrechterhaltung ihres Blutalkoholspiegels benötigen. Darüber hinaus haben sie oft keinerlei Verlangen nach Alkohol. Räusche oder andere Auffälligkeiten durch Alkohol sind bei ihnen eher selten.

Rauschtrinken: Die Abhängigkeit besteht darin, dass der Betroffene es trotz bester Vorsätze nicht schafft, lediglich kleine Mengen an Alkohol zu trinken. Vielmehr endet sein Trinken meist in mehr oder weniger starkem Rausch. Insofern trifft hier das gängige Vorurteil über Alkoholiker noch am ehesten zu, weil der Betroffene häufig durch gewalttätiges oder unkontrolliertes Verhalten im Vollrausch und durch seinen geschwächten Zustand tags darauf deutlich auffällt. Oft beschreibt der Betroffene ganz bestimmte Versuchungssituationen (z.B. Kneipen, Feste oder Fernsehen), in denen er nach wenigen Schlucken Alkohol einen starken Drang verspürt, weiterzutrinken, dem er nicht widerstehen kann. Man spricht daher von einem so genannten »Kontrollverlust«. Diese Form der Abhängigkeit ist besonders häufig, wenn jemand schon als Jugendlicher ein ernsthaftes Alkoholproblem entwickelt hat.

Konflikttrinken: Die Abhängigkeit besteht darin, dass der Betroffene in ganz bestimmten Situationen zu Alkohol greift, da er über keine anderen Lösungs- oder Bewältigungsmöglichkeiten verfügt. Es kann sich hierbei sowohl um Probleme handeln, die der Betroffene mit sich selbst hat, als auch um Konflikte, die er mit seiner Umwelt austrägt. Ohne die Wirkung des Alkohols fühlt sich der Betroffene hilflos und ohnmächtig. Er beschreibt seinen Konsum nach dem Motto: »Immer wenn ...«. Sein Alkoholkonsum ist also nicht immer gleich, er hängt vielmehr davon ab, wie es ihm geht. Von allen Süchtigen kann dieser Betroffene am ehesten erklären, warum bzw. wozu er trinkt. Diese Form der Abhängigkeit ist bei Frauen häufiger als bei Männern.

Periodisches Trinken: In diesem Fall besteht die Abhängigkeit darin, dass der Betroffene trotz zwischenzeitlicher Abstinenz immer wieder Phasen eines heftigen und unkontrollierten Alkoholkonsums hat. Dem Betroffenen selbst oder seiner Umwelt ist unter Umständen keinerlei Anlass oder Auslöser hierfür bewusst, weswegen sie nicht selten so genanntes magisches oder abergläubisches Denken zur Erklärung der Trinkphasen entwickeln (z.B. Mondphasen). Da der Betroffene oft große innere Kraft aufbringen und schwere Entzugserscheinungen durchstehen muss, um eine Trinkphase zu beenden, ist es ihm besonders unverständlich, warum er nach einem gewissen Zeitraum »einfach wieder anfängt«. Durch die erfolgreichen Trinkpausen kann er außerdem lange Zeit nicht glauben, dass er von Alkohol abhängig geworden ist.

Natürlich gibt es alle möglichen Mischformen zwischen diesen vier Abhängigkeitsformen. Ihre Darstellung sollte nur verdeutlichen, dass Alkoholabhängigkeit keine Frage der Menge, Häufigkeit, ja nicht einmal der Regelmäßigkeit des Alkoholkonsums und schon gar nicht seiner Auffälligkeit ist. Die Bestimmung einer Alkoholabhängigkeit ist vielmehr nur über ihre Folgen möglich:

> **Alkoholabhängig ist jeder, der auf Alkohol nicht verzichten kann, ohne dass unangenehme Zustände körperlicher oder seelischer Art auftreten, oder der doch immer wieder so viel Alkohol trinkt, dass er sich oder anderen schadet.**

Während sich der erste Fall auf das Eintreten von Entzugserscheinungen bezieht, soll der zweite Fall durch folgendes Beispiel veranschaulicht werden:

Stellen Sie sich vor, jemand hantiert mit einem blanken Draht an einer Steckdose und holt sich einen Stromschlag. Falls dieselbe Person tags darauf wieder mit einem blanken Draht an der Steckdose hantiert und sich erneut einen Stromschlag holt, würden Sie sich zu Recht über das schlechte Gedächtnis dieser Person wundern. Wenn nunmehr dieselbe Person wiederum an der Steckdose mit einem blanken Draht hantiert, dann gibt es nur noch zwei Möglichkeiten: Entweder die Person ist »bescheuert« oder sie ist »Strom-süchtig«. Denn wie anders sollte man sich erklären, dass sie sich immer wieder einen Stromschlag holt. Entsprechend muss man von einer Alkoholabhängigkeit sprechen, wenn jemand weiterhin unverändert Alkohol trinkt, obwohl er bereits sich oder anderen erheblichen Schaden dadurch zugefügt hat.

Solche negativen Folgen des Trinkens entstehen natürlich nicht von heute auf morgen. Sie sammeln sich vielmehr im Laufe einer mehrjährigen Abhängigkeitsentwicklung an, so dass sie dem Betroffenen und seinen Bezugspersonen lange Zeit nicht richtig bewusst werden. Von daher ist es auch nicht immer möglich, genau festzustellen, ab wann ein Betroffener nun »wirklich« abhängig ist. Häufig bleibt ihm und seinen Bezugspersonen nichts anderes übrig, als gemeinsam darüber zu entscheiden, ob die durch Alkohol eingetretenen Folgen ein Ausmaß angenommen haben, dass ein Verzicht auf Alkohol bzw. eine Behandlung notwendig erscheint. Fachleute können hierbei zwar wichtige Denkanstöße und Hilfestellung zu einer umfassenderen und realistischeren Wahrnehmung der Situation geben. Eine endgültige Beurteilung und Entscheidung, ob er sich als »alkoholabhängig« akzeptiert und künftig auf jeden Alkohol verzichten wird, kann aber nur der Betroffene selbst treffen.

Wie entsteht eine Alkoholabhängigkeit?

Hier soll zunächst zu einer Reihe von häufig geäußerten Vorurteilen über die angebliche Ursache einer Alkoholabhängigkeit Stellung genommen werden:

Persönlichkeit: Es trifft nicht zu, dass Alkoholabhängige – wie häufig behauptet wird – besonders labile, willensschwache oder unbeherrschte Personen sind. Abhängigkeit ist keine Charakterfrage. Eine Vielzahl wissenschaftlicher Untersuchungen hat vielmehr immer wieder ergeben, dass es keine typische Persönlichkeit bei Alkoholikern gibt, sondern dass es unter Abhängigen ebenso viele unterschiedliche Menschen und Typen gibt wie unter Nichtabhängigen auch.

Vererbung: Die manchmal in den Medien sensationell verbreiteten Forschungsergebnisse über eine angebliche Erblichkeit von Alkoholismus beziehen sich in der Regel lediglich auf die tatsächlich angeborenen Unterschiede bezüglich des Verhältnisses von angenehmer Hauptwirkung und unangenehmer Nachwirkung von Alkohol im menschlichen Gehirn. Hierbei erscheint insbesondere ein gewisser Erbfaktor bei Söhnen von alkoholabhängigen Vätern möglich. Damit diese Unterschiede aber bei der Entwicklung einer Alkoholabhängigkeit zum Tragen kommen, müssten die Betroffenen zunächst über einen langen Zeitraum erhebliche Mengen an Alkohol trinken, und dieses Trinkverhalten ist eindeutig nicht erblich bestimmt. Insofern sind die Kinder von Alkoholabhängigen keinesfalls dazu verdammt, ebenfalls süchtig zu werden. Man kann allerdings vor allem den Söhnen von Alkoholikern den begründeten Rat geben, mit Alkohol besonders zurückhaltend zu sein.

Schwere Kindheit/Schicksalsschläge: Man kann nicht sagen, dass das Leben von Alkoholabhängigen zwangsläufig schwieriger oder unglücklicher verlaufen sein muss als bei anderen Menschen. So brachte ein Vergleich von Lebensläufen von Abhängigen und Nichtabhängigen keine eindeutigen Unterschiede zu

Tage. Oft sind vielmehr die Probleme und Schicksalsschläge, die von Betroffenen und Angehörigen zur Erklärung der Abhängigkeit angeführt werden, bereits Folgen der Abhängigkeitsentwicklung.

Der Fehler all dieser Ursachenvermutungen besteht in der prinzipiell falschen Vorstellung von einem plötzlichen Eintreten einer Abhängigkeit nach dem Motto: »Alles lief normal, dann kam die Ursache X, und er wurde zum Alkoholiker.« In Wirklichkeit stellt die Entstehung einer Abhängigkeit eine schleichende, individuell verlaufende Entwicklung dar, die typischerweise über folgende drei Schritte erfolgt:

1. Das erste Mal

Im deutschsprachigen Raum ist Alkohol in der Regel das erste Suchtmittel, mit dem ein Mensch in seinem Leben in Berührung kommt. Der erste Alkoholkonsum erfolgt im Alter zwischen 6 und 12 Jahren. Hierbei sind Modellpersonen entscheidend. Ab etwa dem dritten Lebensjahr beginnt ein Kind erste Erfahrungen über die Wirkung und den situativen Kontext von Alkohol durch die Beobachtung von Erwachsenen zu machen. Es lernt insbesondere, welche angenehme Wirkung Alkohol bei Erwachsenen hat (»Mit ein bisschen Alkohol fühlt man sich besser«) und bei welchen Gelegenheiten der Konsum von Alkohol offenbar angemessen ist (»Alkohol gehört zum Erwachsensein«). Als suchtbegünstigend hat sich erwiesen, wenn Jugendliche ihre ersten Erfahrungen mit Alkohol nicht unter Aufsicht von Erwachsenen machen, sondern im Kreis einer gleichaltrigen Clique mit häufig sehr riskantem und unvernünftigem Alkoholkonsum. Entsprechend kommt es auch in der Regel zu einem Anstieg des Alkoholkonsums, wenn Jugendliche erstmals das Elternhaus für längere Zeit verlassen (z.B. Bundeswehr, Lehre, Studium) und mit den verschiedensten Aspekten des Erwachsenseins (z.B. Sex, Rauchen und eben Alkohol) experimentieren.

2. Gewohnheit

Mit der Zeit wird sich ein junger Mensch immer mehr angewöhnen, in bestimmten Situationen Alkohol zu trinken. Hierbei geschieht der Alkoholkonsum immer automatischer: Es wird »normal«, Alkohol zu trinken, und eher merkwürdig, in bestimmten Situationen auf Alkohol zu verzichten. Entsprechend erlebt auch jeder, der einmal für eine bestimmte Zeit – zum Beispiel aus gesundheitlichen Gründen – auf jeden Alkohol verzichten muss, wie ungewohnt und unbequem plötzlich viele Alltagssituationen werden können, in denen man normalerweise Alkohol trinkt. Das fängt schon an mit den lästigen Fragen oder Frotzeleien von Freunden oder Bekannten. Da ist der Umstand, dass man häufig nicht weiß, was man eigentlich statt Alkohol trinken soll. Und schließlich spielt einem das Unbewusste immer wieder einen Streich nach dem Motto: »Ich möchte ein Bier ... äh ... einen Apfelsaft.« Nicht, dass man mit ein wenig Selbstbeherrschung und festem Willen nicht trotzdem abstinent leben könnte. Entscheidend ist aber, dass die Bildung jeder Gewohnheit automatisch dazu führt, dass alternative Verhaltensweisen seltener und damit immer ungewohnter und unangenehmer werden.

Diese Entwicklung tritt bei der Mehrheit der Bevölkerung hierzulande ein, etwa 85-90 % der Erwachsenen trinken regelmäßig Alkohol. Die meisten Mensch reduzieren dabei ihren Alkoholkonsum ab etwa dem 30. Lebensjahr deutlich.

Falls aber ein Mensch über einen längeren Zeitraum größere Mengen Alkohol trinkt, wird sich auch sein Körper zunehmend an Alkohol gewöhnen (Toleranzsteigerung), so dass er immer größere Mengen Alkohol scheinbar ohne größere negative Auswirkungen vertragen kann. Aber selbst dann, wenn ein Betroffener negative Konsequenzen durch seinen Alkohol erlebt oder zumindest erhebliche Risiken eingeht, erfolgt aufgrund der vollkommen unklaren Trinkregeln in unserer Gesellschaft oftmals keine kritische Rückmeldung, die dem Betroffenen die Problematik seines Alkoholkonsums frühzeitig verdeutlichen würde. Häufig entwickelt der Betroffene daher Mythen über die angeblich positive Wirkung des Alkohols, obwohl die Realität bereits ganz anders aussieht. Außerdem entwickelt der Betroffene in seinen Trinksituationen kein entsprechendes Bewältigungsverhalten ohne Alkohol. Das heißt, er ist immer stärker auf die angenehme Wirkung und Unterstützung von Alkohol angewiesen. In all diesen Fällen würde man von einem Alkoholmissbrauch sprechen können.

3. Abhängigkeit

Zwei Faktoren können nun aus der Gewohnheit, Alkohol zu trinken, mit der Zeit eine Abhängigkeit von Alkohol werden lassen, ohne dass weitere Bedingungen hinzukommen müssen. Zum einen können sich Entzugserscheinungen (Zittern, Schweißausbrüche, Unruhe) entwickeln, die immer dann auftreten, wenn der Alkoholspiegel zu sinken beginnt, und die den Betroffenen daher zwingen, erneut Alkohol zu trinken (körperliche Suchtentwicklung). Zum anderen kann sich im Laufe der Zeit ein so genanntes Suchtgedächtnis entwickeln, das den Betroffenen immer automatischer in bestimmten Situationen zum Alkohol greifen lässt, obwohl er längst um die Nachteile hiervon weiß (psychische Suchtentwicklung). Es ist hierbei nicht so wichtig, ob der Betroffene einen Drang oder starkes Verlangen nach Alkohol verspürt oder ob er angibt, »einfach so« bzw. »automatisch« zu trinken. Entscheidend ist für das Vorliegen einer Abhängigkeit vielmehr, dass der Betroffen sich im Kreis bewegt, weil er subjektiv nicht mehr über Alternativen zum Alkoholkonsum verfügt.

Mit der Zeit verfestigt sich dieser Teufelskreis noch dadurch, dass der Betroffene immer mehr Schuldgefühle wegen der Folgen seines Trinkens entwickelt, gleichzeitig das weitere Trinken von Alkohol aber die einzige Möglichkeit wird, sich wenigstens kurzfristig Erleichterung zu verschaffen. Zu diesem Zeitpunkt nützt es nichts mehr, kontrolliert oder einfach weniger Alkohol trinken zu wollen.

> **Es braucht somit keine speziellen Gründe zur Entstehung einer Alkoholabhängigkeit. Im Prinzip kann vielmehr jeder Mensch durch häufigen Konsum von Alkohol süchtig werden. Dagegen hängt es sehr wohl von dem Betroffenen und seinem Umfeld ab, wie schnell dieser Prozess abläuft.**

Beispielsweise können folgende Bedingungen die Entwicklung einer Abhängigkeit beschleunigen:

⊙ Menschen, bei denen immer alles reibungslos klappen muss und die bei Störungen schnell ungeduldig, nervös oder aggressiv werden. Man sagt dann, die Betroffenen verfügen über wenig Selbstkontrolle oder Frustrationstoleranz, sie können unangenehme Zustände nur schlecht ertragen und Belohnungen nicht lange aufschieben.

⊙ Ein bestimmtes soziales Umfeld. Beispielsweise wird man im feuchtfröhlichen Kreis von Trinkkumpanen oder in einer Clique mit hohen Trinknormen in besonderer Weise im riskanten Umgang mit Alkohol bestärkt, ebenso wie durch das schlechte »Vorbild« von Eltern, die selbst Probleme im Umgang mit Alkohol haben. Auch das gut gemeinte »Decken«, Verharmlosen oder Nichtwahrhabenwollen durch Familienmitglieder oder Bekannte kann beim Betroffenen den Blick für die eigene Situation trüben und damit eine Abhängigkeitsentwicklung begünstigen.

⊙ Menschen, die sich nüchtern in bestimmten Situationen unsicher oder hilflos fühlen, da sie über keine ausreichenden Bewältigungs- oder Konfliktlösungsmöglichkeiten verfügen. In ähnlicher Weise kann für Jugendliche, die lediglich über passives oder wenig abwechslungsreiches Freizeitverhalten verfügen, das Trinken von Alkohol schnell zur »Hauptbeschäftigung« werden. Und schließlich besteht für körperlich früh entwickelte Mädchen ein besonderes Suchtrisiko, wenn sie versuchen, ihre sozusagen nicht so schnell mitgewachsene Selbstsicherheit mit Alkohol zu kompensieren.

Um allerdings keine Missverständnisse aufkommen zu lassen, sei aber an dieser Stelle nochmals ausdrücklich betont, dass all dies keine Gründe für die Entstehung einer Alkoholabhängigkeit darstellen, sondern lediglich Bedingungen für ihre Beschleunigung sind. Es gibt neben diesen Risikofaktoren fast immer auch bereits vorhandene oder noch zu schaffende Bedingungen, die der Entwicklung einer Alkoholabhängigkeit vorbeugen können, so wie Martin Zobel dies zum Beispiel in seinem einführenden Beitrag beschrieben hat.

Zwischen Mitgefühl und Ohnmacht: das Leben mit einem Suchtkranken

Monika Rennert

»Wissen Sie, wenn er nichts getrunken hat, ist er so ein liebevoller und fürsorglicher Mensch. Wir können zusammen etwas unternehmen, wir haben Spaß und können es uns gut gehen lassen. In diesen Momenten denke ich oft: Jetzt hat er es geschafft. Jetzt hat er es begriffen und alles wird wieder gut. Ich hoffe jedes Mal inständig, dass er dieses Mal trocken bleibt und in unsere Familie wieder Ruhe und Frieden einkehren kann. Umso enttäuschter bin ich, wenn er dann, für mich völlig unvorhersehbar, wieder zur Flasche greift. Was war denn falsch? Was habe ich denn nicht richtig gemacht? In diesen Momenten bekomme ich eine solche Wut, dass ich ihn am liebsten ... Er ist im Grunde so ein lieber und netter Mensch. Ich würde alles tun, wenn er nur nicht wieder trinken würde« (Marianne, seit 40 Jahren mit einem alkoholkranken Mann verheiratet).

Für Außenstehende ist es oft nicht nachvollziehbar, warum jemand über längere Zeit mit einem alkoholkranken Menschen zusammenlebt, immer wieder Enttäuschungen, uneingelöste Versprechungen, Lügen, Erniedrigungen, Alkoholexzesse und mitunter massive verbale und körperliche Gewalt über sich ergehen lässt und denjenigen trotzdem schützt und entschuldigt. Auch die Kinder verstehen oft nicht, was ihre Eltern zusammenbleiben lässt. »Warum meine Mutter neun Jahre lang mit ihm verheiratet blieb, weiß ich nicht«, sagt z.B. Veronika (»Im verbotenen Paradies«, in diesem Buch).

Zur Bezeichnung dieses Verhaltens von Angehörigen Abhängiger (und auch von Bekannten, Freunden, Arbeitskollegen und Vorgesetzten) hat sich der Begriff Co-Abhängigkeit etabliert. Der Begriff leitet sich ab aus dem amerikanischen »co-dependency« und wurde ursprünglich in den 70er Jahren in den USA von Angehörigen suchtmittelabhängiger Menschen geprägt. Er stand als Kurzformel für die Auswirkungen der Sucht (der »chemical dependency«), die diese in ihrer Familie und an sich selbst erlebten. Auch die ersten Veröffentlichungen in der Fachliteratur stammen von Betroffenen – von erwachsenen Kindern alkoholabhängiger Eltern, die aufgrund ihrer Erfahrungen in die professionelle Suchtkrankenhilfe gegangen sind.

Mit »Co-Abhängigkeit« sind in den letzten Jahren bestimmte Verhaltensweisen benannt worden, die sich auf den ersten Blick zwar gleichen mögen, die bei genauerer Betrachtung jedoch differenziert werden müssen. So können sich hinter diesem Schlagwort gelernte Verhaltensmuster oder Persönlichkeitsmerkmale verbergen, die in ihrem Entstehungszusammenhang und in ihrer Ausprägung zu unterscheiden sind. Entsprechend wird Co-Abhängigkeit in manchen Fällen als Verhaltensproblem, in anderen als schwere emotionale Verstrickung und im Extremfall auch als Krankheit eingeschätzt.

Zum Verständnis des Geschehens in den betroffenen Familien hilft besonders ein Modell aus der familientherapeutischen Arbeit, das sowohl die Familie als ein Ganzes – ein System – betrachtet als auch die einzelnen Beteiligten mit ihrer ganz individuellen Gefühlswelt und persönlichen Entwicklung berücksichtigt. Wenn wir uns eine Familie in dieser Sichtweise als ein System vorstellen, in dem die Menschen auf bestimmte Art und Weise miteinander verbunden sind, dann lässt sich das sehr gut am Beispiel eines Mobiles illustrieren. Die einzelnen Mitglieder sind einerseits individuelle Personen, gleichzeitig sind sie aber auch miteinander verbunden: im Mobile durch Drahtbügel und Fäden, in der Familie durch Traditionen, ausgesprochene und unausgesprochene Familienregeln. Wenn ein Familienmitglied eine Belastung erfährt, so wird es gewissermaßen schwerer und bewegt sich – das wirkt sich auf alle anderen Figuren aus und diese bewegen sich ihrerseits. Da ein System immer nach Gleichgewicht strebt, reagieren die Beteiligten so, dass insgesamt eine neue Balance hergestellt wird. Dabei reagieren jedoch nicht alle Familienmitglieder gleich, sondern jeder Einzelne kann sich höchst individuell verhalten.

Ein Mensch, der eine Suchtkrankheit entwickelt, leidet selbst zunehmend unter seiner Abhängigkeit. Gleichzeitig wirkt sich seine Belastung auf die Angehörigen aus, die zunächst so reagieren, wie sie bei jeder Erkrankung eines Familienmitgliedes reagieren würden: Der Betroffene wird geschont, die anderen nehmen Rücksicht und erledigen seine Aufgaben im Familienleben so lange mit, bis er wieder gesund ist. Bei zeitlich begrenzten Problemen funktioniert das auch ganz gut: Wenn jedoch jemand suchtkrank wird, so handelt es sich nicht um eine Krise, die vorübergeht, sondern um eine jahrelange Entwicklung, bei der die bisher bewährten Bewältigungsmuster nicht mehr funktionieren – was die Familienmitglieder allerdings nicht wissen können.

Die Krankheit Sucht bringt ganz spezifische Veränderungen im Verhalten der Betroffenen mit sich, so dass die Angehörigen vielen für sie unerklärlichen, verwirrenden, verletzenden und Angst auslösenden Situationen ausgesetzt sind. Unter Alkoholeinfluss kann der Abhängige »ein anderer Mensch« werden, der, sehr im Gegensatz zu seinem vielleicht verständnisvollen und fürsorglichen Verhalten im »trockenen« Zustand, streitsüchtiges, besserwisserisches, unfaires, abwertendes und gewalttätiges Verhalten zeigt, das er am nächsten Tag reumütig bedauert. Diese Stimmungsschwankungen sind für die Familie, und insbesondere für die Kinder, extrem belastend. Sie versuchen, sich mit ihren Mitteln – eben den bisher bewährten Problembewältigungsmustern – an das Geschehen anzupassen und für ein neues Gleichgewicht zu sorgen.

> Es gibt jedoch keine Möglichkeit, sich an eine süchtige Entwicklung anzupassen, ohne selbst dabei belastet, gekränkt und im Extremfall auch krank zu werden. Diese Mitbetroffenheit durch die Sucht, die die Angehörigen erfahren, verstehe ich unter Co-Abhängigkeit.

Co-Abhängigkeit hat zwei Seiten. So werden die Angehörigen nicht nur mitbelastet, sie machen es in den meisten Fällen durch die verschiedensten Hilfs- und Rettungsaktionen (die ja zu einem neuen Gleichgewicht des Systems beitragen) auch möglich, dass der suchtkranke Mensch die eigentlich natürlichen Konsequenzen seines Handelns nicht zu spüren bekommt. Beispielsweise ruft die Ehefrau morgens den Arbeitgeber des Mannes an und entschuldigt ihn wegen eines »grippalen Infektes«, obwohl ihr Mann mit 1,5 Promille Restalkohol im Bett liegt. Vor diesem

Hintergrund hat der Abhängige keinen Grund, sein zunehmend unverantwortliches Verhalten zu ändern. Diese Seite eines die Sucht zulassenden, möglich machenden und sogar unterstützenden Handelns (im englischen Sprachgebrauch mit dem neutraleren Ausdruck »enabling« benannt) hat dazu geführt, dass den Angehörigen – und dabei insbesondere den Frauen, den Lebenspartnerinnen und Müttern – lange Zeit Schuld an der Entwicklung der Sucht zugeschrieben wurde. Der im deutschen Sprachraum geläufige Begriff der »Co-Alkoholikerin« wird oft in Zusammenhang mit dieser Schuldzuschreibung verwendet.

Dabei ist das Verhalten der Mitbetroffenen zunächst einmal völlig nahe liegend – und entspricht dem, das sich bei anderen Problemen bewährt hat: Die Angehörigen zeigen Verständnis, Zuwendung und Fürsorge – ein sozial wertvolles Verhalten, das in anderen Zusammenhängen sehr wohl erwünscht und anerkannt wird. Insbesondere von den Frauen wird es gesellschaftlich geradezu erwartet. Was unterscheidet also ein »normales«, hilfreiches Verhalten von einer Co-Abhängigkeit?

Am besten lässt sich der Übergang vom hilfreichen zum coabhängigen Verhalten markieren, wenn man die Verstrickung des Angehörigen in die Abhängigkeitsentwicklung des Süchtigen beschreibt.

Der Weg in die Co-Abhängigkeit

So wie sich die Suchtkrankheit schleichend entwickelt, so verläuft auch der Weg in die Co-Abhängigkeit in kaum merklichen, kleinen Schritten. Da mehr Männer als Frauen alkoholkrank werden, beschreibe ich hier die häufig zu beobachtende Entwicklung der Lebenspartnerin eines Alkoholikers.

Diese weiß zunächst ja nicht, dass sich ihr Mann auf dem Weg in eine Suchtkrankheit befindet, sondern sie erlebt sein immer unverantwortlicher werdendes Verhalten und hofft, dass es sich dabei um eine vorübergehende Krise handelt. Da das Familienleben weiterhin funktionieren soll, übernimmt sie daher erst einmal Verantwortung in Bereichen, in denen sie vorher keine hatte: Sie kümmert sich beispielsweise um ausstehende Versicherungen, Rechnungen oder Geschäftsangelegenheiten, die bis dato vom Mann erledigt wurden. Einerseits will sie ihn damit entlasten, andererseits sorgt sie so dafür, dass das Notwendige getan wird, und stellt damit auch für sich selbst eine Kontrolle der Situation und das Gefühl von Sicherheit her. Gerade wenn Kinder da sind, versuchen die Mütter oft, einen geregelten Familienalltag aufrechtzuerhalten und die Kinder vor den Folgen des väterlichen Alkoholkonsums zu schützen.

Natürlich überlegt eine Frau sich, warum ihr Mann immer mehr trinkt und immer öfter betrunken ist. Sie sucht eine Erklärung für sein sehr beunruhigendes Verhalten und greift zunächst jede mögliche Entschuldigung auf, trägt diese doch zu ihrer Beruhigung und der der anderen Angehörigen bei. So glauben etliche nicht nur die vorgegebenen Begründungen des Trinkers, sondern finden bzw. erfinden ihrerseits Entschuldigungen für dessen Alkoholkonsum: »Er hat so viel Stress auf der Arbeit«, »Er wird vom Vorgesetzten schikaniert«. Auch vor den Kindern wird das Verhalten des Vaters entschuldigt, wenn dieser zum Beispiel nicht mit auf eine Schul- oder Sportveranstaltung kommt: »Dein Vater ist müde, er hat so viel um die Ohren.« Die Ehefrauen glauben, mit Verständnis und liebevoller Zuwendung dafür sorgen zu können, dass das problematische Verhalten bald wieder ein Ende haben wird. Dem Süchtigen werden alle Schwierigkeiten aus dem Weg geräumt, um ihm auch »wirklich keine Veranlassung zum Trinken« zu geben. Sie meinen es gut; mit ihren Manövern verhindern sie jedoch genau die unangenehmen Situationen für den Süchtigen, die diesen zu einer Verhaltensänderung motivieren könnten.

Außer der zusätzlichen Arbeitsbelastung, die die Partnerin nun hat, erlebt sie auch eine überwältigende Menge an schmerzlichen

Gefühlen. Da ist die Angst: Was geschieht als Nächstes – kommt es zu Krankheit, Unfällen, Verletzungen, zu Schulden? Sind die Rechnungen bezahlt worden, gibt es Probleme im Betrieb, mit der Wohnung, mit der Polizei? Besonders dramatisch wird die Familiensituation, wenn der Abhängige unter Alkoholeinfluss gewalttätig wird. Die Kinder versuchen oft, die Mutter vor den Gewalttätigkeiten des Vaters zu schützen. Dabei werden sie selbst häufig Opfer von gewalttätigen Übergriffen des Vaters. Auch gewalttätige sexuelle Übergriffe sind nicht selten (etwa die Hälfte aller Täter konsumiert Alkohol vor sexuellen Übergriffen). Es ist für die Beteiligten sehr schmerzhaft, zu erleben, wie sich eine geliebte Person verändert, wenn sie süchtig wird: immer wieder von ihr enttäuscht zu werden, sich nicht mehr auf sie verlassen und ihr nicht mehr glauben zu können, Angst, nicht nur um sie, sondern auch vor ihr haben zu müssen, kann im Extremfall zu einer traumatischen Erfahrung werden (siehe den Beitrag von Monika Vogelgesang in diesem Buch).

Ein weiteres zentrales Gefühl ist die Scham. Die Angehörigen schämen sich ihres abhängigen Familienmitglieds und seines Verhaltens und verschleiern daher das Problem nach außen, aber auch nach innen. Fast immer versuchen Mütter zunächst, die Alkoholprobleme des Vaters vor den Kindern zu verbergen, und wenn dies nicht gelingt, sie doch zumindest zu beschönigen. Aber der in der Suchthilfe oft gehörte Satz »Mein Kind hat nichts gemerkt« erweist sich nur selten als wahr, er ist vielmehr der Ausdruck eines Wunschdenkens: »Ich möchte, dass mein Kind nichts merkt.«

Wenn alles Beschützen, Erklären und Verständniszeigen nicht weitergeholfen haben, versuchen die Angehörigen meistens, dem suchtkranken Menschen nun den scheinbar fehlenden Willen aufzuzwingen und sein Verhalten zu kontrollieren. Doch die Vorstellung, eine andere Person könne ein Verhalten kontrollieren, dass derjenige selbst nicht kontrollieren kann, ist eine Illusion – eine Verkennung der Realität, wie sie die Suchtkranken auch entwickeln, nur diesmal auf Seiten der Angehörigen. Diese Illusion dient dazu, die eigene Hilflosigkeit nicht anerkennen und spüren zu müssen. Aber je stärker die Menschen im Umfeld den Abhängigen zu kontrollieren versuchen, desto mehr enttäuschen sie Misserfolge. Immer öfter kreisen ihre Gedanken um den Alkohol, den sie selbst nicht trinken, um die Folgen des Trinkens und darum, wie sie diese verhindern können. Spätestens an diesem Punkt kippt das hilfreiche Verhalten der Angehörigen in co-abhängiges Verhalten um.

In die Entwicklung dieser familiären Kontrollmechanismen werden auch die Kinder eingebunden. Sie werden z.B. nach dem Alkoholkonsum des Vaters befragt, wenn sie mit ihm etwas unternommen haben. Die Mütter fordern von den Kindern Solidarität, es gilt, den »gemeinsamen Feind Alkohol« zu besiegen. Dies bringt die Kinder in erhebliche Loyalitätskonflikte, da sie den abhängigen Vater ja auch mögen und ihn nicht verlieren wollen.

Nicht selten führen gescheiterte Kontrollversuche zu Konflikten zwischen den Eltern (»Wo bist du gewesen?«, »Hast du getrunken?«), Streitereien, die in der allgemeinen Anspannung oft lautstark geführt werden und nicht ohne Wirkung auf die Kinder bleiben. Die Kinder verstehen häufig nicht die überzogenen und hilflosen Reaktionen der Ehefrau und solidarisieren sich mit dem Vater, der mit so einer »unmöglichen Frau« zusammenleben muss (hier sei noch einmal auf den Beitrag von Veronika, »Im verlorenen Paradies«, in diesem Buch verwiesen).

War eines der Kontrollmanöver einmal erfolgreich, so sind die Frauen froh und voller Hoffnung. Sie glauben, nun ihren Partner noch stärker kontrollieren zu müssen, dann werde er den Alkohol letztlich stehen lassen. Trinkt er wieder, so zweifeln sie an sich selbst und meinen, sich nicht genug bemüht zu haben. Die Folge: Sie verknüpfen ihr Selbstwertgefühl mit dem Verhalten des kranken Mannes. Dabei geben sie immer mehr ihrer eigenen Interessen auf, um sich besser um den Suchtkranken kümmern zu können – und dieser Prozess kann so weit gehen, dass der Süchtige schließlich zum Lebensmittelpunkt dieser Angehörigen wird. Das geht auch zu Lasten der Kinder, weil immer mehr Zeit und Kraft vom Alkohol absorbiert werden. Dennoch darf man nicht vergessen, dass die Frauen zuallererst ihre eigenen Bedürfnisse, ihre seelische, körperliche und geistige Gesundheit vernachlässigen. Etliche der betroffenen Frauen haben aufgrund der Situation in ihrer Herkunftsfamilie noch nie gelernt, angemessen für sich selbst zu sorgen, und intensivieren ihr lebenslänglich geübtes fremdfürsorgliches Verhalten im Zusammenleben mit dem Suchtkranken ganz besonders stark. Die anderen verlernen die Selbstfürsorge.

Da die Co-Abhängigen außer gelegentlichen »Zufallstreffern« bei ihren Kontrollbemühungen letztlich scheitern, sinkt ihr Selbstwertgefühl immer stärker. Sie glauben, es liege nur an ihnen, dass sich keine Besserung einstellt. Gleichzeitig erleben sie oft die Beschuldigungen des Mannes oder der Umgebung, manchmal auch der eigenen Kinder, die voller Verständnis für den »armen Kranken« Partei ergreifen. Da alle Bemühungen letztlich ohne Erfolg bleiben, kommen derart verstrickte Frauen eines Tages an einen Punkt, wo sie sich selbst bzw. ihre Gefühle nicht mehr ertragen können. Ähnlich wie der Alkoholiker blenden auch sie die Realität teilweise aus, sie verdrängen die unangenehmen Gefühle und können dabei doch nicht verhindern, dass sie sich ihren Emotionen immer mehr entfremden. So glauben sie zeitweise, es sei vielleicht alles nicht so schlimm bzw. sie bekämen doch noch alles in den Griff, wenn sie es denn nur richtig machten. So wie der Suchtkranke versuchen sie ihrerseits, die Probleme vor sich selbst sowie vor den anderen zu verbergen – auch gegenüber den anderen Familienmitgliedern. Wenn ihre seelische Kraft zur Unterdrückung der Gefühle nicht ausreicht, so werden sie von diesen überwältigt und »es bricht aus ihnen heraus«. Dies ist wiederum ein Anlass für sie, an sich selbst zu zweifeln.

Gleichzeitig zweifeln sie an ihrer Wahrnehmung, da der Süchtige vieles abstreitet und Behauptungen aufstellt, die einfach nicht wahr sind. Abhängige neigen beispielsweise dazu, ihre Umwelt für ihr exzessives Trinken verantwortlich zu machen. Sie trinken angeblich nur, weil die Ehefrau so kontrollierend und überzogen reagiert, weil die Kinder sich von ihnen abwenden, weil man ihre beruflichen Leistungen nicht würdigt etc. Abhängige leben in einer Pseudorealität, von deren Existenz sie aber felsenfest überzeugt sind. Daher wirken sie in ihrer Argumentation oft sehr authentisch und sind nicht bereit, ihr Trinken als Ursache der Probleme anzusehen. Da sie subjektiv kein Problem haben, sehen sie auch keine Veranlassung, etwas an ihrem Trinken zu verändern.

Die Kinder erleben in dieser Phase oft Eltern, die hauptsächlich anklagend oder schweigend miteinander umgehen. Die Atmosphäre in der Familie ist insgesamt spannungsgeladen und kann jederzeit in Wut, Hass und Gewalttätigkeit umschlagen. Die Kinder lernen, »auf der Hut« zu sein, da eine »falsche« Reaktion von ihnen empfindliche Folgen in Form von Demütigungen und Schlägen nach sich ziehen kann.

Die Frauen entwickeln Schuldgefühle und fragen sich, ob sie selbst als Partnerin und Mutter versagt haben. Vielleicht hätten sie doch mehr Verständnis oder Liebe aufbringen sollen? Vielleicht haben sie noch immer nicht »den richtigen Dreh gefunden«, ihn vom Trinken abzuhalten?

Allgemein beginnen die Familienmitglieder damit, sich gegenseitig Schuld am Verhalten des Suchtkranken zuzuschieben – auch dies ist ein »Hilfsmittel«, um die eigenen Ohnmachtsgefühle sowie die anderen schmerzlichen Empfindungen nicht spüren zu müssen. Immer öfter macht sich stattdessen Wut auf das verletzende Verhalten des Süchtigen bemerkbar, was zu weiteren Schuldgefühlen führt – im Irrglauben, auf einen kranken Menschen dürfe man keine Wut haben. Schließlich kommt es zu den Momenten, in denen der Wunsch aufkeimt, er möge doch endlich gegen einen Baum fahren, damit das ganze Elend ein Ende hat – und wieder sind da die Schuldgefühle und das Entsetzen: »Was bin ich für ein Monster geworden!«

Im Verlauf dieser Entwicklung isolieren sich die einzelnen Angehörigen häufig voneinander. Ihre Gefühle gegenseitiger Zuneigung und Sorge gehen irgendwann unter im Stress der immer wiederkehrenden Probleme und Katastrophen, die das Verhalten des Süchtigen mit sich bringt. Die familiäre Kommunikation bricht zusammen, die Familienmitglieder vereinsamen, weil alle in mehr oder weniger starkem Maße die beschriebenen Abwehrmechanismen und Verhaltensweisen entwickeln, die ihnen wie eine Art Ritterrüstung für die Seele helfen, ihren Schmerz nicht mehr zu spüren. Diese Rüstung bietet durchaus eine Zeit lang Schutz – wenn man sie jedoch nicht mehr ablegen kann, weil man sich jahrelang schützen musste, dann kann sie eine persönliche Weiterentwicklung behindern und ihrerseits eines Tages zum Problem werden. Die Betroffenen können keinerlei Alternativen zu ihrem bisher geübten Verhalten erkennen, es ist, als betrachteten sie die Welt durch ein Visier, das nur eine ganz bestimmte Sichtweise zulässt. Auch ihre Bewegungsfreiheit ist durch die Rüstung eingeschränkt.

Durch die geschlechtsspezifischen Rollenerwartungen sind besonders Frauen gefährdet, in dieser Weise co-abhängig zu werden: Sie werden noch immer als zuständig für das Wohlergehen der anderen betrachtet, für die Gefühle und die Beziehungsarbeit. Die Männer von suchtkranken Frauen verhalten sich überwiegend anders. Sie bleiben auf der rationalen Ebene, versuchen durchaus, die Frau »zur Vernunft zu bringen«, aber kommen viel seltener in Gefahr, die Schuld bei sich zu suchen. Auch sie unterdrücken viele Gefühle, werden jedoch eher abweisend. Auch sie können dabei durch ein Rollenklischee beeinflusst werden: Insbesondere für Hilflosigkeit ist in der traditionellen Männerrolle kein Platz. Männer trennen sich daher eher von einer suchtkranken Frau als umgekehrt. Partnerinnen und Partner von Suchtkranken, die dem Stereotyp von Co-Abhängigkeit entsprechen, haben nach meinen Erfahrungen bereits in ihrer Herkunftsfamilie schon früh eine Helferrolle übernommen und sind daher prädestiniert, wie gewohnt fürsorglich und mit Übernahme von Verantwortung zu reagieren.

Co-Abhängigkeit und die Kinder
in den betroffenen Familien

Sucht verursacht immer auch Beziehungsstörungen, und zwar in allen Beziehungen der Familie. Der Süchtige hat eine Art Liebesbeziehung zu seinem Suchtmittel, und alle anderen Beziehungen, die ihm vorher wichtig waren, verlieren für ihn an Bedeutung. Seine Partnerin konzentriert sich irgendwann völlig auf den Suchtkranken und dessen Verhalten. Für die Kinder in der betroffenen Familie bleibt somit weniger an elterlicher Zuwendung übrig, noch viel weniger an Beziehungen, die ihnen Halt, Sicherheit und Geborgenheit vermitteln könnten. Die Verhaltensstrategien und -techniken, die die Kinder entwickeln, befähigen diese zwar, im Chaos einer Suchtfamilie zu überleben, für viele werden sie langfristig jedoch zu den bereits erwähnten Rüstungen, die – durchaus in unterschiedlichem Ausmaß – eine Weiterentwicklung behindern.

Auch bei den Kindern kommt es häufig zu einer Co-Abhängigkeit, die dem beschriebenen Stereotyp entspricht. Natürlich können an dieser Stelle nur grobe Skizzierungen gegeben werden – jedes einzelne Kind hat auch individuelle Züge und Verhaltensweisen.

Meistens ist es das älteste Kind, das ein ausgesprochen hilfreiches Familienmitglied wird – hilfreicher als die Eltern. Seine Erfahrung besagt, dass man sich nicht auf die Erwachsenen verlassen kann, der Vater verhält sich unverantwortlich, die Mutter ist überlastet. Diese Kinder werden frühzeitig erwachsen und übernehmen ihrerseits Verantwortung für das Wohl der ganzen Familie. So fühlen sie sich für die Bedürfnisse des süchtigen Vaters zuständig, aber auch für die Mutter, der sie ebenfalls helfen wollen. Oft übernehmen sie die Funktion des Ersatzpartners oder der -partnerin und werden damit überfordert. Sie lernen früh, für die Bedürfnisse der anderen zu sorgen, aber nicht, sich um die eigenen Belange zu kümmern.

Fürsorgliche Kinder können zum familiären Gleichgewicht beitragen, indem sie die Mutter entlasten und Angehörige sind, auf die die Familie stolz sein kann. Da die »Heldenkinder« insbesondere für die Mutter ein »wahrer Segen« sind, werden sie in ihrem Verhalten anerkannt und bestärkt. Dies gibt ihnen das Gefühl von Bedeutung und Selbstwert, von einem Platz in der Welt. Sie wachsen daher im Glauben auf, nur dann eine Existenzberechtigung zu haben, wenn sie für andere da sind. Nach außen hin wirken sie sehr kompetent und tüchtig, im Inneren leben sie jedoch in der ständigen Angst, etwas nicht richtig zu machen und damit eine Katastrophe heraufzubeschwören. Sie wollen die perfekten Lösungen für die Probleme ihrer Umgebung finden.

Da sie mit fürsorglichem Verhalten gute Erfahrungen machen, behalten sie dies auch als Erwachsene bei. Viele ergreifen einen helfenden Beruf, in dem sie das fortsetzen, was sie am besten können. Da sie jedoch nicht unterscheiden können, wann ihre Hilfe angebracht ist und wer tatsächlich wofür Verantwortung hat, neigen sie dazu, sich zu überarbeiten, andere zu kontrollieren und entwickeln schließlich stressbedingte Störungen und selbstzerstörerisches Verhalten. Sie sind für ihre selbst gesetzte Norm einfach nie gut genug.

Diese Kinder suchen später bei der Partnerwahl vorzugsweise Menschen, die mit ihrem Verhalten zu dem passen, was sie bisher kennen gelernt haben. Sie unterstützen süchtiges und allgemein unverantwortliches Verhalten, weil sie es nicht anders kennen.

Aufgrund der Rollenbilder sind Mädchen von vornherein doppelt unter Druck. Sie identifizieren sich mit der co-abhängigen Mutter: Dies scheint die Art und Weise zu sein, wie Frauen leben. Sie können die Mutter idealisieren, sie können aber auch von ihr enttäuscht sein und Wut auf sie haben, weil sie nicht als Mutter zur Verfügung stand. Dann versuchen sie oft, selbst eine »bessere Frau« zu werden.

Noch schwieriger wird es für ein Mädchen, wenn die Mutter trinkt. Einerseits soll es den weiblichen Rollenmustern entsprechen, gleichzeitig erlebt es ja, dass die Mutter »aus der Rolle fällt«. Oft entwertet auch der Vater die suchtkranke Frau und fordert, dass die Tochter alles besser machen soll als die Mutter – und egal, was sie macht, nie wird sie es allen recht machen. Im Extremfall wirken die betroffenen Frauen so, als hätten sie keine eigenständige Identität und existierten nur in Bezug auf andere. Sie lassen sich fast ausschließlich vom Wohl und Wehe ihrer Umgebung leiten.

Ein Kind muss aber nicht zwangsläufig zum »Helden« werden, es ist nur das Rollenmuster, das am stärksten von dem Konzept der Co-Abhängigkeit geprägt ist und am häufigsten bei den ältesten Kindern zu beobachten ist. Im Gegensatz dazu kann ein (anderes) Kind auch eine Überlebensstrategie in der Rolle eines Sündenbocks finden. »Vater liebt die Flasche, Mutter kümmert sich um Vater, das große Geschwisterkind kriegt alle positive Zuwendung und mich liebt niemand«, so lässt sich das Lebensgefühl dieses Kindes vielleicht am besten umreißen. Durch sein auffälliges negatives Verhalten trägt es dazu bei, von den Problemen in der Elterngeneration abzulenken – dies ist sein loyaler Beitrag zur Balance.

Wege aus der Co-Abhängigkeit

Wie auch das Modell des Heldenkindes belegt, zeigen die Verhaltensstrategien der Angehörigen von Suchtkranken zunächst Merkmale, die prinzipiell positiv sind: Übernahme von Verantwortung, Fürsorge, Zuwendung. Sie können allerdings in ein Verhalten umschlagen, das nicht nur die Entwicklung der Abhängigkeit stabilisiert, sondern auch die Angehörigen selbst zu einer Fixierung auf den Abhängigen und sein Suchtmittel führen können, so dass sie selbst hilfebedürftig sind und auch Hilfe suchen. Grundsätzlich ist dann zuallererst der Besuch einer Selbsthilfegruppe für Angehörige von Suchtkranken (Al-Anon bzw. EKA, = Erwachsene Kinder von Alkoholikern) anzuraten. Hier lernen die Betroffenen unter anderem, den Abhängigen mit den Konsequenzen seines Trinkens zu konfrontieren. Da der Abhängige in einer Scheinwelt lebt, ist es in der Regel unumgänglich, ihn unsanft aus dieser Scheinwelt zu »wecken«.

Abhängige begeben sich in der Regel erst dann in Therapie, wenn sie empfindliche Folgen zu befürchten haben, beispielsweise Trennung oder Scheidung. Da die Ehefrauen häufig zögern, dieses »letzte« Mittel einzusetzen, oder es nur androhen, trinkt der Abhängige weiter. Konsequentes Verhalten kann hier den Bezug zur Realität wieder herstellen helfen.

Die Kinder können in Selbsthilfegruppen oder – wenn sie noch jünger sind –, in den Al-Ateen-Gruppen, ein Verständnis für die Krankheit Alkoholismus entwickeln und das Geschehen zu Hause besser verstehen lernen. Sie können lernen, sich stärker abzugrenzen, anstatt in die Rolle des vermeintlichen Helfers zu verfallen, die sie möglicherweise ein Leben lang nicht mehr loslässt. Sie können lernen, ein selbstbestimmtes Leben zu führen und sich den krank machenden Einflüssen des Elternhauses zu entziehen.

Im Übrigen sollten alle Angehörigen wissen, dass die Selbstfürsorge nicht nur helfen kann, wenn der Abhängige sich keiner Entgiftungs- und Entwöhnungsbehandlung unterzieht; sie ist auch hilfreich, wenn der Abhängige sich in Therapie begibt. Wenn nämlich der suchtkranke Mensch eine Therapie macht, sich sonst aber nichts an den familiären Beziehungen ändert, ist häufig ein Rückfall in die Sucht vorprogrammiert. Die Mitbetroffenen glauben verständlicherweise zunächst lieber, alle Probleme seien gelöst, wenn der Alkoholiker nicht mehr trinkt. Aber so wie der Abhängige sich aus seiner Abhängigkeit vom Suchtmittel lösen muss, müssen sich aber auch viele Angehörige aus ihrer jahrelang geübten Abhängigkeit vom Verhalten des süchtigen Menschen lösen. Dazu müssten sie aber auch ihre Schutzmechanismen aufgeben, die für manche in der Zeit der Sucht zur einzig vorstellbaren Existenzmöglichkeit geworden sind. Dies macht sehr viel Angst und gelingt häufig kaum ohne professionelle Unterstützung oder den Besuch einer Selbsthilfegruppe.

Das Erkennen des eigenen co-abhängigen Verhaltens und dessen Auflösung ist eine wichtige Voraussetzung für eine befriedigende Lebensführung. Gelingt sie, können Erwachsene aus suchtbelasteten Familien eine gute Beziehung mit einem nichtsüchtigen Partner aufbauen und ihre Helferrolle kritisch reflektieren (siehe den Beitrag von Bettina in diesem Buch, »Willst du nicht mal probieren?«). Sie können die Beziehung zu den Eltern klären und sich ein eigenes Leben jenseits des Alkohols aufbauen.

Alkohol in der Schwangerschaft

Hermann Löser

Was bewirkt Alkohol in der Schwangerschaft?

Als Kind einer alkoholkranken oder missbräuchlich trinkenden Mutter geboren zu werden, bedeutet immer ein lebensgeschichtliches Risiko und ein Problem in der Pflege, Versorgung, Förderung und Erziehung. Als alkoholkrank gelten etwa 2% aller Mütter, d.h., sie können den Alkoholkonsum nicht mehr kontrollieren und sind ohne Behandlung unfähig, auf Alkohol zu verzichten.

Alkohol wirkt auf alle Organe und Zellen als Zellgift und somit wachstumshemmend, missbildungsfördernd und vor allem – auch bereits *in kleinen Mengen* – nervenschädigend und suchtbegünstigend. Alle Wirkungen prägen sich im Vollbild der Alkoholfolgeschäden, der so genannten *Alkoholembryopathie*, aus: Wenn infolge der mütterlichen Alkoholkrankheit der Alkohol neun Monate lang auf das Kind toxisch einwirkt und das Kind dies überlebt, wird es untergewichtig, kleinköpfig und mit typischen Gesichtsveränderungen und Fehlbildungen geboren (s. Abbildung). Es bleibt körperlich, geistig und seelisch ein Leben lang unheilbar betroffen und es läuft Gefahr, in seinem späteren Leben selbst süchtig zu werden.

Etwa 2.200 Kinder mit Alkoholembryopathie werden pro Jahr in Deutschland geboren, die meisten Fälle bleiben unerkannt. Viel höher aber ist die Zahl derjenigen Kinder, die nicht mit dem Vollbild der Alkoholembryopathie, sondern »nur« mit einem organischen Hirnschaden und anschließenden Verhaltensstörungen zur Welt kommen: Dies sind insgesamt etwa 10.000 Geburten pro Jahr. Für eine Schädigung des Kindes reicht es bereits aus, wenn die Mutter ab und zu, z.B. auf Feiern, einen Vollrausch hat oder gelegentlich höhere Mengen an Alkohol zu sich nimmt. Dieser Umstand ist vielen Schwangeren nicht bekannt, so dass werdende Mütter oft sehr unkritisch Alkohol zu sich nehmen. Den Kindern sieht man häufig äußerlich nichts an, sie haben aber durch den Alkohol eine Gehirnschädigung davongetragen, die sich beispielsweise in starken Verhaltensstörungen bemerkbar macht. Diese Schädigungen des Embryos werden als *Alkoholeffekte* bezeichnet. Alkoholembryopathie und Alkoholeffekte sind mit einem Verhältnis von 1 : 100 Neugeborene die häufigste Ursache einer nichtgenetischen geistigen Entwicklungsverzögerung bei Kindern und treten damit häufiger auf als das Down-Syndrom (1 : 600 Neugeborene). Darüber hinaus ist Alkohol in der Schwangerschaft die häufigste Ursache für körperliche Fehlbildungen bei Neugeborenen.

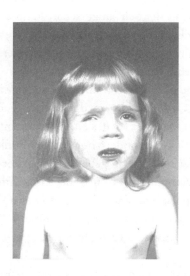

Abbildung: Zehnjähriges Kind mit schwerer Alkoholembryopathie

Heute sehen wir in den Alkoholeffekten und den *fraglichen Alkoholeffekten* (die Symptome des Kindes können nicht exakt als Alkoholeffekte diagnostiziert werden, da das Trinken der Mutter während der Schwangerschaft nicht oder nicht eindeutig geklärt werden kann) die größere Gefahr, da sie sehr viel häufiger auftreten als das Vollbild der Alkoholembryopathie und sich oft hinter vielen Schulschwierigkeiten und diversen Verhaltensstörungen verbergen.

> **Häufig wird die Frage gestellt, ab welcher Trinkmenge eine Schädigung des Embryos wahrscheinlich wird. Es ist aber nicht möglich, eine solche Alkoholmenge zu benennen, da auch geringe Mengen an Alkohol ein Risiko bedeuten können. Man kann Schwangeren nur die begründete Empfehlung geben, auf Alkohol gänzlich zu verzichten.**

Als anschauliches Maß für die Folgen bereits geringer Mengen Alkohols während der Schwangerschaft kann als Ergebnis internationaler Feldstudien Folgendes gelten:

Wenn eine werdende Mutter in der Schwangerschaft pro Tag 29 Gramm reinen Alkohol zu sich nimmt (umgerechnet etwa 1 ½ Flaschen Bier oder 2 Gläser Wein), vermindert sich der Intelligenzquotient (IQ) des Kindes um durchschnittlich sieben Punkte. Das bedeutet, dass der IQ des Kindes dann im Durchschnitt nicht mehr 100 Punkte, sondern nur noch 93 Punkte beträgt. Da in Deutschland eine Frau im gebärfähigen Alter durchschnittlich etwa 15 Gramm Alkohol pro Tag konsumiert (ein Mann etwa 40 Gramm) kann man errechnen, dass der IQ unserer Nachkommen jedes Jahr im Durchschnitt um 3-4 Punkte sinken würde, wenn alle Schwangeren gleichmäßig viel Alkohol trinken würden.

Solche Statistiken sagen uns aber wenig darüber, was es tatsächlich heißt, wenn ein Kind als Folge einer komplexen Hirnleistungsstörung eine ausgeprägte Merkschwäche zeigt oder hyperaktiv ist. Es hat kaum eine Chance, einen normalen Bildungsweg zu durchlaufen: Es kann nicht lernen und vergisst im täglichen Leben stets die einfachsten Aufgaben, seien es Vokabeln oder die Uhrzeit, oder es leidet durch seine Verhaltensstörung, kommt in Beruf und Gesellschaft nicht voran, wird nicht akzeptiert und fühlt sich in der Gesellschaft nicht wohl.

Hirnleistungsschwächen

Prinzipiell können bei einer Alkoholembryopathie alle Funktionen des Gehirns betroffen sein, da keine Hirnregion von den Wirkungen des Alkohol, ausgespart bleibt. Jede der vielen Milliarden Hirnzellen im Groß- und Kleinhirn werden in Größe und Funktion beeinträchtigt, insbesondere die Verknüpfungen der Zellen untereinander, die Zellzahl, die Überträgerstoffe (Neurotransmitter) von einer zur anderen Zelle sowie die Vernetzung im neuronalen System. So ist es nicht verwunderlich, dass dieses komplizierte Rechen-Informations- und Kontrollzentrum aufgrund der Einwirkungen des Alkohols während der Schwangerschaft erhebliche Defizite in der Informationsverarbeitung entwickelt.

Bei den Kindern sind besonders die *Denkleistungen* im schnellen Denkablauf betroffen (logisches, schlussfolgerndes, kombinatorisches und abstraktes Denken). Die Denkabläufe sind zwar inhaltlich richtig, aber sehr verlangsamt, zähflüssig und wenig fantasievoll. Die Denkinhalte und Denkziele können dabei schnell wechseln, das Kind bleibt nicht »bei der Sache«. So kann das Kind beispielsweise nur langsam und unvollständig mehrere Tiere aufzählen, die für den Menschen gefährlich sind. Darüber hinaus fehlt die Fantasie, etwa exotische Tiere zu nennen.

Ein großes Handicap ist die Verminderung der *Merkfähigkeit*. Die Eltern klagen immer wieder, dass gestern noch dieses oder jenes gelernt wurde, heute schon alles vergessen ist. So wirken die Kinder stets ablenkbar und zerstreut. Nicht nur im täglichen Leben, auch zum Lernen ist eine funktionierende Gedächtnistätigkeit erforderlich. Lehrer erwarten, dass Kinder sich Aufgaben merken und Vokabeln lernen können. Eine verminderte Merkfähigkeit kann zum Teil z.b. durch mnemotechnischen Übungen ausgeglichen werden.

Weitere Hirnleistungsschwächen betreffen die *Sprachentwicklung,* die frühzeitig durch Vorsprechen zu vermitteln ist. Sprache ist ein aktiver Akt der Vermittlung: Eine Mutter muss bei einem gesunden Kind etwa 30-mal ein Wort vorsprechen, bis das Kind das neue Wort, wie z.B. Löffel, selbst anwenden kann und beherrscht. Gerade in der Sprachvermittlung zeigt sich: Eine Mutter, die ihr Kind aufgrund ihrer Alkoholabhängigkeit vernachlässigt, kann dies nicht leisten.

Auch die *Ess- und Schluckstörungen* im Säuglingsalter müssen durch ständige Übungsbehandlungen (nach Castillo-Morales) angegangen werden, wozu eine alkoholabhängige Mutter ebenfalls kaum in der Lage ist. Hier ist es hilfreich, wenn eine andere Bezugsperson, etwa der Vater oder die Großmutter, diese Aufgabe übernimmt oder das Kind in einer Pflegefamilie aufwächst.

Die *Wahrnehmungsstörungen* sind vielfältig. Das Kind hat Schwierigkeiten, Figuren, Formen oder Worte als solche zu erkennen. Hier kann ein spezielles Training nach Frostig in Einzelfällen sinnvoll sein, wenn verschiedene Sinnesmodalitäten nur gering ausgebildet oder verkümmert sind.

Durch Schäden am Kleinhirn erklären sich besonders *Störungen in der Fein- und Grobmotorik* und *Unsicherheiten in der Koordination der Muskelbetätigung und Bewegung.* Diese Defizite können durch gezieltes sensomotorisches Training und rhythmisch-musikalische Gymnastik teilweise gemildert werden.

Es ist wichtig zu beachten, dass diese Hirnleistungsschwächen nicht für alkoholgeschädigte Kinder gleichsam »gepachtet« sind, sondern auch bei andere Formen und Ursachen der Hirnschädigungen vorkommen (z.b. entzündliche, degenerative, traumatische, blutungsbedingte Ursachen der Hirnschädigung). Sie sind also nicht so spezifisch, dass aus ihnen auf eine besondere Form der Hirnschädigung geschlossen werden kann und aus dieser der Alkohol als Ursache sicher bestimmt werden könnte. Im Gegenteil kann eine entsprechende Diagnostik nur bei gesicherter Alkoholanamnese der Mutter gestellt werden.

Verhaltensstörung und Hyperaktivität

Ungewöhnlich häufig zeigt sich bei den Kindern mit Folgeschäden aufgrund des Alkoholkonsums der Mutter ein nervöser Bewegungsdrang, eine gesteigerte Impulsivität und eine vermehrte Ablenkbarkeit, die als solche wiederum mit der Aufmerksamkeitsschwäche einhergeht. Nach eigenen Untersuchungen bei 326 Kindern mit Alkoholembryopathie fand sich dieses Syndrom bei 72% der Kinder, wobei es kein anderes Krankheitsbild gibt, mit dem dieses Syndrom so häufig assoziiert ist.

Das hyperkinetische Syndrom ist keine harmlose Hirnfunktionsstörung, das Kind ist in seinem Erleben, seinem Verhalten, seinem Denken, seiner Lernfähigkeit und in der sozialen Reifung erheblich behindert. Bei fehlender psychosozialer Zuwendung und Fürsorge kann sich die Überaktivität bis hin zur Zügellosigkeit, aneckender Distanzlosigkeit und aggressivem Verhalten steigern.

Ursache ist, wie man heute weiß, eine Unterentwicklung des dopaminergen Systems in jenen Hirnanteilen, die eine hemmende, eine filterartige Wirkung für alle von außen kommenden Reize haben und dafür sorgen, dass nicht jeder Außenreiz zu einer Reaktion führt. Die Kinder sind ständig »on the go«, zappelig und »ungehemmt«. Die Unterentwicklung des dopaminergen Systems kann erfolgreich mit psychostimulierenden

Medikamenten wie Ritalin und Amphetamin behandelt werden. Die betroffenen Kinder werden dadurch oft erstaunlich rasch ausgeglichen und konzentriert. Es macht dagegen keinen Sinn, die Kinder mit beruhigenden und ermüdenden Medikamenten (Sedativa, Tranquilizer) zu behandeln, sie können sogar paradox wirken und die Hyperaktivität steigern.

Unter allen Übungsbehandlungen überzeugen in der Vielfalt der Therapieformen am meisten die praktischen Übungen der Selbstbeherrschung, die motorischen Brems- und Steuerungsübungen in spielerischer Form (motopädische Abbremsübungen, Bewegungssteuerungsübungen nach Kiphard) und alle Maßnahmen, die im Sinne der sensorischen Integration nach Ayres der Herstellung einer höheren Ordnung und Organisation der Reizverarbeitung dienen. Durch mototherapeutische Übungsbehandlung soll das Kind lernen, sich vor jedem Bewegungsimpuls zu sagen: »Halt ein! Höre! Schau und denke!« (Douglas: Stop! Listen! Look and think!) – »Sage, was du getan hast und was du zu tun gedenkst!« – Leider gibt es nur wenige Institutionen und Ärzte, die diese Übungsbehandlung konsequent durchführen.

Die Frage, ob eine so genannte ologoantigene Diät (Feingolddiät und Weglassen bestimmter Fremdstoffe) in der Nahrung sinnvoll ist, wird unverändert kontrovers diskutiert. Die Erfahrungen der zahlreichen Selbsthilfegruppen sprechen dafür, diese Therapieformen zumindest zu versuchen. Nichts ist hingegen zu halten von einer phosphatfreien Diät (nach Hafner), die praktisch nicht durchführbar, sehr teuer und vom Effekt her nicht bewiesen ist.

Es bedarf vieler Geduld, Liebe und Verständnis, mit einem hyperaktiven Kind zu leben. Da es stets versucht, durch motorische Unruhe seine Wachheit zu steigern, sich gleichsam immer wieder neue Reize sucht und dabei die Kontrolle über sein Verhalten verliert, lässt sich sein Verhalten kaum mit rein autoritä-

ren Maßnahmen und Strenge beeinflussen. Gerade viele Pflegeeltern leiden unter den versteckten und unausgesprochenen Vor-
würfen des Umfeldes über die vermeintlichen »Erziehungs-
fehler«; sie wissen nicht, dass viele Pflegekinder Mütter mit
Alkoholproblemen haben und also möglicherweise Alkoholeffekte das Verhalten der Kinder mitprägen.

Das Risiko der Suchtentwicklung

Kinder missbräuchlich und abhängig trinkender Mütter tragen
in besonderer Weise das Risiko in sich, selbst eine stoffgebundene Sucht zu entwickeln. Heute besteht kein Zweifel mehr
daran, dass bei der Suchtentstehung der Alkoholkonsum der
Mutter in der Schwangerschaft eine bedeutsame Rolle spielt:

⊙ Es besteht über die neun Monate der Schwangerschaft eine
  frühe Gewöhnung an Alkohol, die die Voraussetzung für die
  Anpassung an Alkohol im Organismus schafft. Viele Kinder
  werden schon mit klinischen Entzugserscheinungen geboren,
  die durchaus mit den klinischen Symptomen des Alkohol-
  entzugs bei Erwachsenen vergleichbar sind.
⊙ Inzwischen wurden *genetische Zusammenhänge* nachgewiesen, aus denen hervorgeht, dass Kinder alkoholkranker Eltern
  ein erhöhtes Risiko tragen, suchtkrank zu werden.
⊙ Ein Kind, das in einer alkoholbelasteten Familie aufwächst,
  bringt vom *Umfeld* her Risikofaktoren der Suchtentwicklung
  mit.

Die Kinder mit Alkoholembryopathie haben als Folge der Hirnschädigung besonders disponierende *Persönlichkeitseigenschaften*, die ganz wesentlich den Einstig in Alkoholgewöhnung und
-missbrauch fördern, besonders ihre vermehrte Verführbarkeit,
ihre eingeschränkte Kritikfähigkeit und Gutgläubigkeit, ferner
die emotionale Labilität und Vertrauensseligkeit. Dies alles sind
Eigenheiten, die es dem Kind erschweren, den Verführungen
zum Alkoholgenuss zu widerstehen.

Nach Cantwell stellt die Hyperaktivität als solche beim Kind ein Risikofaktor der Suchtentstehung dar. Nach Langzeituntersuchungen durch STREISSGUTH et al. in Seattle/USA kann das Risiko einer Suchtentwicklung bei diesen Kindern auf etwa 35 % geschätzt werden. Allen sorgeberechtigten Eltern wurde daher bei ambulanten Behandlungen und innerhalb einer Initiative für alkoholgeschädigte Kinder der Rat gegeben, Alkohol in jeder Form von den Kindern fern zu halten und auch nicht, wie es bei Kindern häufig geschieht, Alkohol in einem bestimmten Lebensalter »probieren« zu lassen oder sie »zum richtigen Umgang mit Alkohol« durch frühen Genuss erziehen zu wollen. Es macht Sinn, eine *primäre Prävention* bei diesen Kindern anzustreben, und es ist nicht so schwierig, dem Kind diese Notwendigkeit verständlich zu machen. Alkoholismus ist eine zerstörerische Krankheit und die Kinder sollten wie »trockene Alkoholiker« behandelt werden, obgleich es sich bei ihnen in strengem Sinne nicht um »trockene Alkoholiker« handelt.

Die Zeit vom ersten Kontakt mit Alkohol bis zum Ausbruch der Krankheit, die bei Erwachsenen im Durchschnitt etwa acht Jahre dauert, verläuft bei Kindern mit Alkoholembryopathie sicher um einige Jahre schneller. Im Alter von etwa 8 bis 14 Jahren wird in jedem Fall eine Aufklärung erforderlich werden. Man wird dem Kind erklären müssen, warum es körperlich und seelisch-geistig so geworden ist, wie es ist, mit allen Defiziten und Schwierigkeiten, wie sie durch den Alkohol der Mutter im Mutterleib entstanden sind; dies ohne Schuldzuweisung und moralische Verurteilung der Mutter, jedoch mit dem klaren Fingerzeig, dass der Alkohol das Leben des Kindes negativ geprägt hat. Dann fällt es dem Kind auch leichter zu verstehen, wenn man ihm verdeutlicht: »Du hast unter dem Alkohol schon viel zu leiden gehabt, nun fang gar nicht erst an, dieses Zeug auch zu trinken – es schädigt oder zerstört sogar dein Leben«. Jedes Kind braucht hier natürlich seine eigene adäquate Wortwahl und Form der Aufklärung. Sie ist aber nötig, denn auch ein alkoholge-schädigtes Kind hat ein Recht auf seine eigene Biografie, also zu erfahren, woher es kommt und wohin es gehen kann.

Prävention in Deutschland

Bisher sind alle Bemühungen der Prävention, sowohl von öffent-licher Seite als auch von nichtöffentlichen Verbänden, vergebens gewesen. Seit 30 Jahren sind verschiedene Verbände gegen das Trinken in der Schwangerschaft aktiv, z.B. die Aktion Sorgen-kind (»Kinderseelen sind zerbrechlich ... «), die deutsche Initia-tive für einen verantwortungsbewussten Umgangs mit Alkohol (DIFA; »Null Promille für das werdende Kind«), die Deutsche Hauptstelle gegen die Suchtgefahren (DHS) und das Bundesamt für gesundheitliche Aufklärung. Eines Tages werden wir viel-leicht dahin kommen, dass Alkohol in der Schwangerschaft zu einem Tabu erklärt wird. Gesetzliche Warnhinweise auf Alkohol-flaschen sind in anderen Ländern Pflicht, wurden bei uns unter dem Druck der Alkoholindustrie bisher aber stets verhindert. Frauen können in dieser Frage der Prävention sicher nicht allein gelassen werden. Alkoholembryopathie muss als ein gesamt-gesellschaftliches Problem verstanden werden. Von einer wirk-samen Prävention sind wir heute leider noch weit entfernt.

Literatur

DEHAENE, P. (1995): La grossese et l'alcool. Presses universitaires de France, Paris.

LÖSER, H. (1998): Kinder alkoholtrinkender Mütter – Folge, Pflege und Erfahrungen zur Hilfe. Jahrbuch »Zum Wohl des Pflegekinderwesens«. Idstein: Schulz-Kirchnerverlag, S., 91-105.

KNAPPEN, B. VOM, THATER, H., LÖSER, H. (1987): Alkoholschäden bei Kindern. Ein Ratgeber zur Alkoholembryopathie. Freiburg: Lambertus.

LÖSER, H. (1995): Alkoholembryopathie und Alkoholeffekte. Stuttgart: Fischer.

LÖSER, H., BIERSTEDT, T. (1998): Schwangerschaft und Alkohol – Risiken der Kinder und mütterliche Konflikte. *Sucht,* 44, S. 42-47.

STREISSGUTH, A. P. (1997): Fetal alcohol syndrome. A guide for families and communities. Baltimore, London, Toronto, Sydney: Paul H. Brooks Publishing Co.

Kinder stark machen
– aber wie?

Prävention und Frühintervention bei Kindern aus suchtbelasteten Familien – Ergebnisse einer Modellstudie

Michael Klein und Martin Zobel

Der Thematik »Prävention und Frühintervention bei Kindern aus suchtbelasteten Multiproblemfamilien« widmete sich eine Modellstudie im Auftrag des Ministeriums für Kultur, Jugend, Familie und Frauen des Landes Rheinland-Pfalz, die von 1996 bis 2000 durchgeführt wurde. Kinder suchtkranker, insbesondere alkoholabhängiger Eltern, gelten als eine der größten Risikogruppen für die Entwicklung psychischer Störungen im Kindes- und Erwachsenenalter und sind die größte bekannte Risikogruppe für Suchtstörungen im Jugend- und Erwachsenenalter. Die Zahl der betroffenen Kinder von Alkoholikern im Alter bis zu 18 Jahren wird in der Bundesrepublik Deutschland auf 1,8 Millionen geschätzt.

Mit der Modellstudie sollten die Grundlagen gelegt und ersten Schritte für eine verbesserte Prävention und Frühintervention für Kinder aus suchtbelasteten Familien getan werden.

Überblick

In zwei Projektphasen wurden zunächst Merkmale von jungen Erwachsenen aus suchtbelasteten Familien untersucht, Hilfeinstitutionen in zwei Landkreisen (Altenkirchen, Daun) bezüglich ihres Wissens, Informations- und Vernetzungsstandes zur Thematik befragt und schließlich im Landkreis Altenkirchen als Modellregion lokale Aktivitäten zur Verbesserung der Frühinterventionen entwickelt. Danach fand eine erneute Befragung der Institutionen in den beiden Landkreisen statt, um festzustellen, ob die Projektmaßnahmen in der Modellregion Altenkirchen zu messbaren Verbesserungen geführt haben.

Die Befragung von 434 jungen Erwachsenen mit einem Durchschnittsalter von 26 Jahren in der ersten Projektphase erbrachte für die Gruppe der Personen aus alkoholbelasteten Familien im Vergleich zu unbelasteten Kontrollpersonen deutlich stärkere Problembelastungen in der Lebensgeschichte (schlechtere Familienatmosphäre, geringere soziale Unterstützungssysteme, mehr Schulprobleme, negativeres Elternverhalten) und schlechtere Werte für die aktuelle seelische Gesundheit (aktuelle Stimmungen, wahrgenommene Stärken, soziale Kompetenzen). Die Gruppe der jungen erwachsenen Kinder von Alkoholikern zeigt sich damit insgesamt belasteter als die Gruppe der Kinder von Nichtalkoholikern, wobei die Heterogenität innerhalb der Gruppe der erwachsenen Kinder von alkoholabhängigen Eltern erheblich bleibt.

Zu den in der Folge als Projektteile initiierten Maßnahmen in der Modellregion zählten Weiterbildungen für psychosoziale und pädagogische Fachkräfte (z.B. aus den Bereichen Kindertagesstätten, Schulen, Allgemeiner Sozialer Dienst/ASD, Suchthilfe), massenmediale Informationen (z.B. durch Lokalzeitungen, Lokalradio, Internet) und Fachtagungen (z.B. im März 1999 in Mainz und im September 1999 in Altenkirchen).

Im Projektzeitraum haben sich außerdem eine Kindergruppe bei der Suchtberatungsstelle des Diakonischen Werkes in Altenkirchen (»Das sind wir!«) und eine Arbeitsgruppe aus psychosozialen Fachkräften und Betroffenen gebildet. Die Evaluation des Modellprojekts zeigt, dass sowohl die Handlungskompetenz als auch die Vernetzung der Teams zwischen den einzelnen Institutionen verbessert wurde und trägerübergreifende Kooperationen bei der Hilfe für Kinder aus suchtbelasteten Familien initiiert werden konnten.

Ablauf des Projekts im Detail

Im Einzelnen gliederte sich das Projekt in drei Teile:

Theoretische Basis

Eine ausführliche Literaturanalyse, die insbesondere die amerikanische Forschung berücksichtigte, machte deutlich, dass Kinder in suchtbelasteten Familien einem klar erhöhten Risiko unterliegen, selbst psychische Störungen im Kindesalter, insbesondere Verhaltensprobleme und emotionale Störungen (Depressionen und Angststörungen) sowie Suchterkrankungen in der Adoleszenz und im Erwachsenenalter zu entwickeln (vgl. KLEIN & ZOBEL 1997; KLEIN 1998).

> Etwa 30% der Kinder von Alkoholikern werden selbst alkohol- oder drogenabhängig. Das Risiko ist im Vergleich zu Kindern aus unbelasteten Familien um bis zu dem Sechsfachen erhöht. Allerdings sind die Zusammenhänge dabei sehr komplex. Zahlreiche Einflussfaktoren wirken protektiv oder pathologisierend. Als prognostisch negativ erwiesen sich:
>
> o genetische Variablen, insbesondere für männliche Kinder von Alkoholikerinnen und Alkoholikern, bezüglich der Alkoholverträglichkeit und der subjektiven Reaktionen auf Alkohol,
>
> o Umweltfaktoren bezüglich der Trinknormen und der Exposition in suchtbelasteten Familien sowie
>
> o psychologische Variablen bezüglich der Persönlichkeit, Emotionalität und des Sozialverhaltens.
>
> Von entscheidender Bedeutung ist jedoch, dass nicht jedes belastete Risikokind eine ungünstige Entwicklung nehmen muss, sondern dass Kinder alkoholabhängiger Eltern durchaus zu einer befriedigenden Lebensführung in der Lage sein können.

Als eine Quelle dieser Heterogenität kann die *elterliche Komorbidität* gelten, die einen bedeutsamen Einfluss auf die Unterschiede im Vergleich zwischen Kindern suchtkranker und nicht sucht-belasteter Eltern ausübt. Unter Komorbidiät wird das Vorhandensein weiterer psychischer Störungen verstanden. Besonders häufig treten bei Suchtkranken Angststörungen, Depressionen und Persönlichkeitsstörungen als komorbide Störungen auf (KLEIN 2000). Das bedeutet, dass die Kinder dann sowohl durch die Abhängigkeit des Elternteils als auch durch seine zusätzlichen Störungen gefährdet sind. Besonders eine antisoziale Persönlichkeit beim Abhängigen, die in der Regel mit verbaler und körperlicher Gewalt einhergeht, ist für die Kinder extrem pathologisierend (siehe auch den Beitrag von MONIKA VOGELGESANG). CLONINGERS (1987) Modell der verschiedenen *biopsychologischen Persönlichkeitsfaktoren* als Risikovariablen (geringe »harm avoidance«, hohes »novelty seeking« und geringe »reward dependence«) liefert einen weiteren wichtigen differenzialdiagnostischen Aspekt. Die vielfach gefundene Heterogenität in Untersuchungen mit Kindern aus alkoholbelasteten Familien kann ganz wesentlich aus den verschiedenen Ausprägungsformen dieser Persönlichkeitsfaktoren resultieren.

Die Vielzahl der Einzelergebnisse liefert ein wenig konsistentes Bild der spezifischen Störungen von Kindern in suchtbelasteten Familien, d.h., sie sagen uns nicht, welche familiären Konstellationen zu welchen Störungen führen. Es ist davon auszugehen, dass für diese Inkonsistenzen neben der schon erwähnten Heterogenität der Gruppe der Kinder alkoholabhängiger Eltern methodische Probleme bei der Definition von Variablen, ihrer Messung und der Rekrutierung von Stichproben verantwortlich sind. Hier sind auch Gen-Umwelt-Interaktionen in Betracht zu ziehen. Dies bedeutet, dass Personen nicht einfach planlos Umwelten auswählen und gestalten, sondern dass Person-Umwelt-Interaktionen auch auf genetischen Anlagen beruhen. Kinder würden demnach entsprechend ihren genetischen Anlagen gezielt auf Umweltstimuli reagieren und bestimmte

Umwelten gegenüber anderen vorziehen (z.B. bei hohem »novelty seeking« eine Umwelt voller Neuigkeiten, Risiken und Gefahren), so dass sich in der Folge spezifische Verhaltensstile und Persönlichkeitseigenschaften mit höherer Wahrscheinlichkeit entwickeln als bei Kindern mit anderen Anlagen. Die Forschung bezüglich »Kinder in suchtbelasteten Familien« muss noch genauer herausfinden, welche aktiven Verhaltensanpassungen diese Kinder vor und infolge der familiären Stresssituationen wählen und wie sie dann späterhin die gelernten Verhaltensnormen, zum Beispiel in einer Jugendclique, vor dem Hintergrund ihrer genetischen Anlagen (z.B. bezüglich Alkoholverträglichkeit) umsetzen.

Außerdem erweisen sich die meisten Symptome für Kinder aus Suchtfamilien als nicht spezifisch und kovariieren erheblich mit anderen Variablen. Auf vielen Ebenen ist mit differenziellen Effekten zu rechnen, so dass die möglichen Transmissionswege und die zu erwartenden Störungen als facettenreich und multidimensional zu bewerten sind. Dies ist eine Tatsache, der die meisten bisherigen Studien nicht ausreichend gerecht wurden. So wäre es z.B. dringend erforderlich, zwischen väterlichem und mütterlichem Alkoholismus zu unterscheiden, die Abhängigkeit beider Elternteile und mehrerer Generationen sowie mehr oder weniger großer Teile der Verwandtschaft und der persönlichen Lebensumwelt zu berücksichtigen und ebenso verschiedene Formen von Alkoholismus der Eltern (z.B. kontinuierliches im Gegensatz zu episodischem exzessivem Trinken) in seinen Auswirkungen zu untersuchen.

Aufschlussreich für die Prävention kindlicher Verhaltensstörungen in Suchtfamilien ist insbesondere der Forschungsbereich der *Resilienz*. Damit ist jene Fähigkeit gemeint, trotz widriger Umstände psychische Gesundheit zu bewahren oder zu entwickeln. WOLIN und WOLIN (1995) kritisieren, dass gemäß dem vorherrschenden pathologieorientierten Forschungsparadigma bei erwachsenen Kindern aus Familien mit einem abhängigen Elternteil in erster Linie Psychopathologie und weniger gesunde Entwicklung untersucht werden. Sie stellen dem gängigen Störungsmodell, das Kinder aus belasteten Familien in erster Linie ebenfalls als gestört und behandlungsbedürftig ansieht, das Challenge-Modell gegenüber, das Raum für positive Entwicklung lässt, indem es Bewältigung der schwierigen Umwelt als eine Folge von Herausforderungen sieht, denen ein Kind im Einzelfall durchaus gewachsen sein kann (siehe zusammenfassend ZOBEL 2000). Die Autoren identifizieren insgesamt sieben Resilienzen, die vor den Folgen der krank machenden Familienumwelt schützen sollen: *Einsicht, Unabhängigkeit, Beziehungen, Initiative, Kreativität, Humor und Moral.*

Durch eine Studie von WERNER (1986) liegen differenzierte Ergebnisse zu Resilienz und protektiven Faktoren für Kinder in Suchtfamilien vor. Im Einzelnen ergaben sich folgende individuell wichtige protektive Faktoren:

o ein Temperament, das positive Aufmerksamkeit seitens der Umwelt hervorruft;

o durchschnittliche Intelligenz sowie mündliche und schriftliche Kommunikationsfähigkeit;

o stärkere allgemeine Leistungsorientierung;

o Fähigkeit zur Verantwortungsübernahme;

o positives Selbstwertgefühl;

o internale Kontrollüberzeugung;

o Glaube an Selbsthilfemöglichkeiten.

Als protektive Faktoren aus dem interaktionalen Bereich kommen hinzu:

o viel Aufmerksamkeit seitens der Umwelt und keine längeren Trennungen während des Kleinkindalters;

o keine weiteren Geburten in den beiden ersten Lebensjahren;

o keine schweren elterlichen Konflikte bis zum zweiten Lebensjahr.

Manche der potenziell wichtigen Zusammenhänge sind noch unzureichend erforscht. Dazu zählen u.a. die häufige Koinzidenz von familiärem Alkoholismus und familiärer Gewalt. Vorsichtige Schätzungen gehen davon aus, dass etwa jede dritte Gewalttat unter Alkoholeinfluss begangen wird (KLEIN 1995), was für Kinder alkoholabhängiger Eltern ein nicht zu unterschätzendes Risiko für die Entwicklung psychischer Störungen in sich birgt. Auch der Zusammenhang zwischen familiärem Alkoholismus und Essstörungen, insbesondere bei Töchtern, ist weiter aufzuhellen.

Die zeitliche Stabilität kindlicher Verhaltensstörungen in suchtbelasteten Familien ist bislang ebenfalls kaum erforscht, obwohl es – wie CURRAN und CHASSIN (1996) meinen – Hinweise darauf gibt, dass kindliches Problemverhalten in diesen Kontexten über die Zeit hinweg sehr stabil bleibt. Auch die Weitergabe alkoholbezogener Störungen über mehrere Generationen (vertikale bzw. diagonale Transmission) oder über mehrere Verwandte der gleichen Generation (horizontale Transmission) ist ein ernsthaftes Risiko für Kinder in suchtbelasteten Familien. Zumindest scheint es Hinweise zu geben, dass mit der Zahl der alkoholabhängigen Verwandten auch das Störungsrisiko für die Kinder zunimmt (vgl. SHER 1991). Im Extremfall kann in größeren Sippen bzw. Verwandtschaftsbeziehungen übermäßiges Trinken zur Normalität und kontrolliertes Trinken und Abstinenz zum abweichenden Verhalten werden. Dann wird die familiale Konstruktion von Normalität für die Kinder der nachwachsenden Generation zum Imitations- und oft zum Erkrankungsrisiko. Von entscheidender Bedeutung für die psychische Gesundheit des Kindes in der alkoholbelasteten Familie ist seine kognitive Verarbeitung, d.h. seine Wahrnehmung und Bewertung der allgemeinen und insbesondere der alkoholspezifischen Abläufe in der Familie.

Befragung junger Erwachsener aus alkoholbelasteten Familien

Im zweiten Teil der Projektstudie erfolgte eine umfangreiche Befragung junger Erwachsener aus alkoholbelasteten Familien im Alter zwischen 18 und 35 Jahren sowie Kontrollpersonen aus unbelasteten Familien. Diese retrospektive Befragung von insgesamt 434 Personen, die z.T. in stationären Einrichtungen der Suchthilfe durchgeführt wurde, verdeutlicht die besonderen Sozialisationsbedingungen von Kindern in suchtbelasteten Familien. Etwa die Hälfte (48,6%) gab an, dass bei einem oder beiden Elternteil(en) ein Alkoholproblem vorlag.

Die Befragten wurden danach eingeteilt, ob sie aus einer alkoholbelasteten Familie stammten oder nicht. Zwischen den Untersuchungsgruppen zeigten sich einige wichtige demografische Unterschiede: Die jungen Erwachsenen mit einem elterlichen Suchthintergrund hatten im Vergleich zu den unbelasteten jungen Erwachsenen einen niedrigeren Schulabschluss und waren früher berufstätig, während ihre Altersgenossen häufiger studierten. Die Befragten mit elterlicher Alkoholismusbelastung waren signifikant öfter verheiratet, lebten aber auch häufiger getrennt oder waren geschieden. Sie hatten signifikant häufiger eine Trennung der Eltern vor dem 18. Lebensjahr erlebt. Bei den anderen persönlichen Merkmalen (Alter, Ausbildung, Geschwisterposition) ergaben sich keine Unterschiede.

Zu ihrer Familie befragt, berichteten die Kinder Alkoholabhängiger deutlich häufiger über abhängige Großväter und Großmütter als die Kinder von Nichtalkoholikern. Ihre Kindheit und Jugend beschrieben sie deutlich negativer, sie erlebten ihre Eltern als weniger liebenswert, positiv und verständnisvoll. Dies ging einher mit deutlich häufigeren Angaben von körperlicher und seelischer Gewalt in der Familie. Das Verhältnis zur Hauptbezugsperson in der frühen Kindheit wurde als angespannter wahrgenommen. Kinder alkoholabhängiger Eltern berichteten, sie seien als Baby eher unwillkommen und schwer zu betreuen und insgesamt eher eine Last für die Eltern gewesen. Weiterhin schätzten sie die familiäre Atmosphäre in Kindheit und Jugend deutlich unfreundlicher und belastender ein als die Vergleichsgruppe.

Auch die Freunde, mit denen Kinder aus suchtbelasteten Familien überwiegend zusammen waren, wurden eher als ziellos, oft berauscht, unzuverlässig, sozial unangepasst und als problematisch und aggressiv beschrieben. Die Mitglieder der Risikogruppe berichteten über deutlich weniger Kontakte zu vertrauensvollen Personen in Kindheit und Jugend. Bei Familienangehörigen fanden sie deutlich weniger Beistand und Trost. Im Bereich der Schule zeigten sich ebenfalls Auffälligkeiten bei den jungen Erwachsenen mit elterlicher Alkoholsucht: Sie bezeichneten sich eher als Einzelgänger und als weniger intelligent.

Die aktuell vorherrschende Stimmung der jungen Erwachsenen aus alkoholbelasteten Familien war insgesamt ebenfalls deutlich bedrückter als die der Kontrollpersonen. Bezüglich aktueller kompetenter Verhaltensweisen beurteilten sie sich dagegen bei 7 von 13 Merkmalen als genauso kompetent wie die Mitglieder der Vergleichsgruppe. Auch bei den sozialen Kompetenzen nahmen sie sich bei 16 von 19 Merkmalen genauso kompetent wahr wie die Personen der Vergleichsgruppe. Die Probanden mit elterlicher Abhängigkeit waren allerdings eher gefährdet, co-abhängige Verhaltensweisen zu zeigen: Auf einer Skala zu Symptomen von Co-Abhängigkeit schrieben sie sich bei 29 von 38 Merkmalen ein eher co-abhängiges Verhalten zu. Die 13 von WOITITZ (2000) als charakteristisch für Erwachsene aus alkoholbelasteten Familien bezeichneten Merkmale (siehe den Beitrag »Die Situation der Kinder in alkoholbelasteten Familien«) trafen insgesamt eher für die Risikoprobanden zu. Die Befragungsergebnisse hinsichtlich vorhandener Ressourcen zeigen hingegen, dass sich Risikopersonen in etwa gleichem Maße positive Eigenschaften zuschreiben wie Kontrollpersonen.

Insgesamt bestätigen die Ergebnisse die in angloamerikanischen Studien gefundenen Zuschreibungen. Demnach erleben Kinder in suchtbelasteten Familien öfter eine familiäre Umwelt, die von Disharmonie, Vernachlässigung, Gewalt und Lieblosigkeit geprägt ist. Dies führt zu problematischen Situationen in Kindheit und Jugend und kann im späteren Erwachsenenalter zu einer Beeinträchtigung der Lebensqualität führen. Gleichzeitig sind aber auch soziale Kompetenzen vorhanden, die einen Ausgangspunkt für spätere Interventionen bieten.

Zu beachten ist bei der untersuchten Stichprobe, dass es sich aufgrund der großen Zahl von Personen in klinisch-stationären Einrichtungen in der Mehrzahl um Personen handelt, die in verschiedenen Kontexten auffällig geworden sind und daher nicht als repräsentativ für alle Erwachsenen mit und ohne elterliche Abhängigkeit gelten können. Die Ergebnisse verdeutlichen aber die schwierigen familiären Bedingungen von Kindern aus suchtbelasteten Familien und begründen die Notwendigkeit von Maßnahmen der Prävention und Frühintervention.

Survey-Analyse der psychosozialen Infrastruktur

Die Analyse der Ist-Situation und der Prozessergebnisse hat eine Fülle von Einzelresultaten erbracht. Hier sollen nur summarisch die wichtigsten resümiert werden: Es wurden mit den Landkreisen Altenkirchen (Westerwald) und Daun (Eifel) zwei ländliche Regionen in Rheinland-Pfalz im Rahmen einer Survey-Befragung bei pädagogischen, psychosozialen und medizinischen Helfern untersucht. Diese Auswahl entspricht der vorherrschenden demografischen Struktur in einem Flächenland wie Rheinland-Pfalz. 311 Adressaten aus dem Landkreis Altenkirchen und 171 aus dem Landkreis Daun erhielten zu zwei Zeitpunkten (Survey-I und Survey-II) einen identischen Kurzfragebogen (»Survey-Instruments«), mit dem Wissen, Einstellungen, Stand der Vernetzung und Entwicklungsbedürfnisse im Hinblick auf die Angebote für »Kinder von Suchtkranken« erhoben wurden. Die Beantwortung des Fragebogens beanspruchte nicht mehr als zehn Minuten. Der Fragebogen wurde den Adressaten mit einem entsprechenden Anschreiben im Abstand von 29 Monaten zugesandt. Der Rücklauf auswertbarer Fragebögen betrug beim Survey-I 21,3% und beim Survey-II 15,8%.

Im Zeitraum zwischen den beiden Befragungen waren in der Modellregion Altenkirchen zahlreiche Maßnahmen in den Bereichen Fort- und Weiterbildung, massenmedialer Kommunikation, Förderung der lokalen Vernetzung und Initiierung regionaler Initiativen geschehen. Während zum ersten Untersuchungszeitpunkt insgesamt 48,4% der Befragten angaben, dass sie nicht erkennen würden, wenn ein Kind aus einer suchtbelasteten Familie ihre Hilfe in Anspruch nähme, waren es beim zweiten Zeitpunkt 51,9%. In der Modellregion Altenkirchen zeigte sich jedoch mit 37,9% (Survey-II) im Vergleich zu 43,1% (Survey-I) eine erkennbare Verbesserung hinsichtlich dieser Frage, so dass die Verschlechterung des Gesamtwerts ganz zu Lasten der Kontrollregion Daun geht. Mit einem Wert von 83,7% (Survey-II) beantworteten die Adressaten aus dem wichtigen Bereich der Grundschule diese Frage besonders häufig, d.h., dass sie sich das Erkennen des spezifischen familiären Hintergrunds nicht zutrauten. Deutlich günstiger waren dagegen die Ergebnisse aus dem Bereich der Kindergärten und Kindertagesstätten.

Die Antworter aus der Modellregion zeichneten sich außerdem dadurch aus, dass sie für das mögliche Vorhandensein einer familiären Suchtproblematik stärker sensibilisiert waren als die Antworter aus der Kontrollregion. In Übereinstimmung mit Ergebnissen repräsentativer epidemiologischer Forschungen (LACHNER & WITTCHEN 1997) gingen sie davon aus, dass in 16% der Familien eine Suchtproblematik besteht. Bei den Antwortern aus der Kontrollregion belief sich die Einschätzung auf nur 11,8%. Allerdings weisen die Daten aus der Modellregion auf eine leichte Überschätzung des Lebensrisikos, selbst suchtkrank zu werden, hin. Die Bereitschaft, adäquate Hilfeinstanzen einzuschalten, wenn die Fachkräfte merken, dass die Probleme eines Kindes durch familiäre Suchtprozesse (mit-)bedingt sind, ist mit etwas mehr als 85% zu beiden Befragungszeitpunkten relativ hoch. Die Frage, ob dies tatsächlich schon einmal geschehen war, beantworteten zum zweiten Befragungszeitpunkt 72,9% positiv. Dies bedeutet im Unterschied zum Survey-I eine Steigerung um fast 13 Prozentpunkte. Am häufigsten geschah eine solche Weitervermittlung dann, wenn der Ansprechpartner in der Zielinstitution persönlich bekannt war. Bezüglich der Wirksamkeit frühinterventiver Maßnahmen äußerten sich knapp 55% der Antworter aus beiden Regionen positiv. Das heißt aber auch, dass 45% der befragten Experten nicht an die mögliche Wirksamkeit frühinterventiver Maßnahmen für Kinder aus alkoholbelasteten Familien glaubten.

Maßnahmen zur Sensibilisierung und Weiterbildung

Während der Laufzeit des Projekts, genau zwischen den beiden Survey-Erhebungen, fanden konzeptgemäß vielfältige Maßnahmen zum Themenbereich »Kinder suchtkranker Eltern« statt. Diese hatten zum Ziel, die breite Öffentlichkeit für die Problemlagen der Kinder alkohol- und drogenabhängiger Eltern zu sensibilisieren und die Fachkräfte, insbesondere der Jugend- und Suchthilfe, problem- und lösungsfokussiert weiterzubilden. Die Maßnahmen wurden einerseits mit einem lokalen Schwerpunkt im Kreis Altenkirchen durchgeführt, andererseits fanden gezielt auch überregionale Maßnahmen statt, um sicherzustellen, dass – vor allem unter einer langfristigen Perspektive – Expertise und Kompetenzen zum Themenbereich »Prävention und Frühintervention« bei Kindern suchtkranker Eltern auch landesweit und darüber hinaus verbreitet werden. Im Einzelnen fanden im Landkreis Altenkirchen statt:

- eine eintägige Fortbildung für ca. 20 Erzieherinnen;
- eine sechstägige Fortbildungsreihe für Fachkräfte aus Jugendhilfe, Suchthilfe, Kindertagesstätten und Schulen;
- zwei eintägige Seminare für Adoptiv- und Pflegeeltern aus der Region sowie
- zum Abschluss des Projektes eine Fachtagung mit ca. 100 psychosozialen Fachkräften aus der Region.

Als überregionale Aktivitäten wurden durchgeführt:

- ein Arbeitstreffen in Mainz für Fachkräfte zum Thema »Kinder von Suchtkranken« mit ca. 90 Teilnehmern aus ganz Rheinland-Pfalz;
- ein Vortrag bei der Oberrheinkonferenz für deutsche, französische und schweizerische Fachkräfte;
- zahlreiche wissenschaftliche Publikationen und Kongressvorträge.

Aus den bisherigen Erfahrungen, insbesondere in der Modellregion Altenkirchen, wurde zum Abschluss der Projektlaufzeit eine achttägige Fortbildungsreihe mit dem Titel »Kinder von Suchtkranken – erkennen und helfen« in der Trägerschaft des Sozialpädagogischen Fortbildungszentrums Mainz konzipiert und durchgeführt.

Fazit

Nachdem sich im Rahmen des Projekts bestätigt hatte, dass Kinder von Suchtkranken – wie die internationale Forschung dies schon nahe gelegt hatte – eine familiär und psychosozial belastete Gruppe darstellen, wurden die Bemühungen um Wissensvermittlung, Information und Sensibilisierung pädagogischer, psychosozialer und medizinischer Fachkräfte verstärkt. Innerhalb von etwa zweieinhalb Jahren ist eine Sensibilisierung und Wissensverbesserung bei den Fachkräften in der Modellregion nachweisbar. Ob dies zu einer spürbaren Veränderung der Praxis führen wird, ist derzeit noch offen.

Im Zentrum der diesbezüglichen Bemühungen muss eine Verbesserung der Vernetzung der verschiedenen Praxisfelder stehen (vgl. FUSSNEGGER 1997). Gut gemeinte Einzelmaßnahmen für Kinder von Suchtkranken, die teilweise schon eine lange Geschichte aufweisen (z.B. KLEIN 1986), sollten zu einem dichten Präventions- und Hilfenetz ausgebaut werden. Ein Hauptanliegen dabei sollte sein, die drohende Transmission der Suchtstörung von einer Generation auf die nächste zu vermeiden (vgl. KLEIN & ZOBEL 1999) und die psychische Gesundheit der heranwachsenden Kinder und Jugendlichen früh und umfassend zu stärken. Das Projekt »Prävention und Frühintervention bei Kindern aus suchtbelasteten Familien« wurde aus diesem Grund bis zum Jahresende 2001 verlängert, um die notwendigen Langzeitprozesse weiter begleiten zu können. Inzwischen ist es gelungen, an drei Standorten des Landkreises eine Gruppenangebot für Kinder suchtkranker Eltern aufzubauen.

Literatur

CLONINGER, R.C. (1987): Neurogenetic adaptive mechanisms in alcoholics. *Science,* 236, S. 410-416.

CURRAN, P. J., CHASSIN, L. (1996): A longitudinal study of parenting behavior as a protective factor for children of alcholics. *Journal of Studies on Alcohol,* 57, S. 305-313.

FUSSNEGGER, D. (1997): Kind – Sucht – System. Die Vernetzung sozialer Arbeit von Suchtkranken- und Jugendhilfe. In: Ministerium für Kultur, Jugend, Familie und Frauen Rheinland-Pfalz (Hg.), Drogenkonferenz 1996, S. 21-42. Mainz: Ministerium für Kultur, Jugend, Familie und Frauen Rheinland-Pfalz.

KLEIN, M. (1986): Zur Situation von Kindern alkoholabhängiger Eltern. In: Deutsche Hauptstelle gegen die Suchtgefahren (Hg.), Sinnfrage und Suchtprobleme. Menschenbild – Wertorientierung – Therapieziele, S. 179-185. Hamm: Hoheneck.

KLEIN, M. (1995): Suchtschiene und Gewaltspirale. *Suchtreport,* 5, S. 29,36.

KLEIN, M., ZOBEL, M. (1997): Kinder aus alkoholbelasteten Familien. Kindheit und Entwicklung. *Zeitschrift für Klinische Kinderpsychologie*, 6, S. 133-140.

KLEIN, M. (1998): Kinder suchtkranker Eltern: Fakten, Daten, Zusammenhänge. In: Diözesan-Caritasverband für das Erzbistum Köln e.V. (Hg.), »Wenn Mama und Papa high sind – bin ich down«. Hilfen für Kinder suchtkranker Eltern. (S. 8-31). Köln: Nau (= Schriftenreihe des Diözesan-Caritasverbandes Köln; Nr. 43).

KLEIN, M., ZOBEL, M. (1999): Kinder in suchtbelasteten Familien – Psychologische Suchtforschung unter transgenerationaler und ätiologischer Perspektive. In: Fachverband Sucht: Suchtbehandlung. Entscheidungen und Notwendigkeiten (S. 244-257). Geesthacht: Neuland (= Schriftenreihe des Fachverbandes Sucht e.V.; 22).

KLEIN, M. (2000): Antisoziales Verhalten, Antisoziale Persönlichkeitsstörung und Alkoholismus. *Suchttherapie*, 1, S. 21-26.

LACHNER, G., WITTCHEN, H. U. (1997): Familiär übertragene Vulnerabilitätsmerkmale für Alkoholmissbrauch und -abhängigkeit. In: WATZL, H. & ROCKSTROH, B. (Hg.), Abhängigkeit und Missbrauch von Alkohol und Drogen, S. 43-89. Göttingen: Hogrefe.

SHER, K. J. (1991): Children of alcoholics – a critical appraisal of theory and research. Chicago: University of Chicago Press.

WERNER, E. E. (1986): Resilient offspring of alcoholics: A longitudinal study from birth to age 18. *Journal of Studies on Alcohol*, 47, S. 34-40.

WOITITZ, J. G. (2000): Um die Kindheit betrogen. Hoffnung und Heilung für erwachsene Kinder von Suchtkranken. München: Kösel.

WOLIN, S., WOLIN, S. (1995): Resilience among youth growing up in substance-abusing families. *Substance Abuse*, 42, S. 415-429.

ZOBEL, M. (2000): Kinder aus alkoholbelasteten Familien. Entwicklungsrisiken und -chancen. Göttingen: Hogrefe (= Klinische Kinderpsychologie, Bd. 2).

»Mein Kind hat nichts gemerkt ...«
Die Kinder- und Jugendseminare
in den Kliniken Daun-Thommener Höhe

Claudia Quinten

Kinder, die in suchtbelasteten Familien mit einem oder zwei abhängigen Elternteilen aufwachsen, sind ganz besonderen Entwicklungsbedingungen und erheblichen Belastungen ausgesetzt. In den letzten 15 bis 20 Jahren haben entsprechende Forschungen und Publikationen dazu beigetragen, die Mitbetroffenheit dieser Kinder und ihre oftmals stille Not zu realisieren und präventive und interventionsbezogene Maßnahmen darauf abzustimmen.

Zielsetzungen der Kinder- und Jugendseminare

Seit 1984 bieten die Kliniken Daun-Thommener Höhe im Rahmen der stationären Entwöhnungsbehandlung abhängigen Müttern oder Vätern die Teilnahme an einem Kinder- und Jugendseminar an. Dieses Wochenendseminar, das von Freitagnachmittag bis Sonntagmittag in der Klinik ausgerichtet wird, richtet sich an zwei verschiedene Altersgruppen: an Kinder im Alter von 5 bis 11 Jahren und an Jugendliche im Alter von 12 bis 17 Jahren.

Abhängige Eltern gehen aufgrund eigener Scham- und Schuldgefühle sowie erheblicher Bagatellisierungs- und Verleugnungstendenzen meistens davon aus, dass ihre Kinder von der Suchtentwicklung nichts oder kaum etwas mitbekommen hätten. Diese Annahme ist falsch. Es gibt ein hohes Leidenspotenzial und eine Mitbetroffenheit auf Seiten der Kinder. Von daher sind unsere therapeutischen Zielsetzungen in der Arbeit mit den Generationen sehr adressatenspezifisch.

Kinderbezogene Zielsetzungen

- Aufhebung des Tabus, über Sucht zu sprechen
- Suchtbezogene Informationsvermittlung an die Kinder durch die Seminarleiter oder die beteiligten Eltern
- Mitteilen von Erfahrungen, Wahrnehmungen, Ängsten und Unsicherheiten
- Erleben einer Peergroup von gleichermaßen Betroffenen und Erleben des Verstandenwerdens
- Klärung des Beziehungswunsches gegenüber dem abhängigen Elternteil
- Abbau von Schuldgefühlen
- Reduktion der Verantwortungsübernahme
- Ermutigung zur Abgrenzung
- Ermutigung zum Kindsein

Elternbezogene Zielsetzungen

- Sensibilisierung für die Auswirkungen der eigenen Suchtentwicklung und Lebensgestaltung auf die Kinder
- Wahrnehmung der Betroffenheit und ggf. auch Entwicklungsdefizite der eigenen Kinder
- Stärkung des Einfühlungsvermögens
- Reflexion der Mutter- bzw. Vaterrolle
- Entwicklung alternativer Elternkompetenzen
- Übernahme einer klaren Elternrolle bzw. Elternverantwortung
- Abbau von Parentifizierungen des Kindes und ggf. Stärkung der Elternbeziehung

Therapeutische Zielsetzungen

Im Rahmen des Seminar-Wochenendes ist es von zentraler Bedeutung, eine gemeinsame Ebene des Spielens, Nachdenkens und Austauschs miteinander zu entwickeln, die keinen der Beteiligten – insbesondere der Gäste, die nach dem Wochenende abreisen – überfordert. Jede teilnehmende Person wird in ihrer Individualität und ihrem Entwicklungsstand respektiert, und es wird ausdrücklich darauf hingewiesen, dass niemand sich zu etwas zwingen soll, was ihm widerstrebt.

Zentrale therapeutische Zielsetzungen innerhalb des Seminars sind von daher:

⊙ die sensible Moderation der Eltern-Kind-Interaktionen;

⊙ die Gewinnung diagnostischer Informationen bezüglich der Situation des Kindes sowie der Eltern-Kind-Interaktionen, wobei wir uns in erster Linie als Anwalt des Kindes verstehen;

⊙ die Unterstützung des Kindes in seiner Suche nach Informationen und in seinem Versuch, die Eltern-Kind-Beziehung zu klären;

⊙ im Seminarverlauf oder in der Weiterbearbeitung mit dem abhängigen Elternteil die Beratung der Eltern, wie dysfunktionale Rollenverteilungen verändert und wahrgenommene Entwicklungsdefizite des Kindes ggf. unter Inanspruchnahme weiterer professioneller Hilfen aufgeholt werden können.

Exemplarische Darstellung eines Jugendseminars
Beispielhaft soll der Verlauf eines Jugendseminars für Familien mit Kindern im Alter von 12 bis 17 Jahren dargestellt werden.

Vorbereitungsphase

Im Rahmen eines Vortrages vor allen Patienten werden abhängige Mütter und Väter über die Auswirkungen der Abhängigkeit auf das familiäre Umfeld informiert. Darüber hinaus sprechen die zuständigen Bezugstherapeuten auch einzelne Patienten an, um ihnen und ihren Kindern die Teilnahme an einem Familienseminar zu empfehlen. Abhängige Mütter und Väter, die an einer Seminarteilnahme interessiert sind, laden ihre Angehörigen zu diesem Wochenende ein. Dann erfolgen mit den abhängigen Elternteilen zwei Vorbesprechungen zur Vorbereitung des gemeinsamen Seminars. Dabei füllen die Patienten auch einen

Fragebogen zum Kindverhalten sowie zur Wahrnehmung der eigenen Elternrolle aus.

Das Seminar-Wochenende

Der *Freitagnachmittag* umfasst einen zweistündigen Einstieg in die gemeinsame Gruppenarbeit und wird sehr spielerisch und bewegungszentriert gestaltet. Im Sinne eines Warming-ups geht es um das Kennenlernen aller Beteiligten und den Abbau von Befangenheit und Unsicherheit. Übungen sind:

⊙ Bewegung durch den Raum zur Musik, Aufnahme von verbalem und körperlichem Kontakt, Vorstellen des eigenen Namens mittels einer Bewegung.

⊙ Austausch von Erwartungen und Befürchtungen – getrennt nach Erwachsenen und Jugendlichen – durch Aufschreiben entsprechender Stichworte auf eine Wandtafel.

⊙ Wollknäuel-Spiel: Die Teilnehmer sitzen im Kreis auf dem Fußboden; ein Teilnehmer wirft einem anderen Teilnehmer ein Wollknäuel zu und verbindet dies mit einer persönlichen Frage. Durch entsprechende Interventionen werden diese Fragen im Spielverlauf zunehmend suchtbezogener. Damit wird ein deutliches Signal gesetzt, dass über Sucht geredet werden darf (Eisbrecherfunktion).

Der Freitagabend wird von allen Familien mit einem gemeinsam geplanten Fest in der Klinik abgeschlossen.

Am *Samstag* wird der am Vortag begonnene Prozess der Enttabuisierung, über Sucht und ihre Folgen zu sprechen, schwerpunktmäßig weiterverfolgt durch:

⊙ eine gemeinsame Feed-back-Runde über den vergangenen Tag und den Festverlauf,

⊙ Entspannungsübungen und Imagination einer Tierfamilie sowie

⊙ das Besprechen der Rollen der einzelnen Familienmitglieder in getrennten und gemeinsamen Gesprächsrunden.

Hier erhalten die Teilnehmer nach einer längeren musikalisch begleiteten Entspannungsinstruktion die Anleitung, sich jedes Familienmitglied als ein bestimmtes Tier mit seinen spezifischen persönlichen Merkmalen vorzustellen und diese Tiere im Anschluss zu malen. In anschließend getrennten Gesprächsrunden werden die Bilder besprochen, die deutliche Hinweise geben auf das spezifische Erleben in der Familie, auf typische Rollenverteilungen, auf Aggressions- und Gewaltpotenzial, auf Nähe- und Distanzerleben und vieles mehr.

So malt sich zum Beispiel der alkoholabhängige Vater als gleichberechtigtes Mitglied einer kuscheligen Bärenfamilie, während die Tochter ihn als bedrohlichen Löwen, die Mutter als ängstliche Schnecke und sich selbst als wegfliegenden Vogel darstellt. Diese Diskrepanzen in den Selbst- und Fremdwahrnehmungen können in den Besprechungen sehr gut aufgearbeitet werden und sind aufgrund ihrer plastischen Darstellung für alle Beteiligten gut nachvollziehbar.

In der Gesprächsrunde für Jugendliche werden diese zu einem gemeinsamen Erfahrungsaustausch über suchtmittelbezogene Auswirkungen auf das Familienleben ermutigt. Die Jugendlichen können spezielle Fragen an den Seminarleiter stellen und sie sammeln Fragen, die sie an ihre Eltern richten wollen, z.B. »Warum hast du deine Versprechen uns gegenüber nicht gehalten?«, »Bin ich schuld an deinem Trinken?«, »Hast du uns nicht mehr lieb?«, »Wie können wir dir helfen, trocken zu bleiben?«.

In der Familienrunde stellen sich alle gegenseitig ihre Bilder vor, die Jugendlichen stellen ihre Fragen an ihre Eltern. Der Seminarleiter moderiert die Fragen und Antworten und ist beiden Seiten durch unterstützende Interventionen behilflich.

Wenn es atmosphärisch geboten scheint, wird den Familien vorgeschlagen, sich im Raum eine Kuschelecke zu gestalten und dabei Bedürfnissen nach Zusammensein, körperlichem Kontakt, sich halten und anlehnen nachzugehen.

Der *Sonntagvormittag* beginnt wieder mit einem gemeinsamen Feedback zum vorausgegangenen Tag und der gemeinsamen Gestaltung des Abends.

Im Mittelpunkt dieses letzten Seminarteils steht eine Familienskulpturarbeit, in der die Jugendlichen angeleitet werden, eine typische Familiensituation in der Zeit vor der Therapiemaßnahme zu skizzieren und durch entsprechende Darstellung im Raum unter Zuhilfenahme von Gegenständen wie leeren Flaschen zu vergegenständlichen. Diese Skulpturerstellung wird von dem Seminarleiter verbal begleitet, das damit verbundene Erleben aller Familienmitglieder erfragt.

In einem zweiten, lösungsorientierten Schritt werden die Teilnehmer gebeten, die Familiensituation zu modellieren, die sie sich nach Beendigung der Therapie, wenn die Familie wieder vollständig ist, wünschen.

Beide Skulpturen »Vorher – Nachher« werden auf einem Polaroid-Foto festgehalten und von den Jugendlichen mit einem Titel versehen.

Beispiel: Die beiden Kinder skizzieren eine alltägliche Situation zu Hause. Der angetrunkene Vater sitzt mit der Bierflasche in der Hand fernsehend im Wohnzimmer, die Mutter sitzt weinend in der Küche, die Tochter hat sich mit ihren Hausaufgaben, der Sohn mit einem Computerspiel zurückgezogen. Titel der Szenerie: »Jeder ist allein ...«. Im Zukunfts- oder Wunschbild ist es den Jugendlichen wichtig, dass die Eltern sich als Paar vertragen, die Tochter sucht stärkeren Kontakt zum Vater, der Sohn wünscht sich, unbeschwert und ohne Ängste mit seinen Freunden wegzugehen.

Das gemeinsame Seminar-Wochenende endet mit einer Abschlussrunde zum Seminarverlauf und zur Planung der weiteren Gestaltung des Tages mit der eigenen Familie. Nicht selten verabreden sich einige der Jugendlichen zu weiteren Kontakten.

Nachbereitungsphase

Die Kinder- und Jugendseminare werden mit den teilnehmenden Patienten nachbereitet. Die Patienten schreiben nach dem Seminar einen ausführlichen Bericht über ihr Erleben des Wochenendes. Dabei geht es noch einmal zentral um die Sensibilisierung des Abhängigen für die Auswirkungen der eigenen Abhängigkeitsentwicklung auf die einzelnen Familienmitglieder und insbesondere auf die Kinder. Die Seminarleiter geben den abhängigen Eltern Rückmeldung über die wahrgenommenen Eltern-Kind-Interaktionen, sprechen auffällige Rollenverteilungen an und benennen spezifische Entwicklungsprobleme. Sie empfehlen weiter gehende Maßnahmen und helfen bei der Initiierung von Maßnahmen am Heimatort.

Fazit

Seit 1984 haben ca. 800 Kinder und Jugendliche an diesen Kinder- und Jugendseminaren der Kliniken Daun-Thommener Höhe teilgenommen.

> Auch bei den sehr jungen Kindern lässt sich der Glaubenssatz der abhängigen Eltern »Mein Kind hat nichts gemerkt« nicht aufrechterhalten. Im Gegenteil: Die Kinder und Jugendlichen sind in der Regel hochsensibel für innerfamiläre atmosphärische Abläufe und fühlen sich zum Teil in hohem Maße verantwortlich für das Funktionieren des Familiensystems. Sie erleben keine unbelastete Kindheit, in der ihnen alterstypische Entwicklungen ermöglicht werden, sondern sie sind fast immer in Verantwortungen eingebunden, die nicht alters- und kindgemäß sind.

In einer klinikeigenen Studie – der so genannten Thommener Kinderkatamnese – wurden ehemalige Teilnehmer der Wochenendseminare befragt, wie sie ihre suchtbelastete Kindheit und deren Auswirkungen erlebt haben (QUINTEN & KLEIN 1999). Die

Familienatmosphäre wurde rückblickend überwiegend als angespannt, verlogen, entwicklungshemmend und disharmonisch beschrieben. Ein Viertel der Befragten gab an, inzwischen eigene behandlungsbedürftige psychische Probleme oder Suchtmittelprobleme zu haben. Wenn der abhängige Elternteil dauerhaft rückfällig war oder beide Elternteile suchtkrank waren, stieg die erlebte Problembelastung deutlich an.

Unsere Studie bestätigt, dass Kinder aus suchtbelasteten Familien eine Risikogruppe darstellen, insofern, dass sie ein bis zu sechsfach erhöhtes Risiko aufweisen, selbst psychische oder Suchtprobleme zu entwickeln. Die mittel- und langfristigen Belastungen für die Kinder sind umso größer, wenn sich an der familiären Situation nichts ändert. Wenn es den betroffenen Vätern und Müttern gelingt, ihre Abstinenz zu stabilisieren und die erforderlichen bzw. gewünschten familiären Veränderungen umzusetzen, fördert dies in der Regel die innerfamiliäre Beziehungsqualität und eine entwicklungsangemessene Unterstützung der Kinder. Dies macht die Notwendigkeit dringend deutlich, im Rahmen der ambulanten oder stationären Suchtbehandlung so früh wie möglich nicht nur die Elternsucht, sondern auch die Kindernot zu fokussieren und entsprechende kindspezifische Hilfsangebote bereitzustellen.

Literatur

QUINTEN, C. & KLEIN, M. (1999): Langzeitentwicklung von Kindern aus suchtbelasteten Familien. Ergebnisse der Thommener Kinderkatamnese. In: FVS e.V. (Hg.), Suchtbehandlung: Entscheidungen und Notwendigkeiten. Geesthacht: Neuland-Verlag.

»Seelisches Bodybuilding« – Präventive ambulante Gruppenarbeit mit Kindern und Jugendlichen aus Familien Suchtkranker

Theresa Ehrenfried und Reinhardt Mayer

Bereits seit Anfang der 70er Jahre beschäftigen sich Einrichtungen vorwiegend der ambulanten Suchtkrankenhilfe und der Jugendhilfe mit Kindern aus Familien Suchtkranker. Allerdings hatten es die initiierten Angebote schwer, sich zu etablieren. Erst eine Tagung des Caritasverbandes 1987 in Wiesbaden (BRAKHOFF 1987) lieferte den notwendigen Impuls für die Ausdifferenzierung praktischer ambulanter und stationärer Angebote für die betroffenen Kinder und ihre Eltern.

Die folgenden Ausführungen zur Konzeption und Durchführung eines präventiven Gruppenangebotes basieren auf den Erfahrungen einer heilpädagogisch-psychologischen Gemeinschaftspraxis, die im Auftrag des »Freundeskreises für Suchtkrankenhilfe Zollernalb e.V.« seit 1990 regelmäßig mit Kindern, Jugendlichen und Eltern aus Familien mit Alkohol- und Drogenproblemen arbeitet.

Wer braucht Hilfe und wie muss diese beschaffen sein?

SPERLICH (1996) stellt die Forderung auf, dass es für ein Kind aus einer Suchtfamilie grundsätzlich notwendig sei, in den Genuss spezieller Therapien zu kommen, je früher, desto besser. Andere Autoren (z.B. SCHMIDT 1987) warnen jedoch davor, die Kinder allzu leichtfertig und ungeprüft an die »Suchtkette« zu legen und geben vor allem das Problem der Stigmatisierung und Pathologisierung zu bedenken.

> Unterstützungs- und Hilfeangebote für Kinder aus alkohol-
> belasteten Familien sind so zu gestalten, dass diese von Sucht
> betroffenen Kinder nicht selbst sofort als krank und behand-
> lungsbedürftig definiert werden, denn sonst wäre der Sucht-
> kreislauf bzw. die »Behandlungskette« schnell geschlossen.
> Es darf nicht sein, dass allein schon das Aufwachsen in einer
> bestimmten Familie eine Behandlungsbedürftigkeit begründen
> kann, ohne den Kindern selbst – z.B. auch im Zusammenhalt mit
> ihren Geschwistern – die Chance für eine autonome und gesunde
> Persönlichkeits- und Sozialentwicklung zuzusprechen.

Ein systemisch-ressourcenorientierter Ansatz bietet die Möglichkeit, auch die Stärken und besonderen Eigenschaften der Kinder
nutzbar zu machen, sie aus einem drohenden Stigmatisierungs-
prozess herauszuführen, sie in ihren sozialen Entwicklungserfah-
rungen anzuregen und zu fördern. Es ist notwendig, für die Kinder Gruppenangebote zu schaffen, die nicht problemorientiert
konzipiert sind, sondern einen sozialen Lernraum anbieten, in
dem bedeutsame Sozialisationserfahrungen gemacht und die jeweiligen altersangemessenen Entwicklungsaufgaben (vgl. z.B.
KOOB 1990) in ihrer Bewältigung begleitet und unterstützt werden können.

Dieses Verständnis der Hilfeangebote als eine vorübergehen-
den Begleitung und Unterstützung bedeutet, die Aufnahme der
Kinder in spezifische Gruppenangebote auf eine bestimmte Zeit
zu begrenzen und eine lebenslange Einbeziehung in pädagogische oder gar therapeutische Angebote zu vermeiden. Es geht
um die Begleitung in einem bedeutsamen Lebensabschnitt der
Kinder und Jugendlichen, damit sie Alternativen zu den familiären Einflüssen erfahren und für sich neue Perspektiven entwickeln können.

> Zu beachten bleibt stets, dass die Bemühungen der Eltern bei der Erziehung der Kinder nicht abgewertet werden oder sie gar als erziehungsunfähig ausgegrenzt werden. Es sollte vielmehr mit den Eltern gemeinsam nach anderen Möglichkeiten gesucht werden, um die elterlichen eingeschränkten Möglichkeiten zu erweitern.

Rahmenbedingungen und Ziele des präventiven ambulanten Angebots

In vielen Ansätzen aus der angloamerikanischen Familientherapie (BLACK 1988; WEGSCHEIDER 1988) wird implizit angenommen, dass jedes Kind, das in einem Suchtsystem aufgewachsen ist, zwangsläufig traumatisierende und die Lebensentwicklung entscheidend einschränkende Erfahrungen macht. Diese problemgenerierende Betrachtungsweise beleuchtet jedoch nur eine Seite der Erfahrungen dieser Kinder. Denn gleichzeitig erwerben sie unter diesen Bedingungen auch Kompetenzen und Stärken, die einem seelischen »Bodybuilding« gleichen (MAYER 1993).

Dieses Fähigkeitspotenzial wird unter anderem darin sichtbar, dass ein großer Teil der heute im sozialen Bereich Tätigen nach unseren Beobachtungen aus »Suchtfamilien« stammt. Das Aufwachsen in Suchtfamilien führt also nicht zwingend dazu, sozial inkompetent und süchtig zu werden, sondern Sozialisationserfahrungen in Suchtfamilien können auch einen »sozialen Blick« und ein soziales Engagement fördern. Viele, die in ihrem beruflichen Engagement mit Suchtkranken arbeiten, profitieren von ihren eigenen Erfahrungen, die sie als Kind in ihrer Familie mit einem trinkenden Vater oder einer trinkenden Mutter gemacht haben. Um es ganz deutlich zu sagen: Ein nennenswerter Teil der Kinder von Alkoholkranken bewältigt ihr Leben ganz gut ohne professionelle Hilfe, zumindest wenn es neben dem abhängigen Elternteil weitere verlässliche Bezugspersonen gibt. Aber wie kann man wissen, welches Kind Hilfe braucht und welches nicht?

Im Zugang zu den Kindern liegt eine besondere Schwierigkeit. So werden sich die Kinder nicht von sich aus für spezielle ambulante oder gar stationäre Maßnahmen anmelden. Von den Eltern bejahen viele spezielle Angebote für ihre Kinder, aber wenn ein Angebot konkret in Anspruch genommen werden könnte, wird oft eine Vielzahl von Vorbehalten und Gründen, die ihre Wahrnehmung unmöglich machen, angeführt. Elterliche Ängste und Schuldgefühle erschweren eine Öffnung oder lassen sie gar unmöglich erscheinen. Eine wichtige Voraussetzung für eine effektive Arbeit mit den Kindern ist deshalb die Bereitschaft der Eltern, zumindest eines Elternteils, den Kindern die Nutzung der vorhandenen Angebote nahe zu legen oder wenigstens zu erlauben. Weniger wichtig ist das Einverständnis der Eltern bei Jugendlichen, die sich bereits in der Ablösungsphase von der Familie befinden. Aber auch hier ist zu bedenken, dass eine Problematisierung familiärer Erfahrungen die Jugendlichen in tiefe Loyalitätskonflikte führen kann.

> **Die Bereitschaft der Eltern zur Mitarbeit ist erfahrungsgemäß abhängig von**
> o ihrem Integrationsgrad in vorhandene Beratungs- und Behandlungsangebote oder Selbsthilfegruppen,
> o dem Auffälligkeitsgrad des möglichen symptomatischen Verhaltens ihrer Kinder,
> o dem Ausmaß eines empfundenen »Schuld-Komplexes« im Zusammenhang mit der Suchterkrankung,
> o der Unterstützung wichtiger Bezugspersonen der Eltern (Suchtberater, Familienhelfer, Verwandte usw.) und nicht zuletzt
> o von dem Drängen ihrer Kinder, an einem Gruppenangebot teilnehmen zu wollen.

Methodik und Arbeitsprinzipien

In der inhaltlichen Gestaltung und Entwicklung der Gruppenarbeit muss Raum für freie Ausgestaltung und Selbstbestimmung existieren. Als wichtige Orientierungspunkte für die inhaltliche Konkretisierung der Arbeit müssen Alter, Befindlichkeit und Bedürfnisse der Gruppe sowie Kompetenzen der pädagogischen Leiter und Mitarbeiterinnen angesehen werden.

Bewährt hat sich eine Kombination von spiel- und erlebnispädagogischen Ansätzen, bei der alle Beteiligten die Chance erhalten, am Prozess der Gruppenarbeit teilzunehmen, zu Wort zu kommen, sich anerkannt und wichtig zu fühlen, sich mit ihrer ganzen Person einzubringen und mit allen Sinnen experimentieren zu können.

Im Einzelnen können dies Spiele und Aktionen sein, die

⊙ dem Bewegungsdrang Rechnung tragen,

⊙ die Selbstwahrnehmung und Selbstdarstellung ermöglichen,

⊙ das Erleben in der Gruppe, die Fähigkeit zu sozialem Verhalten in der Gruppe in den Vordergrund rücken,

⊙ die Lebenswelt der Kinder und Jugendlichen thematisieren,

⊙ Konfliktsituationen aufgreifen und Konfliktlösungen anbieten,

⊙ Rollenklischees aufbrechen,

⊙ Neugier wecken und Kreativität fördern,

⊙ die Wahrnehmung fördern und helfen, die Sinne zu entfalten.

Die Rollen und Aufgaben, die sich aus der inhaltlichen Gestaltung der Gruppenarbeit für die pädagogischen Mitarbeiter und Mitarbeiterinnen ergeben, sind also vielfältig. Nicht zuletzt geht es darum, vorzudenken, zu animieren, Mut zu machen, dranzubleiben und Rückschläge produktiv zu verarbeiten.

Inwieweit Ideen und Projekte zusammen mit den Kindern und Jugendlichen entwickelt werden können, hängt von der Gruppe ab. Sicherlich bedürfen die Kinder, vor allem wenn sie jünger sind und aus sozial benachteiligten Verhältnissen kommen, einer deutlichen Motivierung, Anleitung und Führung. Vor allem zu Beginn einer solchen Gruppenarbeit brauchen sowohl die schüchternen wie auch die dominanten Kinder klare Hilfen, damit der Gruppenprozess in Gang kommt. Es muss jedoch immer im Auge behalten werden, dass von der Intention her eine Arbeitsweise angestrebt wird, die allen Kindern und Jugendlichen die Chance gibt, ihre Gedanken und Ideen auszudrücken. Und es muss dabei bedacht werden, dass einige Gruppenmitglieder viel Zeit und Zuwendung brauchen, um zu entdecken und zu äußern, was sie selber eigentlich denken und wollen, unabhängig von den Eltern und Freunden.

Der Umgang mit Konflikten, und d.h. auch die Konfliktfähigkeit der Mitarbeiter und Mitarbeiterinnen stellt ein weiteres Fundament der präventiven Gruppenarbeit dar. Dazu sollte zuvörderst ein gelungener, ereignisreicher Gruppenzusammenhang gestaltet werden. Wenn sich in diesem Rahmen Probleme ergeben, können diese thematisiert und angegangen werden. Hier müssen Kinder, Jugendliche und Erwachsene die Zeit haben, Konflikte aufzugreifen und partnerschaftlich zu lösen: Umgang mit Aggressionen, Neid und Konkurrenz, Macht und Ohnmacht, mangelndem Selbstwertgefühl, Minderwertigkeit, Chaos, Hass, Angst usw.

Nicht selten werden aus Mangel an kommunikativen und emotionalen Fähigkeiten gewalttätige Formen der Annäherung und des Kontaktes praktiziert. In der Regel sind gewalttätige Verhaltensweisen Bestandteil des Alltags der Kinder und Jugendlichen. Ernsthafte Vorkommnisse müssen mit den Kindern und Jugendlichen besprochen werden, ohne dass sie sich als Personen zurückgesetzt oder abgewertet fühlen. Als Ersatz für Gewalttätigkeit müssen attraktive alternative Erlebnisse inszeniert werden, da die Kinder in der Regel gewohnt sind, dass sich das Laute und Mächtige durchsetzt. Statt rigider Sanktionen und Vorschriften können sie so erleben, dass auch andere Lösungen zum Ziel führen.

Unser Mitarbeiter-Team ist multidisziplinär zusammengesetzt und besteht aus Heilpädaginnen und einem Psychologen. Jede Gruppe wird von einem Gruppenleiterpaar, d.h. einer weiblichen und einem männlichen Gruppenleiter, begleitet. Dies geschieht insbesondere unter dem Gesichtspunkt, dass die Kinder Gelegenheit erhalten, »Eltern« zu erleben, die zusammenarbeiten, Konflikte produktiv austragen können und dennoch ihre individuellen Ziele und Wünsche leben. Psychodynamisch sind somit Übertragungsbeziehungen zu »Vater« und »Mutter« möglich.

Der Zugang zu den Kindern erfolgt über die Eltern und sie betreuende Institutionen, insbesondere durch die Kontakte zu den Gruppen des Freundeskreises für Suchtkrankenhilfe, über die Beratungs- und Behandlungsstelle für Suchtkranke, die Erziehungs- und Lebensberatungsstellen, den Allgemeinen Sozialen Dienst des Jugendamtes, die Sozialpädagogische Familienhilfe, über Kinder- und Hausärzte sowie über andere Institutionen und Einrichtungen, die mit Kindern und Jugendlichen und ihren Familien befasst sind.

Die Aufnahme der Kinder in die Gruppen geschieht nicht aufgrund einer besonderen Auffälligkeit der Kinder, sondern vorrangig aus der Sorge eines oder beider Elternteile oder dem Hinweis einer der oben genannten Institutionen, dass die Kinder aufgrund der Suchtproblematik in der Familie in ihrer Persönlichkeits- und Sozialentwicklung eingeschränkt sein könnten und nun in der Gruppe eine besondere Förderung erhalten sollen. Erfahrungsgemäß zeigen die Kinder insbesondere Schwierigkeiten im schulischen Leistungsverhalten sowie im Kontaktverhalten zu Gleichaltrigen. Diese Kontaktprobleme äußern sich einerseits durch eine ausgeprägte Unsicherheit und Schüchternheit, andererseits durch eine auffällige Neigung zu Aggressionen und destruktivem Verhalten.

Die Kinder werden in eine unserer Gruppen frühestens ab dem 7. Lebensjahr aufgenommen. In einer Gruppe werden dabei

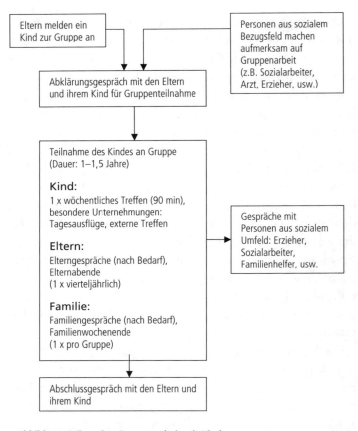

Abbildung: Präventive Gruppenarbeit mit Kindern aus Suchtfamilien und die Arbeit mit dem sozialen Bezugsfeld

maximal acht Kinder bzw. Jugendliche betreut, als günstig hat sich eine Größe von bis zu sechs Kindern erwiesen. Wir treffen uns als feste, geschlossene Gruppe einmal wöchentlich für zwei Stunden mit Ausnahme der Schulferien.

Bevor ein Kind oder ein Jugendlicher in einer Gruppe Aufnahme finden kann, wird mit ihm und nach Möglichkeit auch mit den Eltern ein gemeinsames Familiengespräch geführt.

In diesem Abklärungsgespräch stellen wir unser Gruppen-konzept den Kindern und Eltern vor und erläutern, welche Bedingungen an eine Teilnahme geknüpft sind, z.B. Freiwilligkeit, Verbindlichkeit, Entrichtung eines Teilnahmebeitrags. Dann arbeiten wir mit der Familie heraus, welche Erwartungen sie mit dem Gruppenbesuch verbinden, welche Rolle das Suchtmittel aktuell spielt bzw. gespielt hat, welche Wünsche oder Zielvorstellungen an die Entwicklung des Kindes bestehen, welchen Beitrag dazu auch die Eltern leisten können usw. Die Gruppenteilnahme wird für das Kind und die Eltern verbindlich durch eine Unterschrift unter ein Anmeldeformular.

Ein Teil der betreuten Kinder und Jugendlichen lebt noch mit einem abhängigen Elternteil, womit weiterhin eine aktuelle familiäre Betroffenheit durch das Suchtmittel vorliegt. Bei anderen haben die Familie bzw. verschiedene Familienmitglieder schon spezifische Maßnahmen ergriffen, das Suchtmittel zu überwinden und das Zusammenleben neu zu gestalten.

Vornehmlich stammen die Kinder aus Familien mit einer Alkoholproblematik, es sind jedoch auch Kinder angesprochen, bei denen die Familien durch Drogenabhängigkeit oder andere Suchtproblematiken (Medikamente, Spiel usw.) geprägt sind.

In den Gruppen treffen also Kinder aufeinander, deren Familien durch unterschiedliche Suchtmittel und auch durch unterschiedlich aktuelle Suchtphasen geprägt sind.

Ziele der ambulanten Gruppenarbeit

Den Kinder sollen Kompetenzen wie Selbstvertrauen, Entscheidungs- und Beziehungsfähigkeit, Selbstsicherheit usw. sowie positive soziale Erfahrungen in der Gruppe vermittelt werden, um eine soziale Nachreifung und eigenständige Persönlichkeitsentwicklung zu ermöglichen.

Die Arbeit mit den Kindern hat eine doppelte Zielsetzung:

o Bearbeitung sichtbarer Problemstellungen und negativer Erfahrungen mit den suchtkranken Eltern und

o Prävention einer eigenen Suchtentwicklung.

Dies konkretisiert sich in folgenden Teilzielen:

o Bearbeitung und Veränderung auffälliger Verhaltensweisen;

o Förderung der individuellen und sozialen Fähigkeiten;

o Verhinderung einer sich möglicherweise entwickelnden Suchtmittelproblematik;

o Hinführung in eine kritische und selbstverantwortliche Haltung im Umgang mit Alltagsdrogen sowie

o im Erkennen eigener suchtspezifischer Verhaltensansätze.

Durch ein kindgemäßes bzw. jugendtypisches Zusammensein und Gestalten mit anderen kann Freude geweckt werden an sozialen Kontakten. Deshalb liegt ein Schwerpunkt unserer Arbeit auf dem freien Spiel, dem Umgang mit Materialien (Ton, Farbe usw.), der Förderung von Bewegungsmöglichkeiten und nicht zuletzt auch auf gemeinsamen Feiern und Unternehmungen. Verpflichtende Regeln vermitteln dabei sichere Grenzen und ermöglichen ein überschaubares Miteinandergestalten.

Die Teilnahme der Kinder in einer Gruppe sollte die Dauer von 1 bis maximal 1 1/2 Jahren nicht überschreiten. In dieser Zeit sollten Anstöße für eine soziale Nachreifung greifen.

Die zeitliche Begrenzung schafft die Möglichkeit, Abschied und Grenzsetzung zu thematisieren und miteinander zu leben. Die Kinder und Jugendlichen erfahren, dass intensive Beziehungen entstehen können, die für eine bestimmte Zeit sehr wichtig sind, dass Beziehungen sich aber auch wieder verändern können und in anderer Form weiterleben. Wichtig ist es, es nicht zu einem plötzlichen Abbruch der Beziehung kommen zu lassen, kein Gefühl der Zurückweisung auszulösen, sondern ein bewusstes, durch Rituale unterstütztes Abschiednehmen zu ermöglichen.

Da es für die Gruppenarbeit mit Kindern und Jugendlichen derzeit noch keine allgemein gültigen Regelungen gibt und die Finanzierung meistens durch die Zuständigkeiten oder Zuordnungen zu bestimmten Kostenträgern geregelt wird, müssen fantasievolle Mischfinanzierungen ausprobiert werden. Für unsere Finanzierung der Personal- und Sachkosten stehen uns einerseits Fördermittel der Jugendhilfe im Rahmen des präventiven Kinder- und Jugendgesetzes (§ 14 KJHG) zur Verfügung sowie von den jeweilig zuständigen gesetzlichen Krankenkassen der versicherten Kinder einzelfallbezogen Zuschusspauschalen. Des Weiteren erhalten wir – je nach Aufkommen – auch Mittel aus Bußgeldern und Spenden.

Jedes teilnehmende Gruppenkind entrichtet darüber hinaus für jedes Gruppentreffen eine Eigenleistung von 5,00 DM (bzw. 2,50 EUR). Weitere Kosten entstehen für die Familien nicht. Aus diesen Familienmitteln werden besondere Unternehmungen finanziert, z.B. Kino- und Theaterbesuche, Eintrittsgelder für Schwimmbad, Eisbahn.

Praktische Erfahrungen in der Arbeit

Abschließend wollen wir zusammenfassend auf der Grundlage der Rollentypisierungen von WEGSCHEIDER (1988) zeigen, wie Kinder, Jugendliche und Eltern von der Teilnahme an der Gruppenarbeit profitieren können, welche spezifischen Verhaltensweisen und Einstellungen die Kinder mitbringen und wie darauf im Gruppengeschehen eingegangen werden kann.

Unterstützung für ein »Heldenkind«

Ein Kind in der Rolle des Familienhelden hat typischerweise gelernt, dass man schlechte Gefühle (wie z.B. Angst, Wut, Ekel, Scham) für sich behält, da man sonst die anderen verärgern kann. Wenn man dagegen viele gute Gefühle äußert (z.B. Freude, Heiterkeit, lieb sein), dann ist man weiter anerkannt und entspricht den Erwartungen. Man lernt also: Tue, was die anderen wollen, so erfährst du Anerkennung. Besonders verinnerlichen diese Kinder die Verpflichtung, nicht über das Trinken und seine Folgen für die Familie zu reden, weil man dies einfach nicht tut. Würde man es tun, bestünde die Gefahr, dass einen die anderen nicht mehr mögen.

Diese Kinder können in der Gruppe der Gleichaltrigen schnell selbst wieder zu Helden werden. Dies mag zwar anregend für eine Gruppe sein, einer Problemvertiefung steht dies aber oft im Wege. Die besonderen Fähigkeiten dieser Kinder liegen in ihrer Ausdauer, ihrer Verlässlichkeit und ihrer Hilfsbereitschaft, wodurch wiederum jede Gruppe oder soziale Gemeinschaft in besonderer Weise profitiert.

Unser Ziel ist es, dass dieses »Heldenkind« lernt,

⊙ Verantwortung abzugeben,

⊙ sich fallen zu lassen,

⊙ Blödsinn zu machen und

⊙ Regeln für Macht- und Verantwortungsverteilung zu erkennen und zu akzeptieren.

Umsetzen lässt sich dies, indem den Kindern Spiele ohne Sieger angeboten oder Kissenschlachten gemacht werden, Aufgaben z.B. für ein gemeinsames Kochen und Essen verteilt werden, körperorientierte Erfahrungen durch Entspannung, Massage oder das Anfertigen von Gipsmasken vermittelt werden.

Unterstützung für das »schwarze Schaf«

Ein Kind in dieser Rolle zeigt insbesondere eine ausgeprägte Tendenz zum Rückzug und zur Verstocktheit. Es gibt schnell auf und neigt dazu, sich von anderen abhängig zu machen. Seine Grunderfahrung ist das Gefühl, nichts recht zu machen, böse und schlecht zu sein. So entstehen ein chronischer Mangel an Selbstwertgefühl und starke Schuldgefühle. Im Inneren des Kindes schlummert häufig eine ungestillte Sehnsucht nach Zugehörigkeit und nach Freundschaft mit anderen Kindern. Gerade diese gilt es dann besonders zu aktivieren. Die Fähigkeiten dieser Kinder liegen in ihrem Mut zum Risiko, ihrer Belastbarkeit und ihrer Durchsetzungsstärke.

Hier ist unser Ziel, dass das »schwarze Schaf« lernt,

⊙ Verantwortung für sich und andere zu übernehmen,

⊙ vom »Spielen ohne Verlieren« zu profitieren,

⊙ sich seiner Stärken bewusst zu werden und

⊙ sein Selbstbild durch positive Aspekte zu erweitern.

Bewährt haben sich hier insbesondere kreative Tätigkeiten mit Ton, Ytong, Farbe, aber auch Rollenspiele mit und ohne Handpuppen (insbesondere Tierpuppen). Als günstig erweist sich hier auch die Bewältigung von Gemeinschaftsaufgaben (gemeinsames Tonen einer Ritterburg, eines Kinderspielplatzes, einer Kugelbahn usw.).

Unterstützung für das »verlorene Kind«

Dieses Kind vermeidet in der Regel Nähe. Es gesteht seine Wünsche nur schwer ein. Kompensatorisch wird häufig Wert auf Materielles gelegt, das Essen kann ein besonderes Problem werden. So neigen viele dieser Kinder aufgrund ihres ungestillten Hungers zu Übergewicht. Die Grunderfahrung dieser Kinder ist von dem Gefühl geprägt, dass sich niemand um sie kümmert. Dies führt häufig zu einem Rückzug in eine Traumwelt, mit der Kontaktaufnahme zu anderen Kindern tun sie sich schwer, ihre Gefühle können sie oft nicht ausdrücken. In der Gruppe werden diese Kinder oft übersehen, weshalb sie besonderer Aufmerksamkeit und gezielter Angebote bedürfen. Die Fähigkeiten dieser Kinder liegen in ihrer Fantasie und Kreativität, in ihrem Erfindungsreichtum und ihrer oft hoch spezialisierten Interessen. Das Wichtigste ist, sie zu sehen und mit ihren Bedürfnissen wahrzunehmen. Sie wissen oft gar nicht, wie sie auf andere wirken, wer und wie sie sind.

Wir unterstützen diese »verlorenen Kinder« dadurch, dass sie lernen,

⊙ in Verantwortung eingebunden zu werden,

⊙ wie Rückzugswünsche aktiv umgesetzt werden können,

⊙ dass ihnen hinterhergelaufen wird, sie gewonnen werden für Aktivitäten und

⊙ dass sie angehalten werden mitzumachen.

Das Abmalen der Körperumrisse und anschließendes Gestalten seiner Person, das Verkleiden und Experimentieren mit Pantomime, das Schaukeln in der Hängematte wird von diesen Kindern besonders geschätzt.

Unterstützung für das »Maskottchen«

Dieses Kind ist in seinem Verhalten häufig ambivalent. Es verwirrt andere, wirkt unberechenbar und ist gleichzeitig niedlich und nett. Es fühlt sich häufig nicht angesprochen und neigt dazu, sich zu entziehen. Es hat zwar die besondere Fähigkeit, Aufmerksamkeit auf sich zu ziehen und Kontakte herzustellen, aber es ist für dieses Kind oft schwierig, Kontakte zu halten. Die besonderen Fähigkeiten dieser Kinder liegen in ihrem Charme, ihrem Humor und ihrer Lebendigkeit. So sind sie in jeder Gruppe ein willkommenes Angebot, sie sorgen für Lockerheit und Unterhaltung.

Unterstützung erfahren sie nun dadurch, dass sie lernen,

⊙ ihren Gefühlsausdruck zu variieren,

⊙ auch negative Gefühle zuzulassen,

⊙ sich zu beruhigen und zu entspannen und

⊙ durch Theaterspiel und Experimentieren sich selbst auszudrücken.

Hier kommen Spiele und Aktivitäten zum Tragen, die Verlieren bzw. Enttäuschung aber auch Spannung implizieren (Mensch ärgere dich nicht, Uno, Malefiz u.Ä.). Hilfreich sind auch aggressionsbetonte Aktivitäten mit dem Boxsack oder den Batakas.

Es geht also darum, für alle diese Kinder einen Raum zu schaffen, in dem sie Kind sein können, wobei Erwachsene präsent, aktiv und konstant sind. Sie erfahren Schutz, Verlässlichkeit und Kontinuität, so dass – salopp gesagt – »aus dem Mist«, den sie erlebt haben, Kompost für ein gesundes Wachstum werden kann.

Literatur

BLACK, C. (1988): Mir kann das nicht passieren. Wildberg: Mona-Böger.

BRAKHOFF, J. (Hg.) (1987): Kinder von Suchtkranken. Situation, Prävention, Beratung und Therapie. Freiburg: Lambertus.

EHRENFRIED, T., HEINZELMANN, Ch., KÄHNI, J., MAYER, R. (1998): Arbeit mit Kindern und Jugendlichen aus Familien Suchtkranker. Balingen: Eigenverlag.

KOOB, O. (1990): Drogen-Sprechstunde. Ein pädagogisch-therapeutischer Ratgeber. Stuttgart: Urachhaus.

MAYER, R. (1993): Seelisches Bodybuilding. Präventive Gruppenarbeit mit Kindern und Jugendlichen aus Familien Suchtkranker. *Konsequenzen*, Heft 5, S. 12-14.

SCHMIDT, G. (1987): Beziehungsmuster und Glaubenssysteme bei Kindern von Suchtpatienten – eine systemische Betrachtung. In: J. BRAKHOFF (Hg.), Kinder von Suchtkranken, S. 25-52, Freiburg: Lambertus.

SPERLICH, C. (1996): »Für mich eine große Freude«. Malen mit Kindern süchtiger Eltern. *Sucht-Report*, 2, S. 6-13.

WEGSCHEIDER, S. (1988): Es gibt doch eine Chance. Hoffnung und Heilung für die Alkoholiker-Familie. Wildberg: Mona-Böger.

Die »vergessenen Kinder« – eine wichtige Zielgruppe der Suchtprävention

Dirk Bernsdorff

Ich arbeite als Fachkraft für Suchtprävention in einer Suchtberatungsstelle des Diakonischen Werkes in Altenkirchen. Nicht zuletzt aufgrund meiner eigenen Betroffenheit als Kind aus einer suchtbelasteten Familie waren mir die Kinder und erwachsenen Kinder aus alkoholbelasteten Familien in der Präventionsarbeit immer sehr wichtig.

In den ersten Jahren meiner Tätigkeit begegnete ich im Rahmen einer wöchentlichen Beratungsstunde, die ich mit einer Beratungslehrerin für Suchtprävention an einer Hauptschule durchführte, vielen Kindern, die über ihre Probleme mit trinkenden Eltern sprechen wollten und darüber noch nie gesprochen hatten. Manchmal kamen auch zwei oder drei Freundinnen zusammen in die Beratung, weil sie das gleiche Problem zu Hause hatten. Die Gespräche berührten mich sehr und die große Not und Einsamkeit der Kinder wurden mir deutlich. Auch bei verschiedenen Unterrichtsprojekten in den 8. und 9. Klassen der Hauptschule berichtete ein Teil der Schüler von ihren Erfahrungen mit trinkenden Eltern.

Der Zusammenhang zwischen dem Aufwachsen in einer Suchtfamilie und der Entwicklung einer eigenen Suchtmittelabhängigkeit wurde lange Zeit nicht gesehen, so dass auch die Kinder von suchtbelasteten Eltern nur eher zufällig den Weg in die Suchtberatungsstelle fanden.

Vor diesem Hintergrund wurde 1993 in der bestehenden Suchtberatungsstelle im Diakonischen Werk des Kirchenkreises Altenkirchen eine zusätzliche Vollzeitstelle für den Bereich Suchtprävention eingerichtet. Seitdem arbeite ich als Fachkraft für

Suchtprävention mit zwei Kolleginnen aus der Suchtberatung, die sich dort eine Stelle teilen. Die Suchtpräventionsstellen sind Stellen, die das Land Rheinland-Pfalz seit Beginn der 90er Jahre im Rahmen des »Fachkräfteprogramm Suchtprävention« fördert und die an die Suchtberatungsstellen angegliedert sind.

Eine meiner ersten Aufgaben war es, in Abstimmung mit dem Jugendamt des Kreises Altenkirchen im Jahre 1995 eine Konzeption für die Suchtpräventionsstelle mit dem Schwerpunkt »Hilfen für Kinder aus suchtbelasteten Familien« zu entwickeln.

Schwerpunkte unserer Präventionsarbeit sind Maßnahmen
- zur Förderung der Kinder
- zur Sensibilisierung der Eltern für die Situation der Kinder
- zur Information und Schulung von Multiplikatoren im Umgang mit Kindern von suchtbelasteten Eltern
- zur Sensibilisierung der Öffentlichkeit für die Situation der Kinder

Zur *Förderung der Kinder* war es notwendig, zuerst die Eltern, Kindergärtnerinnen, Lehrer und auch die Öffentlichkeit für ihre Probleme zu sensibilisieren, damit wir überhaupt Kontakt zu den Kindern bekamen. So erfolgte der Aufbau der Kindergruppe relativ spät und wird deshalb auch hier erst später gesondert ausführlicher beschrieben.

Die *Sensibilisierung der Öffentlichkeit* erfolgt u.a. über mehrere Informationsstände auf dem Altenkirchener Wochenmarkt in Zusammenarbeit mit der Refugium-Fachklinik für suchtkranke Frauen in Altenkirchen. An Markttagen kommen besonders viele Menschen aus den umliegenden kleinen Gemeinden in die Kreisstadt. Mit einem Büchertisch, großen Stelltafeln und einer Spielecke für Kinder machen wir auf die Situation von Kindern aus suchtbelasteten Familien aufmerksam. Dabei sprechen wir häufig auch mit Menschen aus dem Umfeld von betroffenen

Familien wie Nachbarn und Verwandten, die selten den Weg in eine Suchtberatungsstelle finden.

Des Weiteren führe ich *Elternseminare* durch. Die Eltern kommen bei uns in die Suchtberatung oder gehen in Selbsthilfegruppen. In den Seminaren informiere ich über die möglichen Auswirkungen der Sucht auf die Kinder sowie über Möglichkeiten der Hilfe. In diesen Seminaren gaben die Eltern auch den Anstoß dafür, konkrete Angebote für ihre Kinder in der Suchtberatungsstelle zu entwickeln. Eine Selbsthilfegruppe gestaltete darüber hinaus mit einem Pfarrer und mir einen Gottesdienst zum Thema »Sucht in der Familie«.

Wichtig sind auch Seminare für Pflegeeltern, denn häufig leben Kinder von abhängigen Eltern – vor allem, wenn sie durch Alkohol in der Schwangerschaft geschädigt sind – in Pflegefamilien. In diesen Seminaren bekommen Pflegeeltern Informationen zum Thema »Kinder aus suchtbelasteten Familien« sowie insbesondere zum Thema »Alkoholembryopathie« (siehe den Beitrag von Hermann Löser).

Da wir in der Suchtberatungsstelle nur einen kleinen Teil der Kinder und Eltern erreichen, ist es wichtig, *Informationsveranstaltungen* und *Weiterbildungsseminare* für Lehrerinnen und Lehrer sowie Erzieherinnen und Erzieher anzubieten, die in Schulen und Kindergärten täglich Kontakt mit betroffenen Kindern und Eltern haben. Beispielsweise organisiere ich einen Studientag für ein Lehrerkollegium oder leite Fortbildungen für Erzieherinnen und Erzieher aus Kindertagesstätten, dies wiederum in Zusammenarbeit mit der bereits erwähnten Refugium-Fachklinik für suchtkranke Frauen.

Durch die Teilnahme des Landkreises am Modellprojekt des Landes Rheinland-Pfalz »Prävention und Frühintervention bei Kindern aus suchtbelasteten Multiproblemfamilien« (siehe den Beitrag von Michael Klein und Martin Zobel) gelang es, dem Thema und den Kindern in unserer Region mehr Aufmerksamkeit zu schenken. So wurde der Entwicklung von Hilfen für betroffene Kinder auch auf administrativer Ebene im Kreis besondere Bedeutung beigemessen. In Zusammenarbeit mit dem projektleitenden Forschungsinstitut (Rheinisches Institut für angewandte Suchtforschung, RIAS) wurden zahlreiche Fortbildungen für pädagogische Fachkräfte aus dem Allgemeinen Sozialen Dienst (ASD), aus Beratungsstellen, des Kinderschutzbunds sowie aus Schulen und Kindergärten durchgeführt.

Die Kindergruppe

Im Mai 1999 wurde im Diakonischen Werk Altenkirchen die erste Kindergruppe mit vier Jungen im Alter von 8-11 Jahren ins Leben gerufen. Wir nannten sie »Das sind wir«. Der Kontakt zu den Kindern ergab sich über Eltern, die an Elternseminaren teilgenommen hatten; Pflegeeltern, die an entsprechenden Seminaren teilgenommen hatten; Eltern, die in Selbsthilfegruppen von unserem Angebot gehört oder in der Presse davon gelesen hatten oder die an einer der zahlreichen Fortbildungen zu diesem Thema in Altenkirchen teilgenommen hatten. Zunächst vereinbarten wir zwölf Treffen zu je zwei Stunden. Die Gruppe wurde von einer Erzieherin/Heilpädagogin und mir geleitet.

Für die Kinder war es wichtig, dass wir einen festen Rahmen für unsere Gruppenstunden hatten. Besonders gefiel den Kindern, dass wir am Anfang zumeist einen Obstsalat zusammen zubereitet und gemeinsam gegessen haben. In der Gruppe ging es oft um die Einübung von Regeln wie z.B. gemeinsames Auf- und Abdecken des Tisches und gemeinsames Spülen. Bei Spielen fiel uns auf, dass die Kinder oft Schwierigkeiten hatten, sich an Spielregeln zu halten oder sich auf die Spiele einzulassen. Den Kindern wurde Raum und Zeit gegeben, sich darüber mitzuteilen, was sich zu Hause oder in der Gruppe tat oder wie sie die Gruppe erlebten. Es war auch okay, wenn die Kinder nichts sagten.

Für uns Gruppenleiter war es wichtig, in den eigenen Gefühls-äußerungen authentisch zu sein. Das war vor allem dann von Bedeutung, wenn es Konflikte unter den Kindern gab, die nicht offen ausgesprochen wurden. Als sich beispielsweise ein Junge von einem anderen Jungen körperlich und verbal bedroht fühl-te, sich aber nicht traute, dies in der Gruppe anzusprechen, war es unsere Aufgabe als Leiter der Gruppe, den Konflikt in der Gruppe zu thematisieren und beiden beteiligten Kindern Hil-festellungen bei der Lösung des Konflikts zu geben.

Wichtig war auch die Elterngruppe, die alle sechs Wochen statt-fand. Dort bekamen die Eltern von den Gruppenleitern Infor-mationen über die Kinder und die Gruppenleiter konnten um-gekehrt von den Eltern erfahren, wo ihnen mit ihren Kindern im Moment besonders der »Schuh drückte« oder was sich ver-ändert hatte. Bemerkenswert war, dass ein Vater in die Eltern-gruppe kam, der zu seinem Sohn keinen regelmäßigen Kontakt hatte. Durch die Gespräche in der Elterngruppe wurde es mög-lich, dass der Vater wieder regelmäßigen und intensiven Kontakt zu seinem Sohn bekam.

Heute besuchen sieben Kinder die Kindergruppe (drei Mäd-chen und vier Jungen). Die Gruppe wird von einer Kollegin, die in der Fachstelle für Suchtprävention über zwei Jahre ihr Berufs-anerkennungsjahr als Sozialpädagogin ableistet, und mir gelei-tet. Es finden Familiengespräche mit Eltern und Kindern und bei Bedarf Einzelberatungen statt.

Erfahrungen mit Vernetzung

Die Fachstelle für Suchtprävention arbeitet nicht isoliert, son-dern sucht den Kontakt zu anderen Menschen und Institutio-nen, um optimale Hilfen für jedes betroffene Kinder entwickeln zu können. Dabei haben wir die Erfahrung gemacht, dass vor allem der persönliche Kontakt und das gegenseitige Kennen- und Verstehenlernen der Menschen, mit denen wir zusammenarbeiten, für unsere Arbeit sehr förderlich ist. Für die Fachstelle für Suchtprävention ist diese Zusammenarbeit und Vernetzung mittlerweile unabdingbar bei der Durchführung von Fort- und Weiterbildungen, der Finanzierung von Angeboten für Kinder sowie der Weiterentwicklung der Hilfen auf Kreisebene. Wir arbeiten insbesondere zusammen mit Suchtberatungsstellen, dem Jugendamt (siehe »Suchthilfe und Jugendhilfe im Gespräch«), dem Pflegekinderdienst, dem Kinderschutzbund, dem Kinderschutzdienst, mit Fachkliniken zur Entwöhnung von Alkohol, Medikamenten oder Drogen, mit Selbsthilfegruppen, Kirchengemeinden, Pfarrern, pädagogischen Fachkräften (z.B. für Musikimprovisation) sowie weiteren Institutionen.

Im Anschluss an eine Fortbildung im Rahmen des bereits erwähnten Modellprojekts »Prävention und Frühintervention bei Kindern aus suchtbelasteten Multiproblemfamilien« im Jahre 1998 entstand die Arbeitsgruppe »Kinder aus suchtbelasteten Familien«. In dieser AG treffen sich alle sechs bis acht Wochen Mitarbeiterinnen und Mitarbeiter aus verschiedenen Institutionen. Wir tauschen konkrete Erfahrungen über unsere Arbeit mit den betroffenen Kindern und Familien aus und unterstützen uns gegenseitig bei unseren Bemühungen. Die Treffen dienen der gegenseitigen Information sowie der Entwicklung von gemeinsamen Projekten, wie etwa fachbezogenen Fortbildungen.

Ebenfalls im Rahmen des Modellprojekts wurde auf Kreisebene ein Trägernetz installiert, in dem vor allem solche Institutionen vertreten sind, die Angebote für Kinder bereitstellen bzw. entsprechende Angebote in naher Zukunft einrichten werden. In diesem Trägernetz ist auch die Fachstelle für Suchtprävention vertreten. (Mehr zum Trägernetz im Gespräch mit Siegfried Holtorf und Dirk Bernsdorf, »Die Zuständigkeiten müssen klar sein zwischen Suchthilfe und Jugendhilfe«.)

Angebote für Erwachsene aus alkoholbelasteten Familien

Die Fachstelle für Suchtprävention und für Kinder aus suchtbelasteten Familien führt auch regelmäßig Veranstaltungen durch, die sich an solche Erwachsene richten, die in einem suchtbelasteten Elternhaus aufgewachsen sind. Die Themen der Vorträge und Seminare, die wir in verschiedenen Bildungseinrichtungen, Einrichtungen von Selbsthilfegruppen sowie in der Refugium-Fachklinik anbieten, fokussieren schwerpunktmäßig auf Erfahrungen, die die Betroffenen in Kindheit und Jugend gemacht haben, wie etwa die Entwicklung von Schamgefühlen oder von co-abhängigen Verhaltensweisen. Es sollen hierbei Wege aufgezeigt werden, die eigene Geschichte anzunehmen, zu akzeptieren und mit sich selber liebevoller umzugehen.

In diesen Vorträgen und Seminaren haben Betroffene die Gelegenheit, die Arbeit mit dem »inneren Kind« kennen zu lernen. Es ist wichtig, dass betroffene erwachsene Kinder aus suchtbelasteten Familien die Möglichkeit erkennen, dass sie trotz ihrer oft schmerzlichen Erfahrungen in der Kindheit heute lernen können, gut für sich zu sorgen, und den Suchtkreislauf beenden können.

Wie regen darüber hinaus den Besuch von Selbsthilfegruppen für Erwachsene aus alkoholbelasteten Familien oder für Erwachsene aus anderen suchtbelasteten Familien an. Betroffene Erwachsene kommen auch in die Einzelberatung, wo sie über ihre Lebenssituation sprechen können und bei Bedarf in weiterführende Hilfen, wie etwa in eine Selbsthilfegruppe, zu niedergelassenen Psychotherapeuten oder in eine psychosomatische Klinik, vermittelt werden.

Bisherige Erfahrungen und Perspektiven für die künftige Arbeit

Die Entwicklung der Schwerpunktprävention zum Thema »Kinder aus suchtbelasteten Familien« in der Fachstelle für Suchtprävention in den letzten Jahren zeigt, dass es sich lohnt, verstärkt die Situation der betroffenen Kinder zu thematisieren. Sowohl in unserer Suchtberatungsstelle als auch in den Selbsthilfegruppen, bei den Fachkräften aus Kindergärten, Schulen, Jugendhilfeeinrichtungen, bei Mitarbeitern des Jugendamtes und bei Pflegeeltern werden betroffene Kinder heute häufiger und eher wahrgenommen. Auch die hiesige Kirchengemeinde unterstützt finanziell die Arbeit mit den Kindern. Einige Kinder haben in einer Kindergruppe einen Platz gefunden, weitere Kindergruppen sind im Aufbau. In unserer Suchtberatungsstelle werden Eltern verstärkt auf die Situation ihrer Kinder angesprochen und zur Teilnahme der Kinder in der Kindergruppe ermuntert.

Wünschenswert wäre, dass gerade hier im ländlichen Raum Kinder und Jugendliche weitere Beratungs- und Gesprächsangebote nutzen können, um die Situation in ihren Elternhäusern besser zu bewältigen. Der Landkreis Altenkirchen ist ein ländlicher Flächenkreis. Sinnvoll ist es, an verschiedenen großen Orten entsprechende Kindergruppen aufzubauen, da durch die großen Entfernungen nach Altenkirchen der Besuch der hiesigen Gruppe nicht immer gewährleistet ist. Inzwischen ist in der Stadt Wissen eine weitere Kindergruppe entstanden.

Das Angebot eines »Schülerbüros« des Kinderschutzbundes Altenkirchen im Schulzentrum Altenkirchen fand bei sehr vielen Schülern großen Anklang, nicht zuletzt auch bei Kindern aus suchtbelasteten Familien. Leider wurde dieses Schülerbüro nach einem Jahr Laufzeit nicht fortgeführt.

Wichtig ist es auch, Suchtberatungsstellen für Kinder attraktiver zu machen, indem man ihnen Räume zum Spielen sowie geeignete Spielmaterialien zur Verfügung stellt.

Die Aktivitäten der Fachstelle sowie anderer Institutionen, Selbsthilfegruppen und Einzelpersonen tragen dazu bei, dass die ehemals »vergessenen Kinder« heute eher beachtet werden und auch konkrete Unterstützung finden. Es gibt noch viel zu tun. Doch die bisherigen Erfahrungen zeigen, dass sich die Arbeit lohnt.

»Die nehmen uns die Kinder weg!«
Das Jugendamt zwischen Hilfe und Härte

Interview mit Siegfried Holtorf, Sozialpädagoge beim Jugend-amt/Allgemeinen Sozialen Dienst (ASD) der Kreisverwaltung Altenkirchen; das Gespräch führte Martin Zobel.

Kinder aus alkoholbelasteten Familien – für das Jugendamt ein Thema?

Wir vom Allgemeinen Sozialen Dienst (ASD) werden immer wieder von den unterschiedlichsten Stellen informiert, dass in einer Familie übermäßig Alkohol getrunken wird und die Kinder unter den gegebenen Umständen von Vernachlässigung und Gewalt bedroht sind. Diese Auskünfte kommen beispielsweise aus der Schule, aus dem Kindergarten oder auch von Angehörigen oder Nachbarn. Wir müssen diese Hinweise prüfen und ihnen nachgehen. Also suchen wir die Familien auf und verschaffen uns einen Eindruck von den Verhältnissen vor Ort.

Wenn wir die Eltern oder die Kinder auf das Thema Alkohol direkt ansprechen, ist es in der Regel so, dass die Familie das Thema verschleiert oder bagatellisiert: Es wird verneint, geleugnet und verdrängt: »Wir haben keine Probleme«, »Was wollen Sie hier?«, »Wer hat da wieder was erzählt?«. Auch konkrete Beobachtungen von z.B. Nachbarn werden als üble Nachrede abqualifiziert: »Die wollen uns nur denunzieren, die können uns nicht leiden.« Der Lebenspartner des Abhängigen bemüht sich in der Regel ganz deutlich darum, das Familiensystem so darzustellen, als wäre alles in Ordnung: »Es gibt bei uns keine Probleme, das sind alles nur Gerüchte. Wer trinkt denn nicht, trinken Sie nichts auf Geburtstagsfeiern?«

In Familien, die uns bekannt sind und zu denen bereits ein »Vertrauensverhältnis« besteht, kann man sicherlich anders mit diesem Thema umgehen und das Problem direkter ansprechen. Da ist der Widerstand deutlich geringer und wir werden mit unseren Hilfsangeboten nicht gleich abgewiesen.

Bei Neufamilien erleben wir zu Anfang also fast immer eine starke Verneinung des Problems als solches bis hin zur Androhungen von Dienstaufsichtsbeschwerden wegen Beleidigung. Dieses Problem wird nicht einfacher dadurch, dass die Mitteiler, die ja quasi unsere »Zeugen« sind, der Familie gegenüber in der Regel nicht benannt werden wollen. Wenn zum Beispiel in einer Kindertagesstätte ein Elternteil durch Alkohol auffällt, versuchen die Mitarbeiter oft, zunächst durch Beratung die Situation in den Griff zu bekommen. Wenn das nicht funktioniert, wird das Jugendamt eingeschaltet. Gleichzeitig, und das trifft auch auf Schulen und Lehrer zu, distanzieren sich die Mitarbeiter deutlich und sagen: »Aber sagen Sie nicht, dass das von uns kommt, sonst gibt es Ärger.«

Für uns ist es dann im Gespräch mit dem Trinkenden häufig eine Gratwanderung: einerseits zu signalisieren: »Wir wissen, dass hier in der Familie ein Alkoholproblem besteht«, und andererseits den Mitteiler nicht nennen zu können. Das ist für uns eine sehr schwierige Einstiegssituation. Ich denke, das hängt in erster Linie damit zusammen, dass die Erzieherinnen und Erzieher befürchten, dass die Kinder dann nicht mehr in die Kindertagesstätte kommen, wenn es heißt: »Die Kindertagesstätte hat uns informiert.«

In der Schule ist es ein bisschen anders, weil es eine Schulpflicht gibt und die Eltern die Kinder nicht einfach zu Hause lassen können. Trotzdem halten sich Grundschulen häufig sehr zurück, wenn es um Alkoholprobleme in Familien geht und die Kinder im Unterricht auffällig werden. Hauptschulen und Gesamtschulen gehen mit der Thematik nach meinen Erfahrungen offener um. Für Gymnasien ist das so gut wie überhaupt kein Thema, zumindest kann ich mich nicht daran erinnern, dass mal ein Gymnasiallehrer wegen eines elterlichen Alkoholproblems angerufen hätte.

Das Wichtigste aber ist, erst einmal einen Zugang zur Familie zu bekommen. Oftmals bestehen in der Familie noch andere Probleme außer dem Alkohol, so dass wir über diese vorsichtig an den Punkt herankommen, an dem dann das Suchtproblem thematisiert werden kann.

Wie erklären Sie sich diese ablehnenden Reaktionen der Familie?

Ich denke, ein Grund dafür ist, dass das Erscheinen des Jugendamtes nach wie vor Angst und Schrecken auslöst. Es gibt bei vielen immer noch das Klischee, wonach das Jugendamt kommt und die Kinder aus der Familie nimmt. Dies gilt insbesondere für solche Familien, die wir nicht kennen. Wenn wir in die Familien kommen, treten entsprechende Ängste auf, weil die meisten nicht wissen: Wie geht das Jugendamt mit uns um, was macht das Jugendamt? Die Kinder fragen natürlich: »Was will der Mann, was will die Frau hier?« Gerade jüngere Kinder treten mit großer Skepsis auf, ziehen sich zurück, klammern sich an die Eltern oder versuchen, eine heile Welt darzustellen.

Ältere Kinder gehen distanzierter mit dem Thema Alkohol um. Sie machen unbewusst durch ihr Verhalten oder durch auffällige Symptome deutlich, dass zu Hause irgendetwas nicht stimmt. Andererseits sind sie geprägt von Sorge und Angst um die Eltern und übernehmen mehr Verantwortung, als ihnen gut tut. Später, wenn die Kinder mit 15, 16 Jahren schon relativ selbstständig sind, können sie ihr Erleben deutlicher formulieren, haben dann auch ihre eigenen Gruppen gefunden, in denen sie sich wieder finden. Nach meinem Eindruck aber oft mit der Tendenz, sich gerade mit solchen Jugendlichen anzufreunden, die in erheblichem Maße Alkohol trinken.

Es ist harte Arbeit und ein schwieriger Prozess, den Eltern zu verdeutlichen, dass unser Auftrag vom Gesetzgeber zunächst darin besteht, der Familie zu helfen und sie zu unterstützen. Wir versuchen den Eltern zu verdeutlichen, dass die elterliche Alkoholproblematik für die Kinder eine große Belastung darstellt und dass wir dem nicht tatenlos zusehen können. Unser Ziel ist es also, die Eltern dazu zu bewegen, Hilfen in Anspruch zu nehmen. In diesem Zusammenhang verweisen wir z.B. auf die Suchtberatungsstellen des Diakonisches Werks oder der Caritas. Erst wenn alle Stricke reißen, wenn die Familien nicht kooperieren und wenn alle unsere Angebote abgelehnt werden, müssen wir um der Kinder willen handeln.

Können Sie das an einem Beispiel erläutern?

Konkret denke ich an ein Ehepaar im mittleren Alter, die beide ein starkes Alkoholproblem hatten und von der Sozialhilfe lebten. Das gemeinsame Kleinkind trug deutliche Anzeichen einer vorgeburtlichen Schädigung durch Alkohol in der Schwangerschaft. Die Nachbarn berichteten dem Jugendamt, dass die Mutter nachts regelmäßig an die Tankstelle ging, um mehrere Flaschen Korn zu kaufen und schilderten ihre Sorge um das weitere Wohl des Kindes. Ich habe daraufhin die Familie besucht und entsprechende Hilfeangebote gemacht, die aber von den Eltern erst einmal nicht angenommen wurden. Sie leugneten jedes Alkoholproblem und verharmlosten die Äußerungen der Nachbarn als »übles Geschwätz«. Auch hier war wieder deutlich spürbar, dass die Angst vor einer Herausnahme des Kindes im Vordergrund stand. Der Vater versuchte dann zeitweise die Versorgung des Kindes zu übernehmen, was ihm aufgrund seiner eigenen Alkoholproblematik aber nicht lange gelang. Im weiteren Verlauf erlebte der Vater aufgrund seines Trinkens schließlich einen körperlichen Zusammenbruch, woraufhin die Mutter einlenkte. Das Kind wurde in eine Pflegefamilie vermittelt, wo es sich relativ gut entwickelt und zur Mutter nach wie vor Kontakt halten konnte. Der Vater verstarb zwischenzeitlich an den Folgeerkrankungen seiner Abhängigkeit, die Mutter begab sich daraufhin in eine stationäre Entwöhnungstherapie.

Wann denken Sie über eine Fremdplatzierung der Kinder nach?

In diesem Punkt unterscheidet sich das Jugendamt deutlich von der Suchtberatung: Wir haben die Garantenstellung, müssen also Sorge dafür tragen, dass die Kinder nicht gefährdet werden. Wenn sich zum Beispiel eine deutliche Verwahrlosung des Kindes abzeichnet, wenn insbesondere aus der Schule oder dem Kindergarten entsprechende Hinweise kommen, die darauf schließen lassen, dass sich die Situation des Kindes zu Hause zuspitzt und die Eltern auch eine Kooperation mit der Schule oder Kindertagesstätte ablehnen, müssen wir aktiv werden.

Dazu kommen vielleicht Hinweise von Nachbarn oder eigene Eindrücke, die belegen, dass die Eltern wirklich nicht in der Lage sind, die Versorgung der Kinder zu übernehmen. Dann versuchen wir zunächst, noch mal mit den Eltern zu sprechen. Bevor es zu einer Fremdplatzierung der Kinder kommt, finden etliche Beratungsgespräche statt. Es wird immer wieder versucht, der Familie zu helfen, sie zu stützen, sie aufrechtzuerhalten und sie zu begleiten. Sind die Eltern dagegen, bleibt uns nur noch der juristische Weg über das Familiengericht.

Das ist immer eine sehr kritische und schwierige Entscheidung für uns. Es reicht nicht aus, wenn durch übermäßigen Alkoholkonsum eines Elternteils eine Gefährdung der Kinder gegeben ist. Es muss sich um eine akute Gefährdung handeln, also eine momentane sehr gefährliche Situation für Leib und Leben der Kinder bestehen.

Welche Erfahrungen haben Sie mit den Gerichten?
Das Elternrecht wird sehr hoch angesiedelt. Der Richter prüft, ob das Jugendamt alle Möglichkeiten der Hilfe ausgeschöpft hat. Es kommt häufig vor, dass der Richter die Klage zurückweist und weitere Hilfsmaßnahmen anordnet. Auch gibt es Gutachter, die die Herausnahme eines Kindes als schwieriger für seine weitere Entwicklung ansehen als den Verbleib in der Familie. Dann kommen die Kinder zurück in das Spannungsfeld der Familie und es ist für uns natürlich sehr schwierig, wieder einen Fuß in die Tür zu bekommen und zu sagen: »Leute, passt auf, wir wollen euch helfen.« Das glauben die einfach nicht mehr.

Meine eindringlichste Erfahrung war folgende: Nachdem ich eine Richterin darauf angesprochen hatte, dass eine Klientin von mir, eine allein erziehende Mutter, mit 3,7 Promille Blutalkohol ins Krankenhaus eingewiesen wurde und zu Hause einen Säugling zu versorgen hatte, sagte sie: »Das ist ja gar nichts. Was meinen Sie, was wir hier in Strafverfahren für Promillegrenzen haben und die fahren doch alle sowieso durch die Gegend.« Die Mutter war bereit, sich einer Selbsthilfegruppe anzuschließen, konnte dadurch hilfreiche Kontakte knüpfen und lebt heute abstinent.

Ich habe auch bereits mehrfach erlebt, wie das Thema Alkohol in Scheidungs- und Trennungssituationen behandelt wird. Einige Richter gehen über unsere Hinweise auf ein mögliches oder deutlich ausgeprägtes Suchtverhalten eines Elternteiles einfach hinweg. Hierzu ein Beispiel:

Der Vater trinkt, die Familie hat drei Kinder, die Scheidung steht an, es soll ein gemeinsames Sorgerecht beantragt werden, denn in der Regel ist es heute ja so, dass das gemeinsame Sorge-

recht ausgesprochen wird. Aufgrund der langjährigen Alkoholproblematik des Vaters sind Absprachen aber kaum möglich. Es
haben in diesem Fall im Gegenteil deutliche Unregelmäßigkei-
ten und gewalttätige Übergriffe seitens des Vaters stattgefunden
und dauern noch an. Es ist also offensichtlich, dass es hier schwierig wird, einvernehmliche Regelungen zu treffen. Das Gericht
sah das anders. Da keine Anzeige gegen den Ehemann von Seiten der Ehefrau vorlag, kam es nicht zu einer Übertragung des
alleinigen Sorgerechtes auf die Mutter, sondern zu einem gemeinsamen Sorgerecht. Die Alkoholproblematik in der Familie wurde
vom Gericht lediglich zur Kenntnis genommen.

Mein Eindruck ist, dass die ganze Tragweite des Alkoholmiss-
brauches in den Familien mit all ihren Konsequenzen für die
Partner und die Kinder von juristischer Seite aus zu wenig gewürdigt wird. Als Konsequenz müssen die Kinder in diesem
Spannungsfeld leben und sind weiterhin der Willkür des Abhängigen ausgesetzt.

Welche Zusammenarbeit gibt es zwischen Jugendhilfe und Sucht-
hilfe bei Kindern und Jugendlichen aus alkoholbelasteten Fami-
lien?

Die Zusammenarbeit aus Sicht des Jugendamtes (Allgemeiner
Sozialer Dienst) ist dergestalt, dass wir die Eltern auf die Möglichkeit hinweisen, sowohl die Caritas als auch das Diakonische
Werk in Anspruch zu nehmen. Wir verweisen auch auf Selbsthilfegruppen und geben Adressen für weitere Informationen. Ob
diese Angebote tatsächlich genutzt werden, können wir nicht
nachhalten. Nicht zuletzt aus datenschutzrechtlichen Gründen
erfahren wir höchstens aus Kontakten mit den Eltern, ob diese
eine Hilfsmaßnahme in Anspruch genommen haben oder nicht.
Auch die Suchtberatungsstellen sind nicht verpflichtet, uns hier-
über Auskünfte zu geben. Hier ist in der Tat eine Lücke im Hilfe-
system. Eine Zusammenarbeit mit der Suchthilfe gibt es in die-

sem Sinne nur vereinzelt. Durch gemeinsame Fortbildungen gerade zum Thema Kinder und Alkohol haben sich in den letzten Jahren die Kollegen vom Jugendamt und von den Suchtberatungsstellen persönlich näher kennen gelernt. In meiner täglichen Arbeit hat sich dies bisher aber wenig ausgewirkt.

Ich glaube, dass unserer Rolle auch bei vielen Kolleginnen und Kollegen in den Suchtberatungsstellen noch sehr verzerrt wahrgenommen wird. Das Jugendamt, oder speziell der ASD, wird oft als Kontrollinstanz empfunden, wogegen sich die Mitarbeiterinnen und Mitarbeiter aus den Beratungsstellen abgrenzen wollen. Das führt dann dazu, dass von Beratungsstellen teilweise jede Zusammenarbeit mit uns abgelehnt wird. Für uns heißt das, es gibt keinen Austausch und keinen Rückfluss von Informationen, was aber für die Arbeit beider Stellen wichtig wäre. Hier würde ich mir für die Zukunft mehr Zusammenarbeit zum Wohle der betreuten Familien und Kinder wünschen.

Die Zuständigkeiten müssen klar sein zwischen Suchthilfe und Jugendhilfe

Gespräch mit Dirk Bernsdorff, Fachkraft für Suchtprävention beim Diakonischen Werk Altenkirchen, und Siegfried Holtorf, Mitarbeiter beim Jugendamt/Allgemeinen Sozialen Dienst Altenkirchen; das Gespräch führte Martin Zobel.

Welche Rolle spielen Kinder und Jugendliche aus alkoholbelasteten Familien in der Suchthilfe?

Bernsdorff: Kinder und Jugendliche aus suchtbelasteten Familien waren lange Zeit kein großes Thema in der Suchthilfe. Die Suchtberatung hat sich in erster Linie mit den betroffenen suchtkranken Menschen und ihren Partnern beschäftigt. Die Kinder sind eher zufällig mal mitgekommen, waren aber nicht systematisch bei den Beratungsgesprächen dabei. Ihre Rolle im Familiensystem wurde kaum gesehen und es gab für sie nur vereinzelt pädagogische und therapeutische Angebote. Dies ist umso ernster, da viele unserer Klienten bereits Eltern hatten, die ebenfalls alkoholabhängig waren. Ihre Kinder sind häufig die Abhängigen von morgen. Das kann man so nicht stehen lassen.

Wir haben deshalb Kinder aus Familien Suchtkranker zu einem Schwerpunkt in unserer Präventionsarbeit gemacht. Dies hat zur Folge, dass die Kinder in der Suchtberatung eher gesehen und wahrgenommen werden als früher. Wir erleben zum Beispiel die Ängste der Kinder, dass nach einer Entwöhnungsbehandlung der abhängige Elternteil wieder mit dem Trinken anfängt. Meiner Ansicht nach ist es wichtig, dass die Kinder einen Ort und einen Ansprechpartner für ihre Sorgen und Ängste haben. So einen Ort bietet z.B. unsere Gruppe »Das sind wir«: Die Kindern können hier in einer beschützten Umgebung offen über ihre Erfahrungen in einer suchtbelasteten Familie reden (siehe den Beitrag von Dirk Bernsdorff, »Die vergessenen Kinder«). In diesem Zusammenhang ist es wichtig, die Eltern zu ermutigen, sich in ihrer Behandlung darüber Gedanken zu machen, welche Auswirkungen die Sucht auf ihre Kinder hat. Diesen Schritt können sie nicht den Kindern überlassen, sondern sollten selbst aussprechen, was passiert ist.

Welche Strukturen gibt es für die Zusammenarbeit von Suchthilfe, Jugendhilfe und anderen Institutionen?

Bernsdorff: Wir haben im Kreis Altenkirchen ein so genanntes Trägernetz für Kinder aus suchtbelasteten Familien aufgebaut. Verschiedene Träger von Hilfeeinrichtungen wie das Diakonische Werk, die Caritas, die örtliche Fachklinik für suchtkranke Frauen, der Kinderschutzdienst, das Jugendamt und die Lebensberatungsstellen für Kinder, Jugendliche und Erwachsene haben sich zu diesem Trägernetz zusammengeschlossen, wobei die Koordination durch das Kreisjugendamt erfolgt. Das Trägernetz trifft sich etwa alle acht Wochen zum fachlichen Austausch sowie zur Planung und Durchführung von gemeinsamen Aktivitäten. Die Bedeutung des Trägernetzes liegt in der koordinierten Zusammenarbeit von verschiedenen Institutionen und Selbsthilfegruppen, die in ihrer Arbeit mit betroffenen Kindern zu tun haben. Gleichzeitig wird die Arbeit des Trägernetzes vom Rheinischen Institut für angewandte Suchtforschung, vertreten durch Prof. Dr. Michael Klein und Dr. Martin Zobel, wissenschaftlich begleitet. Bisher gab es eine Reihe von Projekten (Arbeit mit Pflegefamilien, Fortbildungen, Selbsthilfetag, Fachtagung), bei denen Jugendhilfe und Suchthilfe erfolgreich zusammengearbeitet haben.

Was ist aus Ihrer Sicht in der Zusammenarbeit mit dem Jugendamt zu beachten?

Bernsdorff: Ich denke, die Zuständigkeiten von Suchthilfe und Jugendhilfe müssen klar und transparent sein. Es ist daher aus meiner Sicht notwendig, die einzelnen Arbeitsfelder klarer als bisher zu umreißen und auch voneinander abzugrenzen. Es muss viel klarer werden, was bei der Hilfe für Kinder aus alkoholbelasteten Familien Aufgabe der Suchtberatung und was Aufgabe der Jugendhilfe ist und auf welcher Grundlage eine Zusammenarbeit erfolgen kann. Die Zusammenarbeit kann dann schwierig werden, wenn für die betroffenen Familien diese Abgrenzungen nicht transparent werden. Es ist dabei selbstverständlich, dass Informationen von der Suchtberatung an das Jugendamt und umgekehrt nur mit Wissen und Zustimmung der Eltern weitergegeben werden.

Sehr hilfreich ist dabei das persönliche Kennenlernen der jeweiligen Mitarbeiterinnen und Mitarbeiter. Dies schafft einen ganz neuen Zugang und hilft, auch die Position der »anderen

Seite« zu sehen und zu verstehen. Durch häufigere gemeinsame Gespräche können manche Vorurteile und Missverständnisse abgebaut werden. Ein Vorurteil ist beispielsweise immer noch weit verbreitet: Das Jugendamt reagiert nicht, reagiert zu wenig oder wartet zu lange. Hier ist es wichtig zu wissen, welche konkreten Möglichkeiten die Mitarbeiterinnen und Mitarbeiter im Jugendamt haben und wie ihr täglicher Arbeitsablauf aussieht. Beispielsweise, welche juristischen Argumente im Einzelfall abgewogen werden müssen und welche Schwierigkeiten auftreten können. Manche Entscheidung des Jugendamtes wäre für uns besser nachzuvollziehen, wenn es mehr Austausch und mehr Kommunikation gäbe.

Holtorf: Ja, dem kann ich vorbehaltlos zustimmen. Durch einen informellen Austausch entsteht sicherlich ein ganz anderes Bild vom Gegenüber. Ich möchte das genannte Vorurteil einmal aufgreifen: Das Jugendamt reagiert nicht oder wartet zu lange. Offen gestanden ärgert es uns natürlich, wenn bestimmte Entscheidungen nach außen so ankommen. Denn es erfolgen in allen Fällen etliche Beratungsgespräche, in denen wir den Familien immer wieder Angebote zur Unterstützung machen. Wir belassen es dabei nicht bei einem oder mehreren Versuchen, sondern geben den Familien immer noch eine letzte Chance, die Krise mit unserer Hilfe zu meistern. In manchen Fällen funktioniert das, in anderen nicht. Ab einem gewissen Punkt müssen wir aber im Sinne des Kindeswohls handeln, da wir nicht bis zum Tag X warten können. Nach außen sieht das dann so aus, als wären wir lange Zeit untätig geblieben und würden dann plötzlich, quasi über Nacht, die Kinder fremdplatzieren. Leider wird von den Betroffenen häufig auch nur ein Teil der Wahrheit weitergegeben, so dass wir schnell in die Rolle des Buhmanns kommen.

Welche konkreten Erfahrungen in der Zusammenarbeit von Suchthilfe und Jugendhilfe gibt es?

Bernsdorff: Ich habe im Bereich der Prävention sehr positive Erfahrungen gemacht, insbesondere in der Arbeit mit Pflegefamilien. Hier finden in Kooperation mit dem Jugendamt regelmäßig gemeinsame Veranstaltungen mit Pflegeeltern und Pflegekindern zum Thema Sucht und Familie statt. Gerade in Pflegefamilien leben ja erfahrungsgemäß viele Kinder aus alkoholbelasteten Familien, die teilweise bereits in der Schwangerschaft der Mutter durch Alkoholkonsum geschädigt wurden. Deshalb führen wir in Altenkirchen für Pflegeeltern Fortbildungen zu den Themen Alkoholembryopathie und Alkoholeffekte (siehe den Beitrag von Hermann Löser) durch und ermöglichen neben der Vermittlung von konkretem Handlungswissen auch den Austausch zwischen Pflegeeltern, Suchthilfe und Jugendhilfe. Über diese Veranstaltungen haben auch einige betroffene Kinder aus Pflegefamilien den Weg in unsere Gruppe »Das sind wir« gefunden.

Weiterhin haben wir in Altenkirchen in Zusammenarbeit von Suchtberatung, Suchtprävention und Jugendhilfe 1999 eine Fachtagung speziell zum Thema »Kinder aus alkoholbelasteten Familien« durchgeführt. Ebenso arbeiten wir zusammen bei der Koordination eines »Tages der Selbsthilfe«, an dem wir eine gemeinsame Veranstaltung planen. Aus diesen Erfahrungen heraus wächst meiner Ansicht nach immer mehr die Erkenntnis, dass wir hier ein gemeinsames Klientel haben, für das wir auch trägerübergreifende Konzepte entwickeln müssen.

In Gesprächen mit den Mitarbeiterinnen und Mitarbeitern des Jugendamtes erkenne ich häufig sehr viel Engagement und Einsatz, erlebe aber auch eine hohe persönliche Arbeitsbelastung. Da bleibt natürlich für einen Austausch mit Kollegen aus anderen Institutionen wenig Zeit, selbst wenn der gute Wille da ist. Vieles ist zwar wünschenswert, aber die konkrete Umsetzung in der täglichen Praxis ist aufgrund der Anforderungen oftmals einfach schwierig zu leisten.

Holtorf: Es freut mich, dass dies so gesehen wird. Für uns sind in der Tat in den letzten Jahren neue Aufgabengebiete zu unserer bestehenden Arbeit hinzugekommen, so dass die Aufgabenbewältigung nicht immer ganz einfach ist. Hinzu kommt, dass das Klientel eine enorm hohe Anspruchshaltung entwickelt hat: Jeder möchte sofort »bedient« werden und sofort einen Termin bekommen. Wenn wir dem nicht nachkommen können, führt dies in der Regel zu starken Verärgerungen.

Oft müssen wir aufgrund eines einzigen Telefongesprächs einschätzen, ob tatsächlich eine akute Gefährdung für ein Kind besteht oder ob die Angelegenheit ein oder zwei Wochen Zeit hat. Wir stehen oft mit dem Rücken an der Wand und können in dem Sinne wirklich nur reagieren. Es ist selten genug Zeit da, um präventiv zu arbeiten und über mehrere Besuche und mehrere Gespräche in den Familien Vertrauensverhältnisse aufzubauen. Neben der Anspruchshaltung des Klientels haben wir auch die Erwartungshaltung der Gerichte zu erfüllen, die zeitnah Stellungnahme-Berichte einsehen möchten. Dies alles kann aber aus meiner Sicht kein Grund sein, die Zusammenarbeit von Jugendhilfe und Suchthilfe zu vernachlässigen. Im Gegenteil müssen wir im Sinne der betroffenen Kinder stärker kooperieren und gemeinsam geeignete Lösungen finden.

Chancen für die Zukunft

»Die Gruppe ist ein Ort, wo ich Kraft und Ruhe finde«
Selbsthilfegruppen für erwachsene Kinder

Arno Winkelmann

»Hi, mein Name ist Arno. Ich bin ein genesendes erwachsenes Kind aus einer Alkoholikerfamilie.« So oder so ähnlich stelle ich mich vor, wenn ich bei einem Al-Anon-Meeting von erwachsenen Kindern bin. Und dann antwortet die ganze Gruppe mit: »Hi, Arno« oder :»Hallo, Arno«. Das ist jedes Mal ein sehr eigenes Gefühl, was mich dann überkommt ...

Auf den folgenden Seiten möchte ich aus meiner Perspektive schildern, was in solchen Gruppen vor sich geht, worüber gesprochen wird und wen man dort trifft. Wie es kam, dass ein Einzelgänger wie ich sich seit über zwölf Jahren einer Gruppe zugehörig fühlt (nicht ohne Probleme), was mich dazu gebracht hat, überhaupt dort hinzugehen und dabeizubleiben! Und nach welchen Regeln diese Gruppen funktionieren. Ich werde auch versuchen, etwas Licht auf die »Zwölf Schritte«, die »Höhere Macht« und den Gelassenheitsspruch zu werfen. Doch beginnen möchte ich mit einem kleinen Ausflug in die Geschichte dieser Gruppen.

Die Selbsthilfegruppe »Anonyme Alkoholiker« (AA) entstand nach der Trennung einer kleinen Gruppe von Alkoholikern um Bill Wilson und Dr. Bob Smith von der so genannten »Oxford Group« im Jahr 1937 und wurde offiziell 1938 in den USA gegründet. Dies war eine Gruppe von 40 Alkoholikern, die alle einen gemeinsamen Wunsch hatten: nicht mehr zu trinken. Im Verlauf der folgenden Entwicklung entstand das so genannte Programm der AA. Zunächst die zwölf Schritte, dann die zwölf Traditionen und die Prinzipien, nach denen bis heute alle AA-

Gruppen in der ganzen Welt arbeiten. Die Geschichte der AA ist eine wahre Erfolgsstory, so gibt es in New York allein über 1.500 Meetings täglich rund um die Uhr. An dieser Stelle möchte ich lediglich erwähnen, dass es mittlerweile eine ständig wachsende Zahl der verschiedensten A-Gruppen, je nach Problembereich, gibt. Beispielsweise Gruppen zu Drogenabhängigkeit, Essstörungen, Beziehungssucht, Spielsucht, Arbeitssucht, Sexsucht, Co-Abhängigkeit etc.

Die Selbsthilfegruppe Al-Anon für die Angehörigen und Freunde von Alkoholikern wurde ebenfalls in den Vereinigten Staaten im Jahre 1951 gegründet. Waren dort zunächst im Wesentlichen die Partner von Alkoholikern, später, wie der Titel sagt, Angehörige und Freunde zu finden, bildete sich später auch eine spezielle Gruppe für junge Menschen, Alateen genannt. Hier treffen sich hauptsächlich Teenager bis 18 Jahren. Heute gibt es in 115 Staaten über 26.000 Al-Anon/Alateen-Gruppen, die sich regelmäßig treffen.

In den 80er Jahren wurde, auch aufgrund der ausführlichen Berichterstattung in den Medien, die Gruppe und Bewegung der »Erwachsenen Kinder von Alkoholikern« in den USA ein Massenphänomen. 1984 wurden die »Adult Children of Alcoholics« (ACA) gegründet und parallel die Al-Anon-Gruppe der erwachsenen Kinder. Beide Gruppen arbeiten nach den zwölf Schritten, gleichwohl gibt es Unterschiede. Er besteht hauptsächlich in der zugelassenen Literatur. Während bei den Al-Anon-Gruppen nur Bücher, Broschüren und Ähnliches erlaubt sind, die von der Konferenz der Mitglieder autorisiert wurden, können bei der ACA-Gruppe auch andere Quellen, beispielsweise von Therapeuten verfasste Bücher, hinzugezogen werden.

Ende der 80er Jahre gründeten sich die ersten Gruppen in Deutschland. Auch hier gibt es beide Gruppierungen. Die eine nennt sich »Erwachsene Kinder aus suchtkranken Familien«, die andere, mit über 60 Meetings zahlenmäßig größere, über die ich im Folgenden reden möchte: Al-Anon/Erwachsene Kinder von Alkoholikern. Eine aktuelle Liste dieser Meetings findet sich im Internet unter: http://www.al-anon.de/plzerwki.htm oder kann beim Hauptbüro von Al-Anon in Essen erfragt werden.

Struktur der Meetings

Die Meetings, also die Gruppentreffen, finden in der Regel wöchentlich statt. Sie beginnen meist zwischen 17.00 und 20.00 Uhr und dauern 1 ½ bis 2 Stunden. Da es keine feste Mitgliedschaft gibt, ist auch die Gruppengröße variabel und schwankt mitunter sehr stark. Die durchschnittliche Anzahl der Teilnehmer an einem Meeting liegt zwischen 8 und 15. Die Räume dafür werden häufig von Kirchen, Gemeindezentren und auch schon mal von Krankenhäusern zur Verfügung gestellt.

Es gibt keine professionellen Helfer, also z.B. Sozialarbeiter oder Therapeuten, jedes Mitglied ist völlig gleichberechtigt. Die Gruppen organisieren und unterhalten sich selbst. So kommt es, dass in manchen Meetings irgendeiner beginnt, während in anderen der »Leiter« das Meeting eröffnet. In einigen Meetings wird streng auf die Einhaltung der »Regeln« geachtet, andere handhaben das eher locker. In den meisten Gruppen ist der Anteil der Frauen deutlich höher als der der Männer.

In einer typischen Gruppe sind die Aufgaben oder Dienste verteilt. Grundsätzlich sollte jeder nur solche Aufgaben übernehmen, mit denen er nicht das verstärkt, was für ihn eine der Bewältigungsstrategien in seiner Familie war. In meinem Fall bedeutet das, dass ich nicht die »Leitung« übernehme, da ich in meiner Familie die Rolle des Vaters zu spielen hatte und versuchte, immer alles unter Kontrolle zu halten. Stattdessen würde ich eher einen Dienst wählen, der mir erlaubt, etwas zu üben, was ich vielleicht nicht so gut kann und wo es eher auf Absprache und Zusammenarbeit ankommt. Das Wort »Dienste« könnte einen dazu verleiten, zu glauben, es gehe hier um gewichtige Posten, aber es handelt sich um ganz simple Aufgaben: Wer kümmert sich um den Schlüssel für den Raum, legt die Literatur aus und verwaltet die Spendenkasse (kein Kassenbuch – nur aufbewahren und zählen), wer eröffnet das Meeting, wer achtet auf die Wortmeldungen und wer beendet das Meeting. Diese Dienste werden nur kurzfristig übernommen; so wird vermieden, dass Funktionen fest mit Personen verbunden sind. Ist das Meeting zu Ende, kann etwas Geld für den Erhalt der Gruppen gespendet werden, neue Mitglieder werden angehalten, die ersten drei Mal nichts zu geben.

Ablauf eines Meetings

Bei Beginn jeden Meetings werden zunächst die zwölf Schritte, oft auch die zwölf Traditionen sowie die Präambel vorgelesen. Danach erklärt jemand, oft der »Leiter«, die »Regeln«, insbesondere wenn es Personen gibt, die zum ersten Mal dabei sind.

Oberstes Gebot ist die Anonymität. Nichts von dem, was in den Gruppen besprochen wird, darf nach außen getragen werden, mit Ausnahme dessen, was man selbst gesagt hat. In den Gruppen duzt man sich und stellt sich lediglich mit dem Vornamen vor.

Es gibt drei oder auch vier Runden, in denen jeder Gelegenheit hat, etwas zu sagen. Die Beiträge sollen nicht zu lang sein, so dass jeder, der will, etwas beitragen kann. Geht es jemandem nicht so gut und er oder sie benötigt mehr Zeit, ist das aber völlig in Ordnung. Erstaunlicherweise gibt es hierbei sehr selten Probleme, da jeder aus eigener Erfahrung bestens weiß, in welchen Krisen erwachsene Kinder mitunter stecken. Für alle Runden gilt, dass jeder etwas sagen kann, aber nicht dazu verpflichtet ist. In der ersten und letzten Runde, die oft »Blitzrunde« genannt wird, ist Gelegenheit, sich auf seine momentane Befindlichkeit zu konzentrieren. In ein oder zwei Sätzen sagt man, wie man sich gerade fühlt. Möchte man nichts sagen, so stellt man sich kurz mit seinem Vornamen vor und sagt: »Ich passe.« Die ganze Gruppe antwortet dann mit: »Danke, (Vorname).«

Das mutet auf den ersten Blick eigenartig an. Der tiefere Sinn dahinter ist aber der, dass auch die bloße Anwesenheit anerkannt wird und dass die Gruppe kein Ort ist, wo »etwas gebracht werden muss«, sondern wo sich jeder als Teil der Gruppe respektiert fühlen darf. Dieses vielleicht etwas starr anmutende Ritual hat seinen Grund auch in der Tatsache, dass in Suchtfamilien selten etwas stabil und berechenbar ist. So gibt dieses sich ständig wiederholende Geschehen sozusagen ein Gerüst ab, auf das sich jeder verlassen kann.

Sagt man also etwas, dann könnte es folgendermaßen ablaufen: »Hi, ich bin Arno, erwachsenes Kind eines Alkoholikers und einer medikamentenabhängigen Mutter auf dem Weg der Genesung.« Die Gruppe antwortet: »Hi, Arno.« An dieser Stelle gibt es oft was zu lachen, denn immer wieder vergisst jemand, sich zuerst vorzustellen. Dann fällt, ungeachtet dessen, die Begrüßung durch die Gruppe mitten in den ersten Satz. Der könnte wie folgt lauten: »Ich bin gerade sehr aufgeregt und wütend und hoffe, dass es mir nachher besser geht. Ansonsten hatte ich einen guten Tag. Danke.« Die Gruppe sagt: »Danke, Arno«, und dann spricht der Nächste.

Der Sinn dieser Runde liegt in dem Umstand begründet, dass in Suchtfamilien das eigene Gefühl oft nicht zählt, es überhaupt nicht wahrgenommen wird oder auch verschwindet angesichts der dringenden Probleme und Krisen anderer. Ich erinnere mich, dass ich früher oft gar nicht sagen konnte, wie ich mich gerade fühlte; ich hatte keinen rechten Zugang zu mir selbst. Hier haben mir die Gruppen sehr geholfen, mir Raum und Zeit zu geben und zu nehmen, mich zu spüren.

In Abhängigkeit von der Tradition der jeweiligen Gruppe folgen dann ein oder zwei Runden, in denen zunächst jeder Gelegenheit hat, über das zu reden, was ihm auf der Seele brennt, wie die Woche war usw. Danach oder stattdessen werden Themen aus der Gruppe heraus vorgeschlagen. Sie könnten lauten: Umgang mit dem noch nassen Abhängigen, Beziehungen, Vertrauen, Ehrgeiz, sich Zeit für sich nehmen, gut zu sich selbst sein, Wut, Trauer, Krisen selbst erzeugen, sich nicht austricksen, Dinge aufschieben, Ruhe finden, Gott, die jeweiligen Schritte (1 bis 12), der Gelassenheitsspruch. Die Möglichkeiten sind unbegrenzt. Die Gruppe einigt sich auf ein Thema und danach sagt jeder, was ihm dazu einfällt. Die Verbindlichkeit der Themenvorgabe ist von Gruppe zu Gruppe unterschiedlich.

Hierbei gibt es weitere »Regeln«, die vielen zunächst sehr seltsam vorkommen, die aber für den Prozess der eigenen Genesung und den Erfolg der Gruppen entscheidend sind. Nie wird ein Beitrag kommentiert oder auf den Vorredner reagiert, direkte Erwiderungen und auch Ratschläge sind tabu. Oft reagieren erwachsene Kinder auf andere, anstatt zu spüren, was sie selbst wollen. Viele sind zwanghafte Retter, die immer glauben, wissen zu müssen, was zu tun ist. Wären derartige Erwiderungen erlaubt, würden sich solche Menschen bei ihrem Beitrag überlegen, wie sich ein Ratschlag einflechten ließe, und nicht mehr über das reden, was ihnen wichtig ist. Viele haben ein schwaches Selbstwertgefühl und ertragen Kritik nur schlecht, würden also ihren Beitrag unter Umständen so formulieren, dass er »gut ankommt«. Viele bewerten ständig, was sie tun – sie leben sozusagen mit einem Monitor neben sich –, und ziehen auch eine positive Betätigung daraus, anderen helfen zu können. Viele fühlen sich erst dann gut, wenn sie Anerkennung von außen bekommen, und manche sind versucht, andere zu kritisieren oder immerfort weiterzudiskutieren und so eher auf den Kopf zu hören als auf die eigenen Gefühle. Dies alles wird dadurch unterbunden, dass es keine Antworten, keine Reaktionen auf den eigenen Beitrag gibt außer »Danke«. Diese »Schutzfunktion« ist sehr gewöhnungsbedürftig, aber außerordentlich hilfreich.

In der letzen Runde spricht man darüber, wie man sich am Ende des Meetings fühlt. Danach wird gemeinsam der Gelassenheitspruch gesagt und das Meeting ist beendet.

Es gibt verschiedene Formen von Meetings. Bei den »offenen Meetings« können auch Personen kommen, die zu anderen Gruppen gehören oder einfach mal sehen wollen, was da geschieht. Bei den »Arbeits-Meetings« wird über das Funktionieren der Gruppe, die Selbstverwaltung und die Dienste geredet. Bei den »Schritte-Meetings« ist einer der zwölf Schritte Thema. Bei den seltenen »Speaker-Meetings« spricht einer über seine Geschichte und seine Erfahrungen auf dem Wege der Genesung. Manchmal schlägt jemand ein »Nach-Meeting« vor, d.h., man geht gemeinsam irgendwohin und trinkt Tee oder Kaffee oder auch ein Bier. Hier ist dann Gelegenheit, über andere Dinge zu reden oder auch konkrete Ratschläge zu erbitten, wenn man sie will. Viele Gruppen haben auch Telefonlisten, wo sich diejenigen eintragen, die zu Telefonkontakten bereit sind.

In manchen Gruppen gibt es »Sponsoren« (bei den AA üblich), wenngleich selten, auch weil diese Bewegung in Deutschland noch vergleichsweise jung ist. Sponsoren sind Personen, die schon länger im »Programm« sind, wie man sagt, also über langjährige Erfahrungen verfügen und sich bereit erklären, anderen Mitgliedern zur Seite zu stehen. Sie sind keine Ersatztherapeuten, sondern beziehen sich in ihrer Hilfe immer auf ihre eigenen Erfahrungen und die Hilfestellungen, die sich aus den zwölf Schritten ergeben. Sie können zu jeder Tages- und Nachtzeit angerufen werden.

Die zwölf Schritte, die »Höhere Macht« und der Gelassenheitsspruch

Es würde den Rahmen dieses Artikels sprengen, die Schritte und den Gelassenheitsspruch im Einzelnen zu erläutern, so sollen einige Bemerkungen dazu genügen. Die Schritte bilden die

Grundlage des Programms aller Gruppen. Betrachtet man sie genauer, so fallen zunächst zwei Besonderheiten auf. Es wird immer im Plural gesprochen: »*Wir* gaben zu, machtlos über Alkohol zu sein, machten eine Liste von all den Personen, denen *wir* Schaden zugefügt hatten, suchten durch ... Meditation *unseren* ... Kontakt zu Gott, wie *wir* ihn verstanden ...« Hierin zeigt sich, dass der Weg der Genesung, wie es in den Gruppen genannt wird, keine Sache eines Einzelnen ist, sondern dass der Weg gemeinsam beschritten werden muss; es geht nur mit der Hilfe anderer Menschen. Des Weiteren wird nicht davon gesprochen, was man tun will oder jetzt gerade macht, sondern es wird schon in der Formulierung offenbar, dass der Weg ein Prozess ist, der bereits begonnen wurde. »Wir *gaben* zu ..., *kamen* zu dem Glauben ..., *machten* eine ... furchtlose Inventur ..., *nachdem* wir ein spirituelles Erwachen gehabt hatten ...« Hier wird eine Brücke geschlagen zwischen dem, was schon geleistet ist, und dem, was noch zu tun ist.

Nach meiner Überzeugung stellen die Schritte ein Programm der Restaurierung von Beziehungen dar – zu sich selbst (Schritte 1, 4, 5, 10), zu den Mitmenschen (Schritte 8, 9, 10, 11) und zur »Höheren Macht« (Schritte 2, 3, 5, 6, 7, 11).

Was uns zu einem schwierigen Kapitel bringt. Für viele ist dieser Begriff der »Höheren Macht« sehr problematisch, und ich will auch nicht so tun, als könnte ich dieses Problem an dieser Stelle lösen. Es war die feste Überzeugung der Gründer der AA, dass das Problem des »Spiritus«, des Alkohols, letztlich nur durch den »Spirit«, also einer Art »göttlicher Erfahrung«, dauerhaft zu bewältigen sei. Wobei sich die Gründungsväter als sehr liberal zeigten. Es geht um eine höhere Macht, die nicht konfessionell ist. Es kann also der Schöpfer sein, Gott, Buddha, die Natur, andere Menschen, je nach Überzeugung und Sichtweise des Einzelnen. »Gott, wie wir ihn verstanden« heißt es an einer Stelle. Und für hartnäckige Atheisten gibt es einen legendären

Spruch in den A-Gruppen: »Tu so als ob«, und den Hinweis: »Es ist völlig egal, woran du glaubst, wichtig ist, keiner schafft es allein«. Ich erinnere mich noch sehr genau, wie ich gerade diesen Punkt als völlig überflüssig betrachtete, ja sogar als schädlich empfand. Doch meine persönliche Erfahrung hat mich eines Besseren belehrt.

Der Gelassenheitsspruch basiert auf ein Gebet aus dem Mittelalter, von dem der erste Vers verwendet wird. Er kann als eine Kurzbeschreibung und Handlungsanweisung für eine erfüllte Lebensführung gelten.

1. Man soll die Dinge akzeptieren, die man nicht ändern kann. So ist der Umstand, dass ein Elternteil süchtig war oder ist, nicht mehr zu ändern.

2. Die Dinge ändern, die man ändern kann. Diese Erfahrungen versuchen aufzuarbeiten und sich aus einer eventuell vorherrschenden Opferrolle zu befreien, sich unabhängig vom Zustand des Abhängigen machen.

3. Die Weisheit finden, das eine vom anderen zu unterscheiden. Das ist der wirklich schwierige Teil für die meisten Menschen. Was muss ich hinnehmen und was soll oder kann ich verändern?

4. Da es ein Gebet ist, wird zu Beginn Gott gebeten, einem diese Gelassenheit zu geben. Damit ist im Kontext der AA die »Höhere Macht« gemeint und auch, auf die eigene innere Stimme zu hören.

Albert Ellis, der berühmte amerikanische Therapeut und Begründer der rational-emotiven Verhaltenstherapie, sagte mir zu dem Gelassenheitsspruch einmal, er sei eine gute Kurzformel für die Lehren seiner Therapie, aber er würde auch genauso gut ohne »Gott« anwendbar sein. Nun, das muss jeder für sich selbst entscheiden.

Meine persönliche Erfahrungen

Ich kann hier nicht darüber reden, was andere in Gruppen gesagt haben, das verbietet die Regel der Anonymität, so möchte ich von mir erzählen.

1988 hörte ich ihm Rahmen meiner Ausbildung in den USA einen Vortrag zum Thema »Struktur der Suchtfamilie«. Ich war wie vom Donner gerührt. In nur 30 Minuten wurde mir auf einmal klar, was mit mir und meiner Familie passiert war. Zum damaligen Zeitpunkt war in Deutschland noch nicht so viel über die gegenseitigen Verstrickungen in einer Suchtfamilie bekannt und in meiner eigenen Therapie wie auch in meiner Ausbildung zum Psychologen war dies nie ein Thema gewesen. Diese Erfahrung und der Umstand, am Betty-Ford-Center zu arbeiten, wo die zwölf Schritte und AA und Al-Anon integraler Bestandteil der Therapie sind, führten mich zu der Selbsthilfegruppe. Aber ausschlaggebend war, dass ich merkte, wie sehr mich meine Erfahrung isoliert hatte und wie dringend ich Unterstützung wollte von anderen, denen es genauso ging wie mir. Ich wollte darüber reden und mir klar werden, was mit mir geschehen war und was ich ändern konnte.

Zurück in Deutschland las ich eine Anzeige in der Zeitung »Kraft und Hoffnung durch die Selbsthilfegruppe der EKA« und wurde dann eines der ersten Mitglieder. Waren wir zu Beginn noch eine sehr kleine Gruppe, so wuchs sie in der Folge sehr schnell und bis heute finden in dieser mittelgroßen Stadt wöchentlich zwei Meetings statt.

Anders als die meisten, die zum ersten Mal zu einem Meeting gehen, war ich etwas vorbereitet. Dennoch war ich sehr nervös. Was würde da passieren, worüber sprach man dort, gehörte ich überhaupt dazu, würde ich mich öffnen können, gab es nette Leute und würden sie mich überhaupt aufnehmen? All meine Sorgen waren unbegründet. Es waren ganz normale Menschen im Alter zwischen 18 und 45. Sie kamen und kommen aus allen

Gesellschaftsschichten und Berufen. Es waren in der Mehrzahl Frauen, und alle waren sehr nett. Ich fühlte mich sehr schnell dort aufgehoben und entschied mich, egal was passieren würde, keinen Termin ausfallen zu lassen.

Das war eine gute Entscheidung, denn ich hatte zu dieser Zeit große Probleme mit meiner Familie und meiner Lebenssituation. Der einzige Ort, wo ich Ruhe fand und zur Besinnung kam, war das Meeting am Freitagabend. Allein das Zusammensein mit Menschen, denen ich nicht erklären brauchte, was mit mir los war, die alles aus eigener Erfahrung so oder so ähnlich kannten, gab mir Kraft. Die Geschichten, die sie erzählten, die Berichte über ihre Erlebnisse, ihr Verhalten und die wahren Gefühle, die sie dabei hatten, brachten mir viele neue Erkenntnisse. Ich erkannte Verhaltensweisen und Reaktionen von mir selbst in ihren Beiträgen wieder, konnte neue Verbindungen zwischen meinem aktuellen Verhalten und den Problemen, die ich hatte, und deren Ursachen sehen. Im Laufe der Zeit erinnerte ich auch mehr und mehr Einzelheiten aus meiner Kindheit und Jugend, vieles, was ich längst vergessen wähnte, und konnte so die Zusammenhänge mit meiner aktuellen Situation immer besser begreifen.

Sehr geholfen hat mir, dass wir eine Leiterin hatten, die sehr auf die Einhaltung der Regeln achtete, denn ich war sehr versucht, allen gute Ratschläge zu geben, obwohl ich selbst kaum zurechtkam. Allein das Gefühl, sagen zu können, was ich wollte, mochte es klar oder verworren sein, distanziert oder tränenreich, einsichtsvoll oder nur hilflos, und immer ein »Danke, Arno« zu hören, war ungemein hilfreich und erleichternd.

Ich möchte ein Beispiel geben, das zu erzählen mir damals sehr peinlich war. Ich bin der älteste Sohn meiner Eltern und eine meiner Strategien, das häusliche Dilemma zu bewältigen, war Anerkennung durch Leistung. Ich hatte einen unbändigen Ehrgeiz, immer wollte ich gewinnen. Es war sehr anstrengend. An diesem Abend lautete das Thema »Ungezwungen sein«. Zunächst fiel mir nichts dazu ein, außer dass ich meist sehr ernst war. Dann erinnerte ich mich an ein Erlebnis vom Wochenende zuvor. Ich reparierte gerade mein Fahrrad, als ein kleines Mädchen kam und fragte: »Onkel, wollen wir spielen?« Ich war überrascht und sagte: »Klar.« Dann gingen wir auf den nahe gelegenen Schulhof und spielten Hüpfen. Als ich darüber in der Gruppe sprach, war ich zuerst sehr froh, denn ich konnte etwas zum Thema sagen, dann wurde mir aber plötzlich klar, was außerdem noch beim Hüpfen passiert war – ich erinnerte mich, dass ich weiter als das kleine Mädchen springen wollte. So tief saß dieser Ehrgeiz, dieses Besser-sein-Wollen, dass ich sogar weiter springen musste als ein siebenjähriges Mädchen. Ich war furchtbar erschrocken über mich und dann ängstlich, was die andern dazu sagen würden. Sie sagten: »Danke, Arno.«

Im Laufe der Jahre sind mir immer wieder Dinge klar geworden und viele der Probleme, die ich damals hatte, sind heute Geschichten. Doch die Gruppe ist ein Ort geblieben, wo ich mich mit mir auseinander setzen kann, wo ich immer wieder Kraft und Ruhe finde. Wo sich meine eigenen Wahrnehmungen bestätigen oder schärfen. Wo ich auf neue Ideen komme. Wo ich nicht perfekt sein muss. Wo ich Menschen treffe, denen ich vertrauen kann und die mir vertrauen. Ein Ort, wo ich beschützt bin – auch durch die Regeln, egal wer gerade in der Gruppe ist und an welchem Ort sie auch stattfinden mag.

Negative Erfahrungen habe ich in den Gruppen nie gemacht. Natürlich, es kommt vor, dass ich Menschen begegne, mit denen ich sonst nichts zu tun haben wollte oder die mich ärgern. Doch das ist eine gute Übung. Und der Gelassenheitsspruch hilft auch. Im Gegenteil, ich blicke auf viele positive Erfahrungen zurück. Es gab Momente, wo mich der Umstand rettete, dass in den Gruppen eine Atmosphäre der Ehrlichkeit und des Verständnisses herrscht. Wo ich mir selbst etwas vorgemacht hatte und lange Zeit vor einem Problem davongelaufen war. Als ich es nicht mehr ertrug und es ansprach, löste sich der Knoten und ich konnte es anpacken.

Viele, die zum ersten Mal zu einem Meeting gehen, haben Angst, es könne sich um eine Art Sekte handeln, bei der man Gefahr läuft, indoktriniert zu werden. Wo man jammert und über die bösen Eltern schimpft. Wo einem gesagt wird, was zu tun ist. Wo andere Lösungen parat haben. So ist es nicht. Es ist eine Chance, sich zu finden, und auch ein Stück Heimat.

»Danke, lieber Leser.«

Sex & Drugs & Alkohol oder »Jetzt bin ich auch noch schwanger!«

Helga Dilger

Frau A., 27 Jahre alt, ist im fünften Monat schwanger. Sie ist bereits Mutter einer zehnjährigen Tochter. Als sie ihre Tochter bekam, war sie 17 Jahre alt: »Das habe ich so gewollt ... Ich wollte immer schon weg ... Bei uns ist eigentlich immer nur gebrüllt worden ... Mein Vater war sowieso fast jeden Tag betrunken.« Frau A. »fliegt zu Hause raus« und ist zumindest damit glücklich. Mit dem Kind ist es sehr schwer, es weint viel, das Geld ist knapp, sie hat mit der Kleinen nur ein Zimmer. Der Kindsvater ist ebenfalls völlig überfordert. Er trinkt (hat er vorher auch schon getan ...) und Frau A. fängt an mitzutrinken. Die Beziehung ist bald kaum mehr haltbar, Frau A. sucht Halt im Alkohol. Sie schafft es, trotzdem zu arbeiten, und ist auf ihrer Arbeitsstelle sehr beliebt. Allerdings muss sie inzwischen auch entsprechende Medikamente einnehmen, damit sie die Arbeit noch schafft. Ihr Partner (ver-)braucht durch seine Abhängigkeit sehr viel Geld, so kommt bald ein »Begleitservice« und schließlich die Prostitution dazu. Parallel dazu erhöht sich ihr eigener Alkoholkonsum immer mehr, so dass sie bald täglich zwei Flaschen Rotwein trinkt. Als Frau A. nun erneut schwanger wird, dies ihrem Partner mitteilt und auch nicht mehr »anschaffen« gehen will und kann, möchte dieser keinen Kontakt mehr zu ihr.

Nach Schätzungen der Deutschen Hauptstelle gegen die Suchtgefahren (DHS) lebt in Deutschland ca. eine Million alkoholabhängige Frauen im gebärfähigen Alter. Jedes Jahr kommen durch Alkohol in der Schwangerschaft etwa 2.200 Kinder mit dem Vollbild der Alkoholembryopathie zur Welt. Weitere 10.000 Kinder zeigen nicht die volle Ausprägung, leiden aber an den so genannten Alkoholeffekten, die sich in Verhaltensstörungen und Intelligenzminderungen zeigen. Darüber hinaus leben in Deutschland schätzungsweise 30.000 Frauen im gebärfähigen Alter, die abhängig von illegalen Drogen sind (vgl. Drogeninfo: Alkohol und Schwangerschaft der DHS, siehe auch den Beitrag von Hermann Löser).

Vor diesem Hintergrund entstand 1990 in Freiburg das Modellprojekt »Arbeit mit Kindern von Suchtkranken« (MAKS). Träger des Projektes ist die Arbeitsgemeinschaft für Gefährdetenhilfe und Jugendschutz in der Erzdiözese Freiburg e.V. (AGJ). Die AGJ ist ein katholischer Fachverband und Träger eines Verbundnetzes von ambulanten und stationären Einrichtungen der Gefährdetenhilfe, insbesondere der Suchtkranken- und der Wohnungslosenhilfe. MAKS versteht sich als spezielles ambulantes Angebot für Kinder und Jugendliche von Suchtkranken und seit circa fünf Jahren auch als Angebot für von Alkohol-, Medikamenten- und illegalem Drogenkonsum betroffene schwangere Frauen (AMS).

Frau A. findet den Weg zu MAKS über ein Freizeitangebot, das ihre zehnjährige Tochter regelmäßig wahrnimmt. Die Tochter fällt dort zunehmend auf. Sie zieht sich immer mehr zurück, traut sich nichts mehr zu, wirkt weinerlich und ist gleichzeitig sehr aggressiv. Angeblich hat sie einer Freundin gegenüber geäußert, sie möchte von zu Hause weglaufen oder doch weglaufen, um ihren Vater zu suchen. Frau A. hat Angst vor eventuellen Auswirkungen der Suchtmittel auf ihr Kind und Angst vor gesellschaftlicher Ächtung. Diese Angst vor einer Stigmatisierung verhindert, dass Frau A. bisher ihrem Arzt gegenüber offene Fragen zur Wirkung von Suchtmitteln auf das ungeborene Leben stellen konnte. Sie hatte auch schon einen Termin für einen Schwangerschaftsabbruch, den sie aber dann doch nicht wahrnahm.

Eine von uns selbst durchgeführte Befragung an 120 suchtmittelabhängigen Schwangeren (Alkohol, Medikamente, illegale Drogen) machte Folgendes deutlich:

⊙ Lediglich 17 % der befragten Frauen gaben an, von ihrem Frauenarzt oder ihrer Frauenärztin auf einen eventuellen Konsum von Suchtmitteln angesprochen worden zu sein, obwohl die Aufklärung über die Schädigung von Suchtmitteln im Mutterpass vorgesehen ist.

⊙ Etwa der Hälfte (47 %) gelang es, von sich aus bei ihrem Frauenarzt oder ihrer Frauenärztin ihren Suchtmittelkonsum anzusprechen. Angst, eine hohe Hemmschwelle oder auch erlebter Zeitdruck während der ärztlichen Untersuchung waren die Motive, die die Frauen davon eher abhielten. Andere Gründe, die noch genannt wurden, waren, dass die Abhängigkeit verdrängt oder nicht wahrgenommen wurde oder auch die Angst, »ein striktes Verbot von Suchtmitteln zu bekommen«. Da das Offenlegen oder Ansprechen eines Suchtmittelkonsums gerade während der Schwangerschaft besonders wichtig ist, um die angezeigte medizinische Betreuung für Mutter und Kind zu gewährleisten, zeigt sich gerade im gynäkologischen Bereich die Notwendigkeit, Frauen besser zu informieren und die

Ärzte für das mögliche Suchtproblem ihrer Patientinnen zu sensibilisieren. Denn nicht selten sind Frauenärzte und Frauenärztinnen die ersten und auch einzigen Anlaufstellen, mit denen schwangere Konsumentinnen in Kontakt kommen.

⊙ Weniger als 50 % der Frauen gaben an, in ihrem direkten sozialen Umfeld Unterstützung während der Schwangerschaft erhalten zu haben, sei es durch den Ehemann oder Partner, die Herkunftsfamilie oder Freunde und Freundinnen. Circa 20 % der Frauen fühlten sich durch Personen oder Institutionen im sozialen bzw. sozialtherapeutischen Bereich unterstützt, z.B. Geburtsvorbereitungskurs, Drogenberatung, MAKS, Mutter-Kind-Einrichtung, Mutter-Kind-Projekt, Suchtberatungsstelle, Therapie, Sozial- und Jugendamt, Nachsorge. Keine oder sonstige Angaben machten die übrigen befragten Frauen. Etwa 10 % äußerten, dass ihnen niemand geholfen habe.

⊙ Unterstützung gewünscht hätten sich die befragten Frauen während der Schwangerschaft im sozialarbeiterischen und auch im medizinischen Bereich. Über 50 % gaben dies für den sozialen Bereich an und mehr als 30 % äußerten den Wunsch nach Unterstützung im medizinischen Bereich.

Insgesamt verdeutlichen diese Antworten eine große Versorgungslücke im sozialen, medizinischen und therapeutischen Bereich. Betrachten wir die Ergebnisse im Hinblick auf medizinisch erhoffte und erlebte Hilfestellung, ist es eine wichtige gesellschaftliche Aufgabe, Frauen, die suchtmittelabhängig sind und »trotzdem« schwanger werden, bedarfsgerecht zu unterstützen. Bei MAKS entstand aus diesen Ergebnissen das Projekt »Arbeit mit Schwangeren« (AMS), auch und gerade um möglichst frühzeitig Kindern von Suchtkranken (und ihren Eltern!) ein Hilfeangebot bereitzustellen.

Unser Projekt entwickelte sich ursprünglich mit einer gewissen Eigendynamik aufgrund unserer Elterngespräche, d.h. über den Kontakt zu den Müttern der MAKS-Kinder. Immer wieder wurde uns in den Erstgesprächen berichtet, dass während der Schwangerschaft Suchtmittel konsumiert wurden, welche Hoffnungen oder auch Befürchtungen mit dem erwarteten Kind bzw. der Schwangerschaft verbunden waren und welche Folgen diese konkret für die Eltern und die Kinder hatte. Es häuften sich konkrete Anfragen nach Unterstützung oder Information und Beratung von Schwangeren, die bereits ältere Kinder bei uns haben oder hatten, oder von Frauen, die eine Frau kannten, die zu uns kam.

So war unser Angebot über einen längeren Zeitraum ein recht »zufälliges«. Wir machten keine Öffentlichkeitsarbeit, sondern reagierten dann, wenn wir angefragt wurden. Schon bald hatten wir einen gewissen Fundus an Schwangerschaftskleidung und Erstlingsausstattung. Bei uns konnte unkompliziert ein Kinderwagen, ein Bettchen oder Kleidung geliehen werden. Wir halfen beim Ausfüllen von Formularen genauso wie mit Informationen zu Geburtsvorbereitungskursen. Selbst bei Anfragen, bei der Geburt dabei zu sein, sagten wir, wenn möglich, zu.

In der Folge unseres zunehmenden Kontaktes mit abhängigen Schwangeren und unserer Sensibilisierung für dieses Thema zeigte sich für uns immer deutlicher, wie wichtig es ist, möglichst frühzeitig, also schon während der Schwangerschaft (und dem Säuglingsalter der Kinder), mit Hilfeangeboten anzusetzen, um notwendige und effektive Unterstützung sowohl im Interesse der Frauen als auch im Interesse der Kinder anbieten zu können. Wir suchten nach Schnittstellen mit anderen Institutionen und stellten Vernetzungen her, immer mit dem Ziel, möglichst frühzeitig Hilfeangebote zu schaffen.

Wir bieten Unterstützung und Begleitung

⊙ bei der Organisation der veränderten Lebenssituation,

⊙ bei der Suche nach entsprechender medizinischer Betreuung,

⊙ bei der Geburtsvorbereitung (in Kooperation mit bestehenden Angeboten zur Geburtsvorbereitung),

⊙ bei Kontakten mit Institutionen, Ämtern und Behörden,
⊙ bei der Perspektivenentwicklung, wie ein »Leben mit Kind«
aussehen könnte.

In den letzten zwölf Monaten hatten wie Kontakt zu insgesamt 13 schwangeren Frauen. Auf eine exakte statistische Auflistung der von uns betreuten Rat suchenden Frau verzichten wir aus Gründen der Vertraulichkeit. Folgendes soll jedoch genauer dargestellt werden (aufgrund zweier telefonisch und anonym abgehaltener Beratungsverläufe ergeben sich in der Summierung jedoch nicht immer dreizehn Fallzahlen):

Das Alter der Frauen lag zwischen 16 und 39 Jahren. Die Mehrzahl der Frauen waren Erstgebärende, die übrigen hatten insgesamt zwölf Kinder im Alter zwischen einem und 15 Jahren. Sechs Frauen befanden sich zum Zeitpunkt der Kontaktaufnahme in einer festen Beziehung mit dem Kindsvater, eine durchlebte gerade die Trennungsphase und vier Frauen waren ohne Beziehung. Was die Wohnsituation betrifft, so lebten vier Frauen mit dem Partner und Kindsvater zusammen, fünf Frauen befanden sich in verschiedenen Formen des betreuten Wohnens, zwei lebten alleine. Die zwölf älteren Kinder verteilen sich gleichmäßig auf diese drei Gruppen. Bezüglich der Substanzabhängigkeit zeigten acht Frauen politoxikomane Konsummuster, fünf Frauen nahmen zum Zeitpunkt der Kontaktaufnahme an einem Substitutionsprogramm teil. Zwei Frauen waren ausschließlich von Alkohol abhängig, drei Frauen suchten Beratung im Hinblick auf ihren Kokain- bzw. Cannabiskonsum.

In den vergangenen Monaten gab es nicht nur einen deutlichen Anstieg in der Anzahl der von uns betreuten Frauen, auch in der konkreten Ausgestaltung der Kontakte ergaben sich neue Perspektiven. Wir sehen dies als Bestätigung und Ermutigung, uns auch weiterhin für diese Zielgruppe einzusetzen.

Zurück zu Frau A. Nachdem ihr in unserem Gespräch allmählich klar wurde, was wir für eine Stelle sind, bringt sie ihre eigene Situation immer stärker ein und ist bereit, sich in ihrer Situation helfen zu lassen. In unserer Teamsitzung kommen wir zu dem Entschluss, Frau A. eine »Doppel-Betreuung« anzubieten. Einmal soll sie als Mutter der zehnjährigen Tochter mit uns Kontakt und Gespräche haben, zum anderen kommt Frau A. mit ihren Sorgen und Ängsten bezüglich ihrer Schwangerschaft zu uns. Die Gespräche finden mit verschiedenen Mitarbeiterinnen und Mitarbeitern, die sich austauschen, statt. Für den Kontakt mit Frau A. als Mutter wurden die üblichen Kontraktbedingungen besprochen und die Tochter kam regelmäßig und sehr gerne in eine unserer Gruppen. Frau A. nimmt unser Angebot, sie während ihrer Schwangerschaft zu begleiten, gerne und überaus offen an. Sie ist selbst in einer alkoholbelasteten Familie aufgewachsen wie fast alle abhängigen Schwangeren, die zu uns kommen. Wenn die Klientinnen und Klienten selber noch sehr jung sind, sind sie auch hin und wieder Kinder von Abhängigen illegaler Drogen.

Wir konnten Frau A. folgende Unterstützung bieten:

⊙ Entlastung durch helfende Gespräche,

⊙ Begleitung bei Behördengängen (Adoption oder Mutter-Kind-Projekt?, Wohnungsamt und Sozial- und Jugendamt),

⊙ Begleitung bei der Besichtigung bzw. der Wahl einer Entbindungsklinik,

⊙ Begleitung zu ihrem Frauenarzt,

⊙ Bereitstellung von hilfreichen Adressen (u.a. Geburtsvorbereitungskurse, Suchtberatungsstellen).

Mit der Unterstützung von AMS gelingt es Frau A., eine gynäkologische Behandlung zu finden, innerhalb der sie sich ernst und angenommen und darüber hinaus kompetent betreut fühlt. Während der Schwangerschaft erlebt Frau A. immer wieder emotionale Schwankungen. Sie macht sich Sorgen über mögliche Geburtskomplikationen, fürchtet, dass das Neugeborene Entzugserscheinungen entwickeln wird. Frau A. nimmt regelmäßig

Gespräche bei uns wahr. Inhalt ist stets ihre Situation bzw. deren Reflexion und eventuelle weitere Schritte. Unter anderem überlegen wir, uns gemeinsam frühzeitig verschiedene Entbindungskliniken anzuschauen, auch um dort bereits ein Gespräch mit dem ansässigen Sozialdienst zu führen.

Inzwischen ist B. geboren und fast ein drei viertel Jahr alt. Frau A. ist mit beiden Kindern in einer frauenspezifischen Suchtklinik. Bei der älteren Tochter steht nach Abschluss der vierten Klasse ein Schulwechsel an, so dass alle drei nach der Therapie einen neuen Start haben werden. Es ist ein langer Weg. Wir meinen, er lohnt sich!

Wenn die Realität zum Alptraum wird – Posttraumatische Belastungsstörungen bei Kindern alkoholkranker gewälttätiger Eltern

Monika Vogelgesang

Entstehung und Erleben

Tobias geht nicht gerne schlafen. Er versucht die Bettgehenszeit so weit hinauszuschieben, bis er sich kaum noch auf den Beinen halten kann, es widerstrebt ihm, die Tageskleidung auszuziehen, und mehr als einmal lässt er Jeans und Pullover auch über Nacht im Bett an. Tobias schließt sich in seinem Schlafzimmer ein, er kann nur bei Licht schlafen. Sein Schlaf ist unruhig, häufig schreit er nachts, flüchtet aus dem Bett oder wacht in Schweiß gebadet auf und braucht einige Zeit, bis er sich wieder mühsam im Hier und Jetzt zurechtfindet. Nacht für Nacht wird Tobias von den gleichen Träumen verfolgt, von Geschichten aus seiner Kindheit, die ein einziger wahrer Alptraum war.

Tobias redet nicht gerne über damals, er versucht auch die Alpträume so schnell es geht im Tagesgeschehen zu vergessen. Er kämpft gegen diese Erinnerungen an, die ihn manchmal regelrecht überfallen, z.B. dann, wenn er einen Erwachsenen beobachtet, der seine Hand gegen ein Kind hebt, oder auch, wenn er Alkohol riecht, einen Betrunkenen sieht.

Wenn Tobias es über sich bringen würde, über seine Alpträume zu berichten, so würde er z.B. von dem einen Traum erzählen, der sich wieder und wieder wiederholt: Tobias ist sechs Jahre alt, in der ersten Schulklasse, er schläft in der zweiten Etage seines Stockbettes, das er mit seinem dreijährigen Bruder teilt. Mitten in der Nacht wird er aus dem Schlaf gerissen, er hört die Schreie seiner Mutter: »Nein, nein, tu's nicht«, das Brüllen seines Vaters: »Wo ist dieses Schwein? Ich werde ihn ummachen«, dabei das Poltern umgestoßener Gegenstände, dann schwere Schritte, die auf seine Zimmertür zukommen.

Der kleine Tobias liegt wie erstarrt, die Zeit scheint stillzustehen, das Blut braust ihm durch den Kopf, er hört das dumpfe, heftige Pochen seines Herzens, ihm ist eiskalt. In diesem Augenblick wird die Schlafzimmertür aufgerissen, das grelle Neonlicht angeknipst. Wie ein rasender Bär stürzt sich der in der Wut völlig entstellte Vater auf das Etagenbett zu. Tobias zieht schnell die Bettdecke über den Kopf, versucht sich im letzten Winkel des Bettes zu verkriechen, aber es gibt kein Entrinnen. Die Decke wird ihm weggerissen, mit einem eisenklammerartigen Griff zerrt ihn der übel nach Alkohol riechende Berserker aus dem Bett und wirft ihn auf den Boden. Irgendetwas kracht in seinem Arm, ein furchtbarer Schmerz breitet sich über den gesamten Körper aus. Aber Tobias hat keine Zeit, sich darauf zu konzentrieren. Unter übelsten Beschimpfungen wirft der Vater nun die Nachttischlampe um, zieht den Stecker aus der Steckdose und schlägt mit dem Kabel auf Tobias ein. Die Lampe zersplittert in tausend Scherben, der kleine Bruder im unteren Stockbett schreit und wimmert, auch er hat sich unter der Bettdecke verkrochen. Die Mutter versucht immer wieder einzugreifen, auch sie wird grün und blau geprügelt. Es ist, als gäbe es keine Vergangenheit und keine Zukunft, die Zeit scheint angehalten worden zu sein, es ist, als ob es auf immer und ewig nur dieses eine gäbe: Angst und Schmerz ...

Tobias ist ein stiller, ängstlicher und schlechter Schüler. Während andere Kinder aus einem harmonischen und geborgenen Zuhause von einem behaglichen Nachtschlaf erfrischt in die Schule kommen, so betritt Tobias verwirrt, geschunden und übermüdet die Schule und entsprechend sind seine Leistungen. Tobias reagiert mit panischer Angst, wenn sein Lehrer einmal nur kurz die Stimme erhebt, die Mitschüler hänseln und verspotten ihn. Es ist gar nicht daran zu denken, jemanden aus der Klasse nachmittags oder auch nur zu Geburtstagsfeiern nach Hause einzuladen. Denn alle wissen: »Dem sein Vater säuft ja.«

Wenn er doch wenigstens die Mutter beschützen könnte oder den kleinen Bruder. Sein Wimmern, ihr Weinen und Flehen hat er ständig in den Ohren. Unaussprechlich, wie er unter den Tränen der Mutter leidet. Er versucht, ihr ein guter Sohn zu sein, sie zu trösten, wo er nur kann. Er hilft ihr sauber machen, er geht für sie einkaufen. Seinen Vater hasst er und hofft, es stimmt, was er da in seiner besoffenen Wut schreit: »Dieses Balg ist nicht von mir!« Wie schön wäre es, wenn dieser da nicht sein Vater wäre. Auf der anderen Seite behauptet der Vater dasselbe auch von dem kleinen Bruder, und dass er dessen Erzeuger ist, das weiß Tobias leider nur zu genau, er hat das alles ja mit ansehen müssen: die Mutter, wieder einmal schreiend am Boden, der Vater vollkommen betrunken über ihr ...

Wenn man sich die Ohren schon nicht verschließen kann, so ist es gut, manchmal wenigstens die Augen zumachen zu können. Manchmal flüchtet Tobias in eine Traumwelt, in der er sich vorstellt, dass alles gut ist. Er lebt dort mit seiner Mutter in einem kleinen Häuschen mitten im Wald, zahme Tiere sind bei ihnen und sie werden von einer guten Fee bewacht. Diese guten Träume helfen dem kleinen Tobias zu überleben.

Die Alpträume des kindlichen Alltags sind inzwischen bei dem erwachsenen Tobias zum alltäglichen Alptraum geworden. Die Wunden, die er damals davongetragen hat, Knochenbrüche, Prellungen, Schnittwunden, sind zwar äußerlich verheilt, in der Landschaft der Seele sind sie immer noch offen, ja sogar vereitert, schmerzen weiterhin. Die Angst verliert sich nicht.

Symptome

Tobias hat durch die Traumatisierungen, die er in seiner Kindheit durch einen gewalttätigen, alkoholkranken Vater erleben musste, eine posttraumatische Belastungsstörung entwickelt. Charakteristisch für das Erscheinungsbild der posttraumatischen Belastungsstörung ist das häufige *Wiedererleben* des ursächlichen Traumas in Form ganz intensiver Sinneseindrücke und Gefühle, so als ob das Trauma erneut durchlebt würde. Typischerweise treten auch stark belastende Wiederholungsträume bezüglich des Traumas auf. Manchmal ist das Wiedererleben so intensiv, dass die Person auch im Wachzustand wie in Trance wirkt und sich wie in der erinnerten Situation verhält. Auslöser für dieses sich aufdrängende, sehr quälende Wiedererleben können Situationen sein, die die betroffene Person in irgendeiner verdeckten oder offenen Weise an das Trauma erinnern oder die es symbolisieren. Die Auslöser sind nicht immer leicht zu identifizieren und insbesondere für den Betroffenen selbst manchmal rätselhaft, so dass ihm sein eigenes Verhalten unerklärlich oder gar verrückt erscheinen mag.

Der Versuch, dieses schmerzliche Wiedererleben des Traumas zu verhindern, führt zu dem zweiten großen Symptomkomplex der posttraumatischen Belastungsstörung, dem *Vermeidungsverhalten*. Es werden nicht nur Orte, Situationen oder Verhaltensweisen vermieden, die den Betroffenen an das Trauma erinnern können, sondern das Vermeidungsverhalten beginnt schon auf einer gedanklichen Ebene: Der Betroffene versucht mit aller Macht, nicht mehr an das schmerzliche Erlebnis zu denken. Dies gelingt jedoch in vielen Fällen nicht, die abgewehrten Erinnerungen überfallen sozusagen den Betroffenen gerade dann, wenn er innerlich am wenigsten auf der Hut ist. Oft werden teufelskreisartig die Erinnerungen umso dranghafter und mächtiger, je intensiver der Betroffene versucht, ihnen auszuweichen – und umgekehrt. Manche Personen sind in besonderem Ausmaß dazu fähig, traumatische Erinnerungen zu vergessen, sie spalten sie sozusagen innerlich ab und deponieren sie in einem Teil des Gehirns, der der bewussten Wahrnehmung normalerweise nicht zugänglich ist. Diese Menschen zeigen für Teile oder für das gesamte Trauma einen Gedächtnisverlust. Das Vermeidungsverhalten führt insgesamt zu einem Erstarren der allgemeinen Reagibilität, zu einem Interessenverlust, zur sozialen Isolation, zur Entfremdung und zu einer verminderten Gefühlswahrnehmung.

Neben dem Wiedererleben des Traumas und dem daraus resultierenden Vermeidungsverhalten gibt es noch einen dritten zentralen Symptomkomplex der posttraumatischen Belastungsstörung. Es handelt sich hierbei um das insgesamt *erhöhte Erregungsniveau*, d.h., die betroffene Person befindet sich in einer ständigen Alarmsituation, in der die Umgebung daraufhin überprüft wird, ob Gefahr droht. Dies kann zu Puls- und Blutdruckerhöhungen, zu Ein- und Durchschlafstörungen, zu einer übertriebenen Schreckhaftigkeit und zu Konzentrationsstörungen führen.

Eine posttraumatische Belastungsstörung kann von einigen Monaten über Jahre bis zu Jahrzehnten andauern. Gar nicht so selten sind wellenförmige Verläufe, wobei sich intensivere Phasen mit eher ruhigen Lebensperioden, in denen die Symptomatik zurücktritt, abwechseln. Erneute ähnliche Traumatisierungen, mangelnde Ablenkung sowie Stress, Ängste und Bedrohung können auch nach langen Jahren der Symptomfreiheit zu einem Wiederaufflackern der Störung führen.

Therapie
Wie kann Tobias nun geholfen werden?

> Natürlich kann man nichts daran ändern, was einmal geschehen ist, aber man kann den Betroffenen dabei helfen, die schrecklichen Erfahrungen zu verarbeiten und die daraus resultierenden, in der Gegenwart vorliegenden Störungen zu reduzieren.

Das Anteilnehmen, Begleiten und Zuhören spielt bei diesen Therapien eine ganz besondere Rolle. Der Aufbau einer vertrauensvollen therapeutischen Beziehung ist von grundlegender Bedeutung für die meist sehr zurückgezogenen Patienten und Patientinnen. Bei den Therapeutinnen sind Empathie und das Respektieren der Grenzen der Patienten gefordert, was sich in einem annehmenden Umgang zeigen sollte, bei dem den Patienten möglichst viel Entscheidungsfreiheit und Wahlmöglichkeiten eingeräumt werden sollten. Dies bezieht sich auf die therapeutische Vorgehensweise und das Arbeitstempo.

Weiterhin muss selbstverständlich geklärt werden, ob und welche realistischen Gefahren noch für die Patienten bestehen, z.B. im Falle von Tobias, ob er immer noch Opfer familiärer Misshandlungen ist. Wenn ja, sind gemeinsam adäquate Schutzmaßnahmen zu erarbeiten und einzuleiten. Falls bei Kindern oder bei Personen, die in der Eigenverantwortlichkeit gemindert sind, weiterhin Gefahr in Verzug ist, sollte man sich nicht scheuen, nach sorgfältiger Überprüfung der Gegebenheiten, die zuständigen Ämter, das Jugendamt oder das Vormundschaftsgericht, einzuschalten. Der Schutz vor einer erneuten realen

Traumatisierung hat vor allen anderen therapeutischen Interventionen absoluten Vorrang.

Im Folgenden sollte unter Würdigung der Selbstverantwortlichkeit des erwachsenen Patienten Hilfe zur Selbsthilfe gegeben werden. Ein nächster Therapieschritt ist, die Symptome der Störung gemeinsam mit den Betroffenen durchzugehen und als natürliche Reaktion auf eine unnatürliche Situation zu erklären. Ein zentrales Therapieziel muss die vorsichtige und schrittweise Suche nach individuell zugeschnittenen realistischen Lebensperspektiven sein.

Beim Erstellen dieser Zukunftsbilder zeigen sich aus einer depressiv-resignativen Grundhaltung heraus oft Blockaden. Die häufigste Ursache hierfür stellen Schuldgefühle dar. Möglicherweise sind sie als Reaktion auf die Unerträglichkeit der extremen Hilflosigkeit zu interpretieren, d.h., es ist offensichtlich so unerträglich, sich als hilfloses Opfer der böswilligen Willkür eines anderen zu sehen, dass viele Kinder sich lieber als Verursacher des ihnen zugefügten Übels betrachten, was sie übrigens häufig ja auch von den Tätern eingeredet bekommen: »Du bist böse und hast Prügel verdient.« Man muss in der Therapie nach den diese Schuldgefühle verursachenden zugrunde liegenden Gedanken forschen und die Patienten dazu anleiten, realistisch einzuschätzen, wer in ihrem Fall die Verantwortung für das Trauma übernehmen muss.

Einen weiteren zentralen Teil der Therapie bilden imaginative Vorgehensweisen, z.B. können unter ständiger Anpassung an die Wünsche und Vorstellungsmöglichkeiten der Betroffenen Rettungsfantasien erarbeitet und in einem zweiten Schritt unter Entspannung eingeübt werden. Sie sollten im Tagtraum gezielt als Gegenfantasien zu den sich aufdrängenden bildhaft-szenischen Erinnerungen entwickelt und in Form einer positiven Beeinflussung der Alpträume vor dem Einschlafen eingesetzt werden. Mit allen Betroffenen sollte die Vorstellung eines sicheren

Ortes eingeübt werden, welcher individuell erarbeitet werden muss. Viele entscheiden sich für eine Insel, andere stellen sich einen solchen sicheren Ort als Raumschiff oder Zauberschloss vor. Es hat sich bewährt, diese Schutzvorstellung nach der gemeinsamen individuellen Erarbeitung von der Therapeutin auf Kassette sprechen zu lassen, die Patienten sollten sich diese Kassette in möglichst entspanntem Zustand dann mehrmals täglich anhören.

Wie oben erwähnt, stellt das Vermeiden von Begegnungen mit Auslösern traumatischer Erinnerungen einen zentralen Bestandteil der posttraumatischen Belastungsstörung dar. In der Therapie muss intensiv an der Reduktion dieses Vermeidungsverhaltens gearbeitet werden. Hierzu zählt insbesondere auch die Wiedergabe der individuellen Traumaerfahrung. Falls der Patient behutsam dazu ermutigt werden kann, in einer ihm in Umfang und Geschwindigkeit angemessenen Weise seine Geschichte der Gewalt zu erzählen, fühlt er nach den ihn meist sehr aufwühlenden Berichten in der Regel Erleichterung. In einem weiteren Schritt geht es nun über das bloße Wiedererzählen hinaus zu einem bewussten, angeleiteten Wiederbetrachten und Wiederempfinden der traumatischen Erinnerungen, welches vor dem Hintergrund der Reduktion des Vermeidungsverhaltens eine befreiende Wirkung hat.

Durch das Trauma wurden bei Betroffenen wie Tobias wesentliche positive Grundannahmen über sich und die Welt zutiefst erschüttert. Die Grenzerfahrung der existenziellen Bedrohung, das Erleben der äußersten Hilflosigkeit und des Keine-Hilfe-Bekommens in größter Not führen dazu, sich selbst als wert- und hilflos, die Welt als einen feindlichen Ort sowie die Mitmenschen als gleichgültig oder übel wollend zu betrachten. Geglückt ist die Therapie, falls diese negativen und in ihrer Verabsolutierung auch falschen Grundannahmen relativiert werden können und es den Betroffenen möglich wird, in kleinen Schritten wieder etwas positivere Grundannahmen über sich und andere aufzubauen. Diese können dann die Basis bilden für eine Fülle weiterer positiver Gefühls- und Verhaltensänderungen.

Abschließend eine Metapher, die ich zur Therapiemotivierung auch meinen Patienten vorstelle: Das Trauma hat der Psyche eine Verletzung zugeführt, die mit einer vereiterten Wunde vergleichbar ist. In der Therapie kann durch ein vorsichtiges Öffnen der Wunde der Eiter abfließen. Das tut zwar kurzfristig sehr weh, ist jedoch für den Heilungsprozess unumgänglich. Der Betroffene kann danach meist schmerzfrei weiterleben, eine Narbe jedoch wird bleiben.

Anlaufstellen

Wo gibt es Hilfen für Menschen mit posttraumatischen Belastungsstörungen?

Psychosoziale Beratungsstellen, niedergelassene psychiatrische bzw. psychologische Psychotherapeuten, psychiatrische Klinikambulanzen, psychosomatische Rehabilitationskliniken und psychiatrische Kliniken bieten Hilfen, zuweilen auch im Rahmen von Suchtmittelentwöhnungsmaßnahmen.

»Es tut mir gut, eine klare Grenze zu kennen« – Kontrolliertes Trinken bei Jugendlichen und jungen Erwachsenen aus alkoholbelasteten Familien

Joachim Körkel

Kinder aus Familien, in denen ein Elternteil oder beide Eltern Alkoholprobleme aufweisen bzw. aufwiesen, unterliegen – statistisch betrachtet – einer höheren Gefährdung, selbst Alkoholprobleme zu entwickeln, als Altersgleiche aus nicht alkoholbelasteten Familien (ZOBEL 2000 und in diesem Buch »Die Situation der Kinder in alkoholbelasteten Familien«). Es ist für diesen Personenkreis deshalb ratsam, im Umgang mit Alkohol besondere Achtsamkeit walten zu lassen.

Ein Teil der Kinder aus alkoholbelasteten Familien entscheidet sich im Jugend- oder jungen Erwachsenenalter aufgrund leidvoller Erfahrung im Elternhaus dafür, gar keinen Alkohol zu sich zu nehmen. Damit befinden sie sich auf der »sicheren Seite«: Der gänzliche Verzicht auf Alkohol ist selbstverständlich die beste Gewähr dafür, keine Alkoholprobleme zu entwickeln. Die überwiegende Zahl der Jugendlichen beginnt jedoch selbst Alkohol zu trinken. Für diesen Personenkreis kann es nützlich sein, Menge und Art und Weise des eigenen Alkoholkonsums bewusst im Auge zu behalten, um einem Abrutschen in Alkoholmissbrauch oder -abhängigkeit vorzubeugen.

Das folgende Beispiel zeigt, wie Michael M. dies geschafft hat.

Kontrolliertes Trinken: ein Beispiel

Michael ist 30 Jahre alt. Er wuchs mit Vater, alkoholabhängiger Mutter (einer Spiegeltrinkerin) und einer jüngeren Schwester auf. Als Kind hat er sich viele Gedanken um die Mutter gemacht und wollte schon damals mittrinken, »um dazu zu gehören«. Mit 14 Jahren hat er begonnen, ab und zu, wenn auch in geringem Maße, Alkohol zu trinken. Im Alter von 19 Jahren zog er aus dem Elternhaus in eine eigene Wohnung um. Die Ablösung aus dem Elternhaus, in dem es oft Streitereien gab, war einerseits ein lang gehegter Wunsch, andererseits tat sich in der eigenen Wohnung ein »depressives Loch« auf.

Michael verbrachte seine Abende meist alleine und ging selten aus: »Ich war nach der Arbeit in meiner Wohnung und habe nicht viel anderes gemacht, als zu trinken.« Sein zuvor mäßiger Alkoholkonsum nahm eine Größenordnung von 1-2 Flaschen Wein oder Sekt und mehreren Cocktails pro Abend an, dazu kam gelegentlicher Ecstasy-Konsum. Zwei Jahre lang konsumierte er auf diesem hohen Niveau. Immer häufiger entdeckte er sich bei Gedanken wie »Du kannst doch noch einen trinken«. Er bekam Angst, vollständig die Kontrolle über seinen Alkoholkonsum zu verlieren und »abzurutschen«. Der Gedanke drängte sich auf: »Dein Leben läuft nicht.«

Den Versuch, über Gespräche bei Al-Anon mehr Ordnung in sein Leben zu bringen, beendete er nach wenigen Besuchen. Schließlich reduzierte er aus eigener Kraft die tägliche Alkoholmenge, verzichtete ganz auf Ecstasy (»Das waren so gute Gefühle – die sich durch die Droge zu holen, wäre auf Dauer zu gefährlich für mich geworden«), legte Phasen der Alkoholabstinenz ein – und erlebte manche Rückschläge.

Mit 25 Jahren begann er eine Psychotherapie, die ihn persönlich festigte. Die Abstinenz der Mutter, die vor drei Jahren eine Entwöhnungsbehandlung absolvierte, gab ihm weiteren Auftrieb. Seit zwei Jahren praktiziert er mit großer Zufriedenheit einen bewussten, achtsamen Umgang mit Alkohol. Dabei hat er sich zusammen mit Monika – seiner Freundin, deren Vater alkoholabhängig war – folgende Regeln zu Eigen gemacht:

Am Ende jedes Monats legt jeder für sich fest, zu welchen

besonderen Anlässen (z.B. Geburtstag, Theaterbesuch, Treffen alter Freunde) – Obergrenze fünf Anlässe – er im nächsten Monat Alkohol konsumieren möchte und warum er trinken möchte (»Aus Genuss oder nur weil du dazu gehören willst?«, »Weil du es wirklich willst oder weil du nicht magst, dass dich die Gastgeberin der Party immer wieder zum Mittrinken nötigt?«). Das Quantum ist dabei auf ein Glas Wein (0,2 Liter) oder einen Cocktail beschränkt (Michael mag kein Bier). Am Tag des geplanten Konsums prüft Michael noch einmal, ob er tatsächlich Alkohol trinken möchte. Grundsätzlich gilt nämlich, dass er die Finger vom Alkohol (und Nikotin) lässt, wenn er sich in schlechter Stimmung befindet. Auch vor Autofahrten ist Alkohol tabu.

Beide Partner (Michael: »Eine Zweier-Selbsthilfegruppe«) unterstützen sich durch das gemeinsame Festlegen des Monatsplans, aber auch dadurch, dass sie sich darauf aufmerksam machen, wenn sie beim anderen einen Drang zum Mehrtrinken bemerken. Beide fragen sich und einander, »was im Leben nicht stimmt«, wenn sie sich durch die selbst auferlegte monatliche Konsumgrenze eingeengt fühlen.

So weit zum Trinkplan. Und wie sieht das Trinkverhalten nun wirklich aus?

Tatsächlich trinkt Michael nur 3 bis 4-mal im Monat Alkohol (bleibt also unter der selbst gesetzten Obergrenze von 5-mal) und es kommt immer wieder vor, dass er ein oder zwei Monate gar keinen Alkohol trinkt. Umgekehrt gibt es aber auch den Fall, dass er an einem Abend doppelt so viel Alkohol zu sich nimmt wie vorgesehen (d.h. dann meistens zwei Gläser Wein oder zwei Cocktails). Früher war er danach äußerst zerknirscht und ist in Selbstvorwürfen versunken. Inzwischen hat er gelernt, sich nicht durch Selbstverurteilung zu entmutigen, sondern am nächsten Tag ganz nüchtern zu fragen: »Warum bin ich nicht bei meinem Vorsatz geblieben?«, und daraus Lehren zu ziehen. Insgesamt beurteilt Michael seinen heutigen Umgang mit Alkohol wie folgt:

»Ich kann heute Alkohol genießen – es tut mir aber auch gut, eine klare Grenze zu kennen.«

Michaels Umgang mit Alkohol kann als »kontrolliertes Trinken« bezeichnet werden. »Kontrolliertes Trinken« bedeutet nämlich, dass man sein Trinkverhalten auf disziplinierte Art und Weise an einem *vorab* festgelegten Plan ausrichtet und nicht einfach aus der momentanen Laune heraus (»Ein Bier geht noch«) Alkohol trinkt (vgl. KRUSE, KÖRKEL & SCHMALZ 2000). Genauer besehen, hat sich Michael verschiedene Dinge zu Eigen gemacht, die erfolgreiches kontrolliertes Trinken charakterisieren:

⊙ Michael setzt sich klare Grenzen hinsichtlich der Alkoholmenge (Alkoholkonsum bei maximal fünf Anlässen pro Monat und nicht mehr als ein Glas Wein oder einen Cocktail pro Trinkanlass).

⊙ Die Grenze wird auf Rahmenbedingungen des Trinkens erweitert (Alkoholkonsum in schlechter Stimmung ist tabu, ebenso vor Autofahrten).

⊙ Zur Einhaltung seines Limits bespricht er seinen Plan, sein tatsächliches Trinkverhalten und seine alkoholbezogenen Gedanken regelmäßig mit seiner Partnerin – beide schaffen sich dadurch eine ausgesprochen wirksame Form von sozialer Unterstützung für kontrolliertes Trinken.

⊙ Michael hat über einen längeren Zeitraum hinweg herausgefunden, welche Kontrollregeln er gut in seinen Alltag umsetzen kann. Mit anderen Worten: Das von ihm praktizierte kontrollierte Trinken fügt sich in seine Art zu leben ein, es ist kein implantierter Fremdkörper. Dies ist eine wichtige Voraussetzung dafür, dass kontrolliertes Trinken auch auf Dauer Erfolg verspricht.

Michael hat seinen Weg des kontrollierten Trinkens durch eigenes Experimentieren herausgefunden (und dafür einige Jahre benötigt). Leichter kann es sein, zum Erlernen des kontrollierten Trinkens auf bereits vorhandene und durch Forschung überprüfte Anregungen und Hilfsmittel zurückzugreifen. So kann man das kontrollierte Trinken durch Teilnahme an einem strukturierten Gruppenprogramm erlernen (z.B. dem »Ambulanten Gruppenprogramm zum kontrollierten Trinken«, vgl. KÖRKEL 2001 b; KÖRKEL, LANGGUTH & SCHELLBERG 2001), es sich aber auch alleine mittels einer schriftlichen Selbstkontrollanleitung aneignen (KÖRKEL 2001 a: »10-Schritte-Programm zum kontrollierten Trinken«, unter www.kontrolliertes-trinken.de).

Die folgenden zehn Empfehlungen geben in Kurzform wieder, was bei einem bewussten, selbstkontrollierten Trinken zu berücksichtigen ist.

Zehn Tipps zum bewussten, selbstkontrollierten Umgang mit Alkohol

(1) Die Zielentscheidung prüfen: Abstinenz oder kontrolliertes Trinken?

Menschen, die bereits zufrieden abstinent leben und auf diesem Weg eine Alkoholproblematik überwunden haben, sollten möglichst bei der Abstinenz bleiben. Denn: Jeder erneute Alkoholkonsum würde das Risiko der Ausbildung von Alkoholproblemen erhöhen.

Selbst wenn man sich für Alkoholkonsum und gegen Abstinenz entschieden hat, kann es sinnvoll sein, zu bestimmten Zeiten ganz auf Alkohol zu verzichten (»Punktnüchternheit«):

⊙ wenn man eine Schwangerschaft plant, schwanger ist bzw. ein Kind stillt, denn nur durch Abstinenz kann man sicher sein, dass Embryo und Säugling keine alkoholbezogenen Schäden erfahren (zu den Gefahren der Alkoholeffekte und der Alkoholembryopathie vgl. den Beitrag von Hermann Löser);

⊙ wenn körperliche Vorschädigungen vorhanden sind, zum Beispiel von Speiseröhre, Leber, Magen, Herz oder Nervensystem, weil dann jeglicher Alkoholkonsum die Schädigung steigern könnte;

⊙ wenn man Medikamente zu sich nimmt, deren Wirkungsweise sich durch Alkohol verändert.

Natürlich kann eine Entscheidung weg vom kontrollierten Trinken hin zur Abstinenz auch mit der Zeit erfolgen, und zwar dann, wenn das kontrollierte Trinken statt Genuss nur eine Fixierung auf die Einhaltung der selbst gesetzten Regeln nach sich zieht, insbesondere ein andauerndes Warten auf die Zeiten erlaubten Trinkens. Manchmal erweist sich das kontrollierte Trinken auch schlicht als nicht realisierbar. Generell gilt: Man sollte von Zeit zu Zeit seine Zielentscheidung überprüfen und sich die Option offen halten, zeitweise oder dauerhaft zur Abstinenz überzugehen. Abstinenz ist nicht weniger »wert«, als Alkohol zu trinken!

(2) Grundinformationen über das Thema Alkohol aneignen

Ein kontrollierter Umgang mit Alkohol setzt Grundkenntnisse zum Thema »Alkohol« voraus. Dazu gehören das Wissen um den Alkoholgehalt in verschiedenen Alkoholika, die Kenntnis der Grenzwerte für risikoarmen Alkoholkonsum, die Berechnung der Blutalkoholkonzentration und die Abbaugeschwindigkeit von Alkohol im Körper, das Bewusstsein der Auswirkungen überhöhten Alkoholkonsums usw. (vgl. KRUSE, KÖRKEL & SCHMALZ 2000). Einige dieser Grundinformationen werden im Folgenden in aller Kürze zusammengefasst.

Alkoholgehalt

Die Kenntnis des Alkoholgehalts der von einem selbst bevorzugten Alkoholika ist eine wichtige Voraussetzung für die Bilanzierung des eigenen Alkoholkonsums (»Trinke ich zu viel?«). Der Alkoholgehalt eines beliebigen Getränks lässt sich auf folgende Weise berechnen: Zunächst ermittelt man den Alkoholanteil eines Getränks in Millilitern. Wenn eine Halbliterflasche Bier (= 500 Milliliter [ml]) 5 Volumenprozent (5% vol) Alkohol enthält, so bedeutet das, dass 5% von 500 ml reiner Alkohol sind, also 25 ml. Zur Umrechnung von 25 ml Alkohol in Gramm (g) Alkohol muss man wissen, dass Alkohol ein geringeres spezifisches Gewicht hat als Wasser (nämlich nur ca. 0,8). Deshalb entsprechen 25 ml Alkohol 20g Alkohol (25 x 0,8 = 20). Eine Flasche (0,5 l) 5-prozentiges Bier enthält somit 20 g Alkohol.

Auf diese Weise lässt sich für jedes alkoholische Getränk der Alkoholanteil (in ml und g) bestimmen.

Zur Vereinfachung wurde in Tabelle 1 der Alkoholgehalt (in g) ausgewählter Mengen Bier, Wein und Sekt bereits zusammengestellt.

Getränk	Vol.-%	Gramm Alkohol in						
		0,2 l	0,3 l	0,33 l	0,4 l	0,5 l	0,7 l	1,0 l
Bier	ca. 5	8	12	13,2	16	20	28	40
Wein und Sekt	ca. 12,5	20	30	33	40	50	75	100

Tabelle 1: Alkoholgehalt ausgewählter Getränke (in Gramm)

Standardeinheit

Zur leichteren Bilanzierung des eigenen Alkoholkonsums hat sich die Einführung des Maßes »Standardeinheit« (SE = Standardgetränkeeinheit) bewährt (vgl. Abb. 1).

Abbildung 1: Beispiele für eine Standardgetränkeeinheit

Eine Standardeinheit entspricht 20 g Alkohol. Diese Menge ist in 0,5 l Bier (5% vol), 0,2 l Wein (12,5 % vol) oder etwas mehr als drei einfachen Schnäpsen (3 x 20 ml = 60 ml, 40 % vol) enthalten. In Tabelle 2 finden Sie eine Übersicht, wie viele Standardeinheiten in ausgewählten Mengen Spirituosen enthalten sind.

Getränk	Vol.-%	Standardeinheiten			
		0,02 l (2 cl)	0,04 l (4 cl)	0,7 l	1,0 l
Asbach Uralt	38	0,31	0,61	10,7	15,2
Cognac	40	0,32	0,64	11,2	16
Jägermeister	35	0,28	0,56	9,8	14
Korn	40	0,32	0,64	11,2	16
Underberg	44	0,35	0,71	12,3	17,6
Weinbrände (z.B. Chantré, Mariacron)	36	0,29	0,58	10,1	14,4
Whisky	40-43	0,32-0,35	0,64-0,69	11,2-12,1	16-17,2

Tabelle 2: Standardeinheiten ausgewählter Spirituosen

Mäßiger Alkoholkonsum

Die Weltgesundheitsorganisation (WHO) geht davon aus, dass bei einem gesunden Menschen für die körperliche Gesundheit kaum Gefahren zu befürchten sind, wenn pro Tag nicht mehr als 20 g Alkohol (1 SE, für Frauen) bzw. 30 g (1,5 SE, für Männer) konsumiert werden. Wohlgemerkt: Körperlich Vorgeschädigte, Schwangere und »trockene« Alkoholabhängige sind von diesen Mengenempfehlungen ausgenommen. Ihnen ist völlige Abstinenz anzuraten.

Die britische Ärztevereinigung empfiehlt darüber hinaus, nicht jeden Tag Alkohol zu trinken, sondern 1-2 abstinente Tage pro

Woche einzulegen. Diese Empfehlung ist sehr sinnvoll, weil sich durch abstinente Tage nicht so leicht eine Trinkroutine einschleicht und man der Entwicklung von Alkoholtoleranz vorbeugt.

Fasst man die genannten Überlegungen und darüber hinausgehende Empfehlungen von KISHLINE (1994, S. 161) und SANCHEZ-CRAIG (1995, S. 37) zusammen, dann lassen sich folgende Orientierungshilfen für mäßigen Alkoholkonsum nennen:

1. Betrachten Sie ein gelegentliches alkoholisches Getränk nur als kleinen, aber nicht zentralen Teil ihres Lebens.

2. Wenn Sie Alkohol trinken, tun Sie das bewusst und mit Genuss.

3. Achten Sie darauf, dass Sie sich mit Ihrem Alkoholkonsum wohl fühlen (d.h.: kein heimliches Trinken, kein ständiges gedankliches Kreisen um den Alkohol).

4. Trinken Sie nicht täglich Alkohol – legen Sie mindestens 1-2 alkoholfreie Tage in jeder Woche ein.

5. Beschränken Sie sich an Tagen, an denen Sie Alkohol trinken, auf 1 Standardeinheit (20 g Alkohol) als Frau und auf 1,5 Standardeinheiten (30 g) als Mann.

6. Vermeiden Sie es, angetrunken zu werden. Trinken Sie deshalb pro Stunde nicht mehr als die Hälfte einer Standardeinheit (das sind etwa 0,25 l Bier, 0,1 l Wein oder 1,5 einfache Schnäpse).

7. Trinken Sie nicht vor oder während Aktivitäten, die in alkoholisiertem Zustand Gefahren für Sie und andere bergen (z.B. Auto fahren, Maschinen bedienen, schwimmen).

8. Trinken Sie nicht, um besser mit Problemen zurechtzukommen.

9. Lernen Sie sich auf alkoholfreie Weise zu entspannen.

10. Pflegen Sie Hobbys und andere Interessen ohne Alkohol.

(3) Bilanz des eigenen Alkoholkonsums ziehen

Die beste Grundlage für die Beurteilung des eigenen Alkoholkonsums besteht in der systematischen »Buchführung« dessen, was man trinkt. Zu diesem Zweck kann man ein Trinktagebuch über einige Zeit hinweg (zum Beispiel vier Wochen) regelmäßig führen, um eine zuverlässige Dokumentation des Ist-Zustandes zu erhalten. Abbildung 4 zeigt ein Trinktagebuch, das im autodidaktisch zu erlernenden »10-Schritte-Programm zum kontrollierten Trinken« (siehe unter www.kontrolliertes-trinken.de) Verwendung findet. In ihm sind Eintragungen zu Art und Menge der täglich getrunkenen Alkoholika festzuhalten sowie einige Rahmenbedingungen des Konsums, nämlich Zeit, Ort, anwesende Personen und Auslöser des Trinkens. Die täglichen Trinkmengen werden in Standardeinheiten umgerechnet, um sie vergleichen zu können.

Zu empfehlen ist die Eintragung des Konsums direkt vor oder nach jeder Trinkepisode, spätestens jedoch am Tagesende. Während des Tages kann das Mitführen des Trinktagebuchs in Form kleiner Kärtchen, die Taschenformat besitzen, hilfreich sein. Zur Not tun es auch Aufzeichnungen der Trinkmenge auf einem mitgeführten Zettel, die abends in das Trinktagebuch übertragen werden.

Das Trinktagebuch verschafft einen raschen Überblick über das momentane Trinkverhalten: Wie hoch fallen die tägliche und die wöchentliche Höchstmenge aus? Kommen alkoholfreie Tage vor? Wann und mit wem wird üblicherweise getrunken? Gibt es wiederkehrende Trinkauslöser (z.B. Arbeitsende, innere Spannungen, Einsamkeitsgefühle)? Inwieweit hat das Trinken Gewohnheitscharakter angenommen?

Wenn die Auswertung des Trinktagebuchs zeigt, dass der eigene Alkoholkonsum als »mäßig« einzustufen ist, also gering ausfällt, keinen Gewohnheitscharakter angenommen hat, als Genuss empfunden wird und für sich wie auch für die soziale

Trinktagebuch (Woche vom ... bis ...)

	Uhrzeit (Beginn des Alkoholkon- sums)	Ort (zu Hause, im Lokal, am Kiosk...)	Anwesende Per- sonen (Partner Freunde, zufällig Anwesende)	Aus- löser	Art und Menge des Alkohols (mit Alkohol- prozentangabe)	Anzahl Standard- einheiten
MO						
DI						
MI						
DO						
FR						
SA						
SO						

Abbildung 2: Muster eines Trinktagebuches

Umwelt keine Probleme nach sich zieht, besteht kein Grund zur Sorge. Dann ist es auch nicht erforderlich, die folgenden Schritte zum systematischen Erlernen des kontrollierten Trinkens einzuüben. Sinnvoll kann es allerdings sein, von Zeit zu Zeit, z.B. jährlich, immer wieder einmal seinen Alkoholkonsum mittels des Trinktagebuchs bewusst zu registrieren und auszuwerten, um sich zu vergewissern, dass man sich am sicheren Ufer befindet.

> Wenn der eigene Alkoholkonsum über ein mäßiges Trinken hinausgeht und man sich dennoch nicht zur völligen Abstinenz entscheiden mag, kann die systematische Aneignung des kontrollierten Trinkens ein hilfreicher Schritt sein.

In diesem Fall ist es angebracht, sich auch noch den folgenden Komponenten kontrollierten Trinkens zuzuwenden.

(4) Günstige Rahmenbedingungen für kontrolliertes Trinken schaffen

Erstens: Wer bewusst und systematisch Konsumregeln beachten, also kontrolliert trinken möchte, benötigt Selbstdisziplin. Deshalb sollte man das kontrollierte Trinken nicht zu einem Zeitpunkt beginnen, an dem die eigenen Kräfte durch eine momentan besonders schwierige Lebenssituation (z.b. Todesfall oder Umzug) geschwächt sind. Mit dem bewussten, selbstkontrollierten Trinken sollte man zu einem entspannteren Lebenszeitpunkt beginnen.

Zweitens gilt auch beim kontrollierten Trinken das Motto: Zusammen geht es leichter! Zur Unterstützung eines selbstkontrollierten Trinkens können unter anderem die Partnerin wie im Beispiel von Michael, ein guter Freund oder eine Suchtfachkraft (z.B. ein Suchtberater) geeignet sein. Eine vertraute Person kann in allen Etappen kontrollierten Trinkens hilfreich sein. Beispielsweise kann die Partnerin ebenfalls ein »Trinktagebuch« führen, beide Partner können ihr Trinktagebuch gemeinsam auswerten (z.b. nach Trinkmenge und Trinkzeiten sowie Anlässen überhöhten Konsums), gemeinsam wöchentliche Trinkobergrenzen festlegen, auf gegenseitige Trinkanimationen verzichten und sich etwas besonders Schönes bei Zielfortschritten gönnen. Die Unterstützung durch eine andere Person fördert realistischere Zielsetzungen und kritische Überprüfungen des eigenen Erfolgs (»Geht es wirklich bei mir?«, »Was ist der Preis, den ich dafür bezahle?«) – und einen erfolgreicheren Umgang mit Rückschlägen. Umgekehrt sind Heimlichtuerei oder das »Durchboxen« des kontrollierten Trinkens gegen den Widerstand von Familie und engen Freunden auf Dauer schlechte Voraussetzungen für kontrolliertes Trinken.

(5) Dem kontrollierten Trinken 1-2 Abstinenzwochen vorschalten

Eine günstige Voraussetzung für dauerhaft gelingendes kontrolliertes Trinken ist die Fähigkeit, auch alkoholfreie Phasen einlegen zu können. Deshalb empfiehlt es sich, dem Erlernen des kontrollierten Trinkens eine 1 bis 2-wöchige Abstinenzphase vorzuschalten. Diese erleichtert es, Abstand vom Alkohol zu gewinnen, eine gegebenenfalls vorhandene Toleranz gegenüber Alkohol abzubauen, sich körperlich zu erholen, die Situationen, die den größten Drang nach Alkohol auslösen, herauszufinden sowie die Zuversicht, auch schwierige Situationen alkoholfrei zu meistern, zu erhöhen.

Manche Menschen können sich eine so lange Abstinenzphase nicht vorstellen, und zwar vor allem dann nicht, wenn Jahre ohne abstinente Tage zurückliegen. Dann sollte man mit einer Konsumreduktion und einzelnen Abstinenztagen beginnen. Zu bedenken bleibt gleichwohl: Die Schwierigkeit, zwei Wochen auf Alkohol zu verzichten, ist ein deutliches Zeichen für eine Abhängigkeit von Alkohol – und damit Anlass, sein Trinkverhalten einer genaueren Überprüfung, eventuell zusammen mit einer Fachkraft, zu unterziehen.

(6) Realistische kurzfristige Konsumziele festlegen

Wenn man sich Klarheit über seinen Alkoholkonsum verschafft und günstige Rahmenbedingungen für eine Konsumreduktion gewählt hat, kann die systematische Reduktion der Trinkmenge beginnen. Bewährt hat sich die Erstellung eines Wochenplans. Jeweils für die nächsten sieben Tage legt man drei Zielgrößen fest: den maximalen Alkoholkonsum pro Tag und für die ganzen sieben Tage sowie die Anzahl abstinenter Tage in dieser Woche. Das anvisierte Konsumziel sollte eine Herausforderung darstellen, aber gleichzeitig auch erreichbar sein.

Wöchentlich neue Zielfestlegungen sind sinnvoll, weil dadurch Überforderungen und Misserfolge gering gehalten werden bzw. kurzfristige Zielanpassungen erfolgen können.

Wenn man über mehrere Monate hinweg festgestellt hat, dass sich ein mäßiger Alkoholkonsum verselbstständigt hat, kann sowohl auf das dauerhafte Führen des Trinktagebuchs als auch die wochenweisen Zielfestlegungen verzichtet werden. Es reicht dann völlig aus, in größeren Abständen, halbjährlich oder jährlich, ein »Update« des Trinktagebuches zu erstellen und gegebenenfalls das Ziel »nachzujustieren«.

(7) Strategien zur Konsumbegrenzung nutzen

Zur Erreichung der zuvor festgelegten Ziele kann man eigene Kontrollstrategien »erfinden« oder aus vorhandenen Listen die für einen persönlich passenden auswählen. Beispiele für derartige Strategien sind:

- nie vor einer bestimmten Uhrzeit (z.b. 18 Uhr) Alkohol trinken;
- vor und nach jedem alkoholischen Getränk ein nichtalkoholisches trinken;
- zu Getränken mit geringerem Alkoholgehalt übergehen;
- sich für jedes Glas mindestens eine halbe Stunde Zeit lassen;
- Alkohol nicht alleine trinken;
- einen Vorrat nichtalkoholischer Lieblingsgetränke anschaffen;
- keinen Alkohol auf Vorrat kaufen;
- typische Verführungssituationen »herausfiltern« und in diesen zukünftig ganz auf Alkohol verzichten;
- eine körperliche Aktivität außer Haus ausüben (z.B. joggen), wenn ein Drang nach Alkohol aufkommt;
- Möglichkeiten der alkoholfreien Entspannung nutzen, wenn man – zum Beispiel nach Arbeitsende – gestresst ist.

Das tägliche Führen des Trinktagebuches ist in jedem Fall eine »Muss-Strategie«.

(8) Belastungen ohne Alkohol meistern lernen

Wenn die Alkoholmenge reduziert, alkoholfreie Tage eingelegt und Konsumgewohnheiten verändert werden, kann dies Unlustgefühle verschiedenster Art zu Tage fördern. Das können Ängste,

Gereiztheit, depressive Verstimmungen, Langeweile, ein Leereempfinden u.a.m. sein. Deutlich wird daran oftmals, dass bestimmte Bereiche des Lebens nicht im Lot sind, wie zum Beispiel Partnerschaft oder Arbeit. Dann ist es wichtig, diese Problemzonen aktiv anzugehen, etwa durch Partnerberatung oder Neugestaltung der Arbeitssituation. Kontrolliertes Trinken an und für sich ist also auf Dauer kein erfolgversprechendes Mittel, um etwa mit Angstzuständen und depressiven Verstimmungen, einem geringen Selbstwertgefühl, Belastungen am Arbeitsplatz oder Arbeitslosigkeit zurechtzukommen. Die diffuse Vorstellung, alleine durch das kontrollierte Trinken mit dem Leben im Allgemeinen besser zurechtzukommen, ist deshalb unrealistisch. Mit dem »zufriedenen kontrollierten Trinken« verhält es sich nicht anders wie mit der »zufriedenen Abstinenz«: Auch diese muss man sich nach Absetzen des Alkohols erst aktiv »erarbeiten«.

(9) Selbstdisziplin und Fortschritte würdigen

Die Beibehaltung des kontrollierten Trinkens lässt sich dadurch fördern, dass man sich für die Einhaltung der Strategien zur Konsumbegrenzung bzw. das Erreichen der selbst gesetzten Ziele systematisch »positiv verstärkt«. In diesem Sinne kann man vorab festlegen, wie man sich in mentaler, materieller und sozialer Hinsicht selbst belohnen kann, z.B. Geld für einen besonders reizvollen Urlaub zurücklegen, gut essen gehen, Freunden über die Fortschritte berichten.

(10) Sich von Rückschlägen nicht entmutigen lassen

Es ist nichts Ungewöhnliches, wenn man an manchen Tagen seine Vorgaben verfehlt, z.B. mehr Standardeinheiten als geplant trinkt. Wichtig ist, sich nicht entmutigen zu lassen, die Auslöser des »Ausrutschers« zu erkennen und möglichst rasch wieder zu den eigenen Zielsetzungen zurückzukehren.

Wenn allerdings der eigene Kontrollplan auf Dauer misslingt, sollte dies Anlass sein, eine generelle Zielüberprüfung vorzunehmen: Sollte möglicherweise doch die dauerhafte Abstinenz das Ziel erster Wahl darstellen? Spätestens zu diesem Zeitpunkt ist es angebracht, gemeinsam mit einer Suchtfachkraft den eigenen Alkoholkonsum zu besprechen und einen Weg zur Veränderung des Trinkverhaltens zu suchen und zu beschreiten.

Resümee

⊙ Jugendliche bzw. junge Erwachsene aus alkoholbelasteten Familien unterliegen einer erhöhten Gefährdung, selbst Alkoholprobleme zu entwickeln.

⊙ Abstinenz schafft auf Dauer den sichersten Abstand vor der Entwicklung eigener Alkoholprobleme.

⊙ Im Falle der Entscheidung, im eigenen Leben nicht völlig auf Alkohol verzichten zu wollen, kann das systematische Führen und Auswerten eines Trinktagebuchs Anhaltspunkte darüber liefern, ob der Alkoholkonsum ein riskantes Ausmaß angenommen hat oder unbedenklich ist.

⊙ Bei unbedenklichem Alkoholkonsum empfiehlt es sich, von Zeit zu Zeit – etwa jährlich – den Alkoholkonsum mittels Trinktagebuch zu erfassen, um das eigene Trinkverhalten im Auge zu behalten.

⊙ Bei der Überschreitung der Grenze für mäßigen Konsum ist ein systematisches Erlernen von kontrolliertem Trinken in Betracht zu ziehen.

⊙ Kontrolliertes Trinken bedeutet einen disziplinierten, bewussten, systematischen und regelgeleiteten Umgang mit Alkohol. Dieser kann in Form eines schriftlichen Selbstkontrollprogramms oder durch Teilnahme an einer angeleiteten Gruppe erlernt werden.

⊙ Bei bereits ausgebildeter Abhängigkeit ist dauerhafte Abstinenz als Ziel erster Priorität zu empfehlen. Nur wenn Abstinenz nicht gewünscht wird oder nicht gelingt, sollte kontrolliertes Trinken in Betracht gezogen werden.

Literatur

KISHLINE, A. (1994): Moderate drinking. The Moderation Management guide for people who want to reduce their drinking. New York.

KÖRKEL, J. (2001 a): Das 10-Schritte-Programm zum selbstkontrollierten Alkoholkonsum. (unter www.kontrolliertes-trinken.de).

KÖRKEL, J. (2001 b): Das »Ambulante Gruppenprogramm zum kontrollierten Trinken« (AkT): Grundlagen, Programmmerkmale und erste Befunde. In: Fachverband Sucht (Hg.), Rehabilitation Suchtkranker – mehr als Psychotherapie. Geesthacht: Neuland.

KÖRKEL, J., LANGGUTH, W., SCHELLBERG, W. (2001): Jenseits des Abstinenzdogmatismus: Das »Ambulante Gruppenprogramm zum kontrollierten Trinken« (AkT). In: WIENBERG, G., DRIESSEN, M. (Hg.), Auf dem Weg zur vergessenen Mehrheit. Innovative Konzepte für die Versorgung von Menschen mit Alkoholproblemen. Bonn: Psychiatrie-Verlag.

KRUSE, G., KÖRKEL, J., SCHMALZ, U. (2000): Alkoholismus erkennen und behandeln. Mit literarischen Beispielen. Bonn: Psychiatrie-Verlag.

SANCHEZ-CRAIG, M. (1995): Drink wise. How to quit drinking or cut down. A self-help book (second edition, revised). Toronto.

ZOBEL, M. (2000): Kinder aus alkoholbelasteten Familien – Entwicklungsrisiken und -chancen. Göttingen: Hogrefe.

Damit das Trinken ein Ende hat – handeln statt aushalten

Arno Winkelmann

Wie kann man jemanden dazu bringen, sich in eine Entwöhnungsbehandlung zu begeben?

Diese Frage stellen sich Freunde und Angehörige von Abhängigkeitskranken immer wieder. Wie kann dieser Zustand ein Ende finden? Wie kann ich helfen? Was darf ich nicht tun? Wieso begreift der Süchtige nicht, dass er süchtig ist und handelt entsprechend? Was kann, was darf ich für mich tun? Jeder, der mit einem Süchtigen zusammenlebt oder ihm eng verbunden ist, kennt diese Fragen. Was also ist zu tun?

Die Auswirkungen des Alkoholismus auf das soziale Umfeld

Versuche, den Abhängigen zu einer Veränderung zu bewegen – und davon gibt es unzählige Variationen von Bitten über Drohungen und Ultimaten –, enden erfahrungsgemäß fruchtlos. Die Atmosphäre in der Familie ist geprägt und überschattet von Unberechenbarkeit, Ohnmacht, Sorgen, Ängsten, Wut, ständiger Enttäuschung, Hoffnungslosigkeit, emotionalem Missbrauch, Gewalt, Schuldgefühlen, Trauer und stiller Verzweiflung. Dies chronischen Stress zu nennen grenzt an Untertreibung. In der Tat sind viele der körperlichen und seelischen Erkrankungen, die bei Familienangehörigen auftreten, auf diesen ständigen Stress zurückzuführen. Man spricht in diesem Zusammenhang auch von der Familienkrankheit Alkoholismus. Generell muss festgestellt werden, dass eine Suchterkrankung nie nur den Abhängigen beeinträchtigt, sie beeinträchtigt besonders auch diejenigen, die der Person nahe stehen. Man kann sagen, dass alle, die in Kontakt mit dem Abhängigen stehen, von der Sucht beeinflusst sind; es variiert nur der Grad der Betroffenheit.

Im Verlauf der Suchtentwicklung passt sich die Umgebung der Krankheit an. Angehörige und Freunde versuchen, damit zurechtzukommen und das Schlimmste zu verhindern. Sie halten das Problem geheim, vertuschen und rechtfertigen es, versuchen, den Konsum zu kontrollieren, ja trinken vielleicht sogar mit, um etwas Einfluss zu behalten. Lange Zeit glauben sie, genau wie der Abhängige, dass es nicht der Alkohol ist, der für die Misere verantwortlich ist. So stabilisieren sie unwissentlich die Krankheit. Dieses Verhalten und die damit verbundene Lebensweise und Persönlichkeitsentwicklung wird als Co-Abhängigkeit bezeichnet (s. den Beitrag von Monika Rennert). Letztlich sind die Belastungen für das Umfeld fast unerträglich: Alle sind im System der Suchtfamilie gefangen und hoffen auf einen Ausweg.

Lange Zeit galt die Überzeugung – und in weiten Kreisen der Fachleute gilt sie auch noch heute –, dass der Suchtkranke von sich aus die Bereitschaft finden muss, sich helfen zu lassen. Um diese Bereitschaft konstruktiv zu fördern und um sich selber zu helfen, wird den Angehörigen, Freunden und Kollegen geraten, den Abhängigen nicht mehr zu decken, ihn nicht mehr vor den Konsequenzen seines Suchtverhaltens zu schützen, ihn loszulassen und ihn auch nicht zu kontrollieren. Man soll sich nicht vorrangig um den Suchtkranken kümmern, sondern auch an sich denken, sich – wenn nötig – therapeutische Hilfe holen und/oder zu einer Selbsthilfegruppe gehen, um das Problem nicht allein bewältigen zu müssen. Diese Veränderung des eigenen Verhaltens ist sehr sinnvoll und sollte unabhängig vom Verhalten des Süchtigen eingeübt und beibehalten werden. Es soll zu einer Erhöhung des so genannten Leidensdrucks bei dem Abhängigen führen. Der erreicht irgendwann seinen persönlichen Tiefpunkt, erkennt hoffentlich seinen Zustand und findet damit die Motivation und Bereitschaft, sich helfen zu lassen, gesund zu werden und ein Leben ohne Alkohol zu führen. Dieser Tiefpunkt wird erfahrungsgemäß oft erst nach einer mehrjährigen Suchtkarriere erreicht, zumeist markiert durch traumatische Krisen wie Scheidung, Unfälle, Arbeitsplatzverlust, schwerste Erkrankungen.

Doch dann kann es mitunter zu spät sein, das Leben scheint oder ist zerstört. Die Familie ist nicht mehr da, das soziale Netz zerrissen, möglicherweise sind schwere körperliche und auch kognitive Folgeschäden eingetreten; die Rückkehr in ein erfülltes Dasein ist kaum mehr vorstellbar und in unerreichbarer Ferne. Nicht selten endet dieser Zustand in einer Katastrophe.

Die strukturierte Intervention

Anstatt auf das Eintreten einer Krise zu warten, gibt es die Möglichkeit, durch eine strukturierte Intervention eine gesteuerte und kontrollierte Situation herbeizuführen, deren Ziel es ist, den Tiefpunkt beizeiten anzuheben. Eine Voraussetzung dafür ist allerdings, dass das soziale Bezugssystem noch existent ist oder sich wieder aktivieren lässt. Die Suchtkarriere verkürzt sich dadurch in der Regel um viele Jahre. Und je früher der Süchtige und seine Familie den Zugang zu entsprechender Hilfe finden, umso größer sind die Aussichten für eine dauerhafte Genesung.

Das klassische Konzept der Intervention bei Abhängigkeitserkrankungen wurde in den 60er Jahren in den USA von dem Geistlichen Vernon E. Johnson, dem Gründer des Johnson Institute, Minneapolis, entwickelt (JOHNSON 1973, 1986). Johnson ließ die Angehörigen unter der Leitung eines Familienmitgliedes mit dem Abhängigen zusammenkommen. In einer Art Familienkonferenz teilten sie ihm in drastischen Worten mit, wie es um ihn stand, und drohten mit einschneidenden Konsequenzen für den Fall, dass der Betreffende nicht sofort einwilligte, sich in eine Behandlung zu begeben. Diese harsche Vorgehensweise und potenziell recht demütigende Erfahrung für den Abhängigen führte immerhin dazu, dass 80 % aller Süchtigen tatsächlich in Therapie gingen.

Johnsons Technik ist seitdem kontinuierlich durch Einflüsse der Familientherapie und systemischen Therapie sowie des Psychodramas und anderer Methoden und Erkenntnisse weiterentwickelt worden (vgl. auch GALLANT 1994). Interventionen variieren heute in ihrem Vorgehen und werden je nach Modell »Familienintervention« (PICARD), »Krisenintervention« (STORTI), »Carefrontation« (FEARING), »systemische Familienintervention« (SPEARE & RAITER) oder »strukturierte Intervention« (WINKELMANN) genannt. Sie haben mit dem »Intervenieren« der ersten Jahre nichts mehr gemein.

Ziele der strukturierten Intervention sind die Gesundung des gesamten sozialen Bezugssystems und die Wahrung der Würde aller Beteiligten. Mittlerweile ist die Intervention in den USA eine anerkannte und weit verbreitete Methode der Therapiemotivation bei Abhängigkeitserkrankungen, die von Interventionsspezialisten hauptsächlich in Familien und am Arbeitsplatz angewandt wird. Der Anteil der Patienten, die aufgrund einer Intervention, beispielsweise am Betty Ford Center, Kalifornien, in Hazelden, Minnesota, oder Sierra Tucson, Arizona, um nur einige der bekannteren amerikanischen Kliniken zu nennen, aufgenommen werden, beträgt zwischen 5% und 15% (persönliche Mitteilung 2001). In der Bundesrepublik Deutschland ist dieser Ansatz kaum bekannt und wird noch weniger praktiziert, weswegen er hier ausführlicher vorgestellt werden soll.

Die strukturierte Intervention ist ein aktiv auf den Abhängigen zugehender, ziel- und handlungsorientierter, emotional hochintensiver Prozess. Von einem Interventionsspezialisten vorbereitet, treffen sich Familie und Freunde mit dem Suchtkranken, um die abwärts führende Spirale der unbehandelten Abhängigkeit auf sanfte Art und Weise zu unterbrechen. Es geht darum, den Abhängigen zu motivieren, Hilfe anzunehmen.

Der Anstoß zu einer Intervention kommt aus der Umgebung des Abhängigen. Meist ist es der Partner oder ein anderes besorgtes, aber noch handlungsfähiges Familienmitglied. Oft ist es das älteste Kind, welches die Rolle des »Helden« (zu dem Rollenmodell siehe den Beitrag von Martin Zobel) im Verlauf seiner Entwicklung übernehmen musste, häufig ist es aber auch der »Rebell«, der den Anstoß gibt. Ich möchte an dieser Stelle zwei Fälle beschreiben, in denen der entscheidende Impuls von den Kindern des Abhängigen ausging.

Zwei Fallbeispiele

Bei einem Vortrag zur strukturierten Intervention an einer Volkshochschule sprach mich am Ende der Veranstaltung eine Studentin an. Sie sagte, dass sie mit ihrem Mann und ihrem Kind im Hause der Eltern lebe und in einigen Monaten ihr zweites Kind erwarte. Beide Eltern wären Frührentner, würden den ganzen Tag zu Hause sitzen und trinken. Sie würde nicht mehr ein noch aus wissen, am liebsten würde sie ausziehen, aber ein Auszug käme aus ökonomischen Gründen nicht infrage. Ihre größte Angst wäre, das ihre kleine Tochter, die zurzeit alles in den Mund nähme, ein volles Schnapsglas der Mutter finden und austrinken würde. Die Mutter lasse die Gläser oft auf dem Fußboden stehen und sie würde sie nicht immer sofort finden. Sie habe panische Angst, dass ihr Kind daran sterben könne. Mit einem zweiten Kind könnte sie dieses Leben nicht mehr ertragen, gerade jetzt, wo sie um die Risiken wisse, die es mit sich bringe, in einer Suchtfamilie aufzuwachsen. Deshalb wolle sie etwas unternehmen und wissen, ob eine Intervention möglich wäre. Interventionen, bei denen ein Ehepaar gemeinsam abhängig ist, gehören zu den schwierigsten Fällen, erklärte ich ihr. Sie wollte es aber dennoch versuchen.

Die junge Frau sprach mit ihrer älteren Schwester. Diese hatte schon seit längerem nur noch spärlichen Kontakt zu den Eltern, hauptsächlich wegen deren Abhängigkeit, ließ sich aber auf das Experiment ein.

In den folgenden Wochen hörte der Vater plötzlich auf zu trinken. Dies ist nicht ungewöhnlich, denn oft spüren Abhängige die Veränderungen, die Interventionsvorbereitungen mit sich bringen, und reagieren darauf. Dabei wurde dem Vater zum ersten Mal deutlich, dass er seine Frau nur schlecht ertragen konnte, wenn sie betrunken war. Die Kinder informierten ihn über die geplante Intervention und fragten ihn, ob er bereit wäre, mitzumachen. In einem Gespräch mit mir beurteilte er die Erfolgsaussichten einer Intervention sehr skeptisch. Ich schlug ihm deshalb vor, sich zunächst an eine Suchtberatungsstelle zu wenden und dort mit seiner Frau und den Töchtern und dem Schwiegersohn vorzusprechen. Die Familie machte voller Hoffnung einen Termin. Das Ergebnis war niederschmetternd. Der Sozialarbeiter erklärte ihnen, als die Frau leicht angetrunken zu diesem Termin erschien, dass sie wohl noch nicht bereit für eine Therapie sei und wiederkommen solle, wenn sie wirklich nüchtern leben wolle – so hätte es keinen Sinn. Daraufhin planten wir die Intervention.

Die Vorbereitungen fanden im Hause des verwitweten Schwagers statt. Dabei stellte sich heraus, dass seine Frau, die Schwester der Ehefrau, an Alkohol und Tabletten gestorben war. Dies hatte bis zu diesem Zeitpunkt keiner gewusst. Später sollte dieser Mann in der Intervention zu der Ehefrau sagen: »Bitte nutze diese Chance, wir haben sie nicht gehabt.« Die Intervention selbst dauerte nur zehn Minuten, dann fragte die Ehefrau: »Wie ist das denn mit der Entgiftung?«, und wir gingen gemeinsam in das psychiatrische Krankenhaus am Ort, dessen Personal von mir über die bevorstehende Maßnahme bereits ausführlich informiert worden war.

Die Eltern blieben ca. drei Jahre nüchtern und wurden dann rückfällig. Die junge Frau, die mich seinerzeit angesprochen hatte, gründete in der Folge eine Selbsthilfegruppe für erwachsene Kinder alkoholabhängiger Eltern, unterzog sich einer langfristigen Psychotherapie und bekam ein drittes Kind. Sie realisierte in dieser Zeit, dass ihr Ehemann ebenfalls Alkoholiker war, und trennte sich von ihm. Sie zog aus und ist heute mit einem anderen genesenden erwachsenen Kind aus einer Suchtfamilie zusammen und hat ihr Studium abgeschlossen. Auch wenn die Intervention in diesem Fall letztlich nicht zur Genesung der Abhängigen führte, hat sich doch das Leben der Tochter einschneidend verändert und verbessert. Auch das Verhältnis der Schwestern wurde durch die Intervention besser als je zuvor.

Beim zweiten Fall handelte es sich um einen 18-Jährigen, der bei mir in Therapie war. Es stellte sich heraus, dass der Vater Alkoholiker war, eine schwere Depression hatte und sich oft im Schlafzimmer einschloss und mit Selbstmord drohte. Der junge Mann, der gerade sein Abitur machte, war mit der Situation völlig überfordert, zumal die Mutter die Familie verlassen hatte. Darüber hinaus musste er, immer wenn der Vater aufgrund seines Zustandes ausfiel, den mittelständischen Betrieb des Vaters mitleiten. Der Prokurist des Vaters hatte bislang nichts unternommen, da er um seine Stelle fürchtete. Es wurde im Verlauf der Therapie immer deutlicher, dass es nur eine Chance auf Besserung für diesen Klienten gab, wenn die Situation mit dem Vater gelöst werden konnte und dieser sich einer Therapie unterzog. Die Kraft dieses jungen Mannes war groß genug, alle Familienmitglieder und auch den Prokurist davon zu überzeugen, eine Intervention zu versuchen. Sie war erfolgreich und der Vater ging in eine Privatklinik, in der er entgiftet und therapiert wurde.

Der erste Schritt

Sich an Außenstehende zu wenden, fällt Angehörigen nicht leicht. Bevor eine Familie eine Intervention ernsthaft in Erwägung zieht, hat sie viele Jahre der Enttäuschung, Desillusionierung und Verzweiflung hinter sich. Sie hat keinen Grund, dem Prozess der Intervention zu vertrauen, da nach ihrer bisherigen Erfahrung nichts, was sie unternommen hat, zu einer dauerhaften Änderung oder Besserung geführt hat.

Auch haben die Familienmitglieder nahezu immer Probleme, externe Hilfe aufzusuchen und für ihre eigenen Probleme anzunehmen, waren ihre Anstrengungen bislang doch fast ausschließlich auf den Abhängigen konzentriert. In vielen Fällen haben sie lange nach den unausgesprochenen Regeln der Suchtfamilie gelebt: »Rede nicht, traue niemanden, fühle nicht«. Indem sie etwa zu einem Interventionsspezialisten gehen, kämpfen sie nicht nur gegen diese Regeln an, sondern verletzen das ultimative Tabu der Suchtfamilie, »niemals die schmutzige Wäsche der Familie in der Öffentlichkeit zu waschen«. Die Bereitschaft, einem professionellen Helfer Zugang zum System Familie zu gewähren, muss als ein Zeichen von Mut und Stärke gewürdigt werden.

Der Interventionsspezialist ist sich dieser Situation bewusst und bestärkt die Familie in der Erkenntnis, dass sie dennoch über die Kraft und die Mittel verfügt, eine positive Änderung herbeizuführen, und sich und dem Abhängigen helfen kann. Die Etablierung einer Vertrauensbasis ist der entscheidende Faktor für das Gelingen einer Intervention.

Zu Beginn des Interventionsprozesses liegt der Fokus auf dem Suchtkranken, in der Regel sind die Familienmitglieder der Überzeugung, dass lediglich der Abhängige ein Problem hat. Wenn er sich einer Entwöhnungsbehandlung unterzieht, kommt alles wieder in Ordnung und die Probleme der Familie lösen sich in Wohlgefallen auf, so denken sie. Diese mit der Überzeugung des Abhängigen, nicht süchtig zu sein, gleichzusetzende verleugnende Haltung ist der Grund dafür, dass die Familie den Prozess der Intervention ohne den Abhängigen beginnt. Um die Abwehrstrategien des Abhängigen durchdringen zu können, muss aber zunächst an der Abwehrhaltung der Familie gearbeitet werden. Die Konzentration auf die Nöte und Bedürfnisse der Familienangehörigen kann helfen, den Blick von dem Abhängigen auf die eigene Lage zu richten. Dazu benötigt die Familie eine sichere und akzeptierende Umgebung, die der Interventionsspezialist schaffen muss.

Er nimmt dazu drei therapeutische Haltungen ein:

⊙ Erlaubnis: »Es ist in Ordnung, hier zu sein«;

⊙ Schutz: »Keiner der Anwesenden wird verurteilt oder angeklagt«;

⊙ Ermutigung: »Sie haben die Fähigkeit und Möglichkeit, etwas zu ändern«.

Eine aktive, unterstützende Haltung des Interventionsspezialisten ist unerlässlich, sollen Kreativität, Veränderung und aktives Handeln gefördert werden (vgl. auch CASOLARO & SMITH, 1993).

Ziele der strukturierten Intervention

Im Wesentlichen werden bei der strukturierten Intervention fünf Ziele verfolgt:

⊙ die weitere Progression der Abhängigkeit und deren Auswirkungen zu verhindern (Sekundärprävention);

⊙ den Familienangehörigen, Freunden bzw. Arbeitskollegen dabei zu helfen, die eigenen ineffektiven und oft destruktiven Verhaltens- und Kommunikationsmuster (Co-Abhängigkeit) im Umgang mit dem Abhängigen zu identifizieren und sie gegebenenfalls mit professioneller Hilfe zu verändern;

⊙ die Angehörigen gezielt auf ein Gespräch mit dem Abhängigen vorzubereiten;

⊙ den Abhängigen, unter Wahrung seiner Würde, für eine – möglichst sofortige – Therapie oder entsprechende Maßnahmen zu motivieren;

⊙ das Bewusstsein für die Gefahren des Konsums von Alkohol im familiären und beruflichen Umfeld der Familie zu schaffen (Primärprävention), das gilt insbesondere für die äußerst gefährdete Gruppe der Kinder von Abhängigen.

Das alles hört sich für den Laien furchtbar technisch an. Wie nun hat man sich den Ablauf einer strukturierten Intervention konkret vorzustellen?

Ablauf der strukturierten Intervention

Grundsätzlich gibt es zwei Arten von Interventionen, jene, die ohne Wissen des Abhängigen vorbereitet werden, und jene, bei der der Abhängige darum weiß oder sogar bei der konkreten Vorbereitung anwesend ist, je nach Indikation. Der Ablauf wird dadurch nur unwesentlich verändert.

Der Ablauf gliedert sich in sechs Phasen:

1. Kontaktaufnahme
2. Evaluation/Diagnose
3. Planung der Intervention
4. Konkrete Vorbereitung
5. Intervention
6. Nachsorge

Nachdem ein erster Kontakt mit den Kindern bzw. Geschwistern oder Partnern stattgefunden hat, macht sich in der zweiten Phase der Interventionsspezialist in Gesprächen, zu denen weitere Familienangehörige eingeladen werden, ein umfassendes Bild über das Ausmaß der Abhängigkeit und die Situation der Familie und entscheidet, ob dieser Fall für eine Intervention geeignet ist, und klärt die Familie über die Chancen und Risiken einer strukturierten Intervention auf. Voraussetzung für eine erfolgreiche Intervention ist, wie bereits gesagt, dass das soziale Bezugssystem noch existiert oder doch wieder aktiviert werden kann. Die Intervention hat keine Aussicht auf Erfolg, wenn es der Familie eigentlich nicht um den Abhängigen oder ihr eigenes Wohlergehen geht, sondern sie andere Ziele verfolgen, beispielsweise die Intervention als Plattform für einen Streit um das Sorgerecht der Kinder oder Ähnliches benutzen.

An dieser Stelle soll nicht unerwähnt bleiben, dass es öfter auch bei dem Erstgespräch bleibt, weil die Familien aus den verschiedensten Gründen für eine Intervention nicht bereit sind oder sich nicht dazu imstande sehen. Ist beispielweise eine Schlüsselperson nicht zu überzeugen, so richten sich die Angehörigen oft in ihrer Entscheidung nach dieser Person und sehen keinen Sinn darin, ohne sie weiterzumachen. Auch muss die Familie klären, ob sie sich beim Interventionsspezialisten gut aufgehoben fühlt.

Wenn eine Intervention möglich und erwünscht ist, stellt der Interventionsspezialist in der dritten Phase mit der Familie gemeinsam ein Team von Angehörigen, Freunden und wichtigen Bezugspersonen zusammen, die eine enge Beziehung zum Abhängigen haben oder hatten, und erarbeitet mit ihnen die Möglichkeiten der Intervention. Die Gruppe umfasst meistens zwischen sechs und acht Personen, es können aber auch nur zwei oder sogar über zwanzig Teilnehmer sein.

Diesem Team kommt die allergrößte Bedeutung zu. Es ist die gemeinsame Kraft der Gruppe, ihre Ehrlichkeit, ihre emotionale Nähe und ihre echte Sorge, die den Abhängigen erreichen und zu etwas motivieren kann, wovor er große Angst hat: vor einer Veränderung, vor einer Therapie. Gleichzeitig wird alles vorbereitet, um einen sofortigen Therapiebeginn zu ermöglichen, denn ohne fachkundige Hilfe kann – meiner Erfahrung nach – eine Abhängigkeitserkrankung nicht dauerhaft zum Stillstand gebracht werden.

In der vierten Phase wird die Gruppe gezielt auf das Treffen mit dem Abhängigen vorbereitet – inhaltlich und emotional. Die Vorbereitung dauert in der Regel zwei Tage und ist eine Mischung aus Kurzintervention und Information, wobei verschiedene Medien eingesetzt werden. Vorträge wechseln sich ab mit Übungen. Arbeitsblätter zum eigenen Verhalten und Erleben von Suchtsituationen sind auszufüllen und werden besprochen. Es werden Videos gezeigt, eventuell ein Stammbaum der Familie über mehrere Generationen hinweg erstellt. Hierbei zeigt sich immer wieder, das Suchterkrankungen oder psychische Störungen bzw. Traumata nicht auf den Süchtigen beschränkt sind, sondern meist schon über Generationen bei anderen Familienmitgliedern aufgetreten sind. Die Gruppe wird über die Natur von Suchtkrankheiten aufgeklärt, über Erscheinungsformen von Co-Abhängigkeit und die Bedeutung von Scham- und Schuldgefühlen. Die Rollen, die jeder Einzelne im Verlauf der Suchterkrankung übernommen hat, werden identifiziert, ebenso wie konkretes, den Süchtigen schützendes und die Sucht aufrechterhaltendes Verhalten der Teilnehmer. Es werden Strategien und konkrete Vorschläge zur eigenen Verhaltensänderung erarbeitet und die Perspektiven der Teilnehmer ausgelotet.

Das Gespräch mit dem Süchtigen selbst wird bis zur Reihenfolge der Redner detailliert vorbereitet und eventuell geprobt. Dabei kann es vorkommen, dass einzelne Teilnehmer gebeten werden, nur präsent zu sein und lieber zu schweigen, als den Abhängigen oder sich zu verletzten. Sollte sich zeigen, dass jemand nicht bereit ist, sich dieser Situation anzupassen, dass er überfordert oder unwillig ist, dann wird der Interventionsspezialist diese Person bitten, nicht an der Intervention teilzunehmen, und ihn gegebenenfalls sogar ausschließen. Damit ist nicht die Botschaft verbunden, die negativen Gefühle, die Verletzungen, die Kränkungen oder Wut herunterzuschlucken und so zu tun, als gäbe es sie nicht – im Gegenteil. Doch haben sie ihren Platz im geschützten Rahmen einer Therapie und nicht während einer Intervention. Dort ist es das oberste Ziel, alle Beteiligten zu schützen, auch und gerade den Abhängigen.

Von besonderer Bedeutung für die Intervention sind die Kinder des Suchtkranken. Ab einem Alter von acht bis zehn Jahren können und sollten auch sie, wenn sie entwicklungsmäßig und emotional dazu in der Lage sind, zumindest zeitweise an der Vorbereitung der Intervention teilnehmen. Natürlich muss auf ihre Bedürfnisse eingegangen werden. Sollten Kinder Gewalt und Missbrauch erfahren haben, ist hierauf besonders Rücksicht zu nehmen; sie dürfen unter keinen Umständen noch einmal traumatisiert werden und sollten im Zweifelsfall eher nicht teilnehmen, aber über die Situation und die geplante Intervention aufgeklärt werden.

Sind Kinder zu jung für eine Teilnahme oder nicht bereit, so hat es sich bewährt, sie unter Anleitung, beispielsweise der Mutter, ein Bild zur Situation der Familie malen zu lassen, ohne dass die Mutter genau vorgibt, was sie malen sollen. Die Kinder werden lediglich angehalten darzustellen, wie sie den Suchtkranken sehen und was sie sich wünschen. Diese Bilder haben oft eine Flasche zum Gegenstand und die Bedeutung einer solchen Bildpräsentation für den Erfolg einer Intervention ist nicht zu überschätzen. Alternativ können die Kinde auch einen Brief schreiben. Wenn ein Elternteil realisiert, dass sein Kind genau weiß, was mit ihm ist und wie es darunter leidet, entsteht meist unmittelbar die Motivation zur Therapie.

Die Intervention im engeren Sinne (Phase 5) findet am darauf folgenden Tag statt. Der Abhängige wird dazu eingeladen oder – wenn nötig – auch ohne Vorankündigung von der Gruppe besucht. Das kann angezeigt sein, wenn bekannt ist, dass der Süchtige schon morgens trinkt und oft betrunken oder gar nicht zu Verabredungen kommt. Dann wird die Intervention in die frühen Morgenstunden im Haus des Süchtigen gelegt, bevor er mit dem Trinken beginnt. In der Regel versucht man ein Zeitfenster zu finden, in dem der Suchtkranke nicht unter Drogeneinfluss steht. Ist der Abhängige zu betrunken oder betäubt, um einer

Intervention zu folgen, wird sie abgebrochen und später wiederholt.

Die Orte, an denen Interventionen erfolgen, sind von der jeweiligen Situation abhängig. Gewöhnlich finden sie im Hause des Abhängigen statt, es können aber auch Wohnungen von Freunden, Hotelzimmer oder Büros sein, in extremen Fällen sind es Flugzeuge oder andere exotische Orte. Es gibt auch Kollegen, die aus Prinzip nur in der eigenen Praxis intervenieren, das ist aber eher die Ausnahme.

Die Intervention wird vom Interventionsspezialisten geleitet. Er stellt sich und das Anliegen der Gruppe vor und bittet den Abhängigen, sich anzuhören, was alle Beteiligten zu sagen haben. In der Hälfte aller Fälle führt dies zur unmittelbaren Bereitschaft, Hilfe anzunehmen und eine Therapie zu beginnen. Die andere Hälfte versucht zunächst, noch etwas Zeit herauszuhandeln, oder bringt vielfältige Entschuldigungsgründe vor, die Therapie nicht oder noch nicht anzutreten. Darauf ist die Gruppe vorbereitet und mit Unterstützung durch den Interventionsspezialisten kann sie in über 95 % aller Fälle den Abhängigen überzeugen, sofort Hilfe für seine Krankheit anzunehmen.

Immer ist es die freie Entscheidung des Abhängigen, ob er die angebotene Hilfe annehmen möchte oder nicht. Das heißt, er wird nicht angegriffen, beschuldigt oder mit drastischen Konsequenzen bedroht. Im Gegenteil, es wird alles vermieden, was seine Abwehr hervorrufen könnte. Er soll und darf nicht beschämt oder gedemütigt werden. Aber ihm wird gesagt, was er für eine besondere Bedeutung für jeden Einzelnen hat, welche Sorgen man sich um ihn macht und warum man will, dass er wieder gesund wird. Er hört, in welchem Zustand er und seine Familie sind und dass man ihn nicht an eine Krankheit verlieren will, für die es eine Behandlung gibt.

Diese gemeinsame Präsentation, bei der die Wahrheit mit Zuneigung und Ernsthaftigkeit auf den Tisch kommt, führt fast immer zu der Einsicht und Bereitschaft, sich helfen zu lassen. Die Liebe, die der Süchtige von Seiten seiner Familie und Freunde spürt, die Angst um ihn und die Zukunft der Familie, gepaart mit einem konkreten, unmittelbaren Lösungsvorschlag, wirkt wie eine Einladung, wieder zurück ins eigene Leben und in das gemeinsame Leben mit den anderen zu finden.

Sollte der Abhängige trotz allem nicht bereit sein, sich zu verändern, so ist dies zu akzeptieren. Zumindest ist seine Sucht kein Geheimnis mehr. Jeder, der an der Vorbereitung teilgenommen hat, hat für sich einen Plan entwickelt, damit umzugehen, weiß, welche Hilfsmöglichkeiten es für ihn gibt und wie er unabhängig vom Zustand des Süchtigen werden kann. Der Klärungsprozess, die emotionale Offenheit, das Erleben eigener Handlungs- und Entscheidungsalternativen, die Entwicklung neuer Perspektiven und die Erfahrung, nicht mehr allein, sondern mit anderen gemeinsam handeln zu können und solidarische Unterstützung zu erfahren, leiten in der Regel zumindest eine positive Entwicklung ein und bewirken eine psychische Stabilisierung der Angehörigen. Der verhängnisvolle Zyklus der Co-Abhängigkeit ist unterbrochen. Dies führt nach einiger Zeit dazu, dass die meisten derjenigen, die zunächst nicht bereit waren, sich in Therapie zu begeben, doch noch eine adäquate Hilfe für sich suchen. Nicht umsonst heißt es, die einzige Intervention, die scheitert, ist die, die nicht stattfindet. Die strukturierte Suchtintervention ist der erste Schritt auf dem Wege zur Gesundung des Abhängigen und der Neuorientierung des Umfeldes.

Für die Stabilität des Erfolges einer Intervention ist auch von großer Bedeutung, in welcher Einrichtung bzw. in welchem Verbund von stationären und ambulanten Einrichtungen die Therapie des Abhängigen stattfindet. Bewertungskriterien dafür sind: Therapieansatz und Therapieangebote für die ganze Familie, einzelne Mitglieder und auch die Kinder, Qualifizierung des Personals, Entgiftungsmöglichkeiten usw. Die Therapie sollte mit dem Interventionsspezialisten und seinen Kooperationspartnern in der Suchthilfe individuell zugeschnitten werden. Es ist allerdings festzustellen, dass der Einfluss auf die Wahl der Fachklinik für Mitglieder der gesetzlichen Rentenversicherung begrenzt ist – und manchmal gar nicht besteht – und die Möglichkeiten zur Entgiftung mit unmittelbar anschließender Entwöhnungsbehandlung noch verhältnismäßig selten sind.

Es ist weiterhin von Bedeutung, dass eine qualifizierte Nachsorge stattfindet und das Umfeld auf die Rückkehr des Abhängigen entsprechend vorbereitet ist. Der Abhängige wird sich durch ein erfolgreiche Therapie verändern, eine neue Rolle in der Familie übernehmen, lange vernachlässigte Pflichten wieder aufnehmen, aber auch Rechte an der Gestaltung des Alltags einfordern. Die ganze Familie muss sich neu organisieren. Deshalb findet zum Abschluss der strukturierten Intervention ein weiteres Gruppentreffen statt, um die Erfahrungen und Entwicklungen zu besprechen (Phase 6). Die Angehörigen sind meist hoch motiviert, an den Partner- bzw. Familienseminaren teilzunehmen. Der Interventionsspezialist hält Kontakt zu der Familie und dem Fachpersonal in der Therapieeinrichtung und kann in Form des Casemanagements die weitere Entwicklung der Familie begleiten.

Resultate und Stabilität

Wie auch in vielen anderen Bereichen der Suchttherapie, so gibt es auch hier bei weitem nicht genug wissenschaftliche Untersuchungen zu den kurz- und langfristigen Ergebnissen von Interventionen. PICARD (1991) und STORTI (1994) berichten, dass in über 90% aller von ihnen durchgeführten Interventionen der Abhängige unmittelbar danach eine Therapie beginnt. Eine informelle Umfrage (1996) bei den Mitgliedern der »Association of Intervention Specialists« (AIS), dem Verband der US-amerikanischen Interventionsspezialisten, ergab, dass der Durchschnitt des sofortigen Therapiebeginnes nach einer Intervention bei 90-95 % liegt. Es wurde ca. 20 erfahrene Kollegen befragt, die auf mindestens 700 bis über 3000 Interventionen zurückblicken konnten.

Eine Untersuchung von FEARING (1996) in der Fachklinik Hazelden zeigte, dass sich im Hinblick auf solche Faktoren wie Bereitschaft zur Mitarbeit, Motivation, Fortschritte in der Therapie, Prognose, Abstinenzrate usw. bei den durch eine Intervention in Therapie gebrachten Abhängigen keine signifikanten Unterschiede zu der Gruppe von Patienten zeigten, die sich selbst zur Therapie angemeldet hatten. Wenn es welche gab, so waren sie in der Tendenz eher positiv. Eine Einschätzung der Patienten durch Therapeuten der Klinik im Hinblick auf Unterschiede in beiden Gruppen erbrachte das gleiche Resultat.

Meine Erfahrungen bestätigen dies weitgehend. Die Widerstände in der Therapie bewegen sich in einem normalen Rahmen und Therapieabbrüche sind äußerst selten. Hinzu kommt, dass öfter während einer Interventionsvorbereitung ein oder mehrere Teilnehmer der Gruppe eine eigene Abhängigkeitserkrankung erkennen und dementsprechend handeln. Die Abstinenzrate der Suchtkranken, die durch eine Intervention zur Therapie gelangten, liegt nach meinen Beobachtungen bei ca. 60-70 %.

Fazit

Die strukturierte Intervention ist eine ausgereifte und wirksame Methode. Familien müssen nicht mehr auf den Tiefpunkt des Suchtkranken warten, sondern können selbst etwas unternehmen: »handeln statt aushalten« könnte als das Motto gelten. Die strukturierte Intervention führt in den meisten Fällen dazu, dass der Abhängige im Anschluss eine Entwöhnungsbehandlung beginnt. Für die Familie bedeutet dies einen ersten, entscheidenden Schritt aus der Co-Abhängigkeit heraus. Indem die Angehörigen zum ersten Mal gemeinsam eine Position dem Abhängigen gegenüber beziehen, setzen sie ihm eine Grenze. Sie versichern dem Kranken ihre Loyalität, sie machen ihm aber zugleich deutlich, das sie nicht mehr ohnmächtige Zeugen bleiben wollen. Damit ist für beide Parteien eine Klärung der Situation erreicht.

Diese Methode verbindet verschiedene Elemente: *Emotion*, in Gestalt von Zuneigung und echter Sorge, *Wahrheit*, in Gestalt von Beziehungsklärung und Fakten, und *Handlung*, in Gestalt von konkreter Hilfe für den Abhängigen einerseits und mit der Erarbeitung neuer Verhaltensweisen und Grenzen durch seine soziale Umgebung andererseits. Sie eröffnet für alle Beteiligten die Chance, sich aus den Verstrickungen der Sucht zu befreien. Die »Suchtkarriere« und mit ihr das Leiden von vielen Mitbetroffenen kann dadurch um Jahre früher beendet werden.

Auch die oftmals erheblichen Kosten für das Gesundheitswesen, die Familie und den Einzelnen, die durch eine späte oder überhaupt nicht stattfindende Behandlung von Abhängigkeitskranken entstehen, können durch eine rechtzeitige Intervention vermieden werden.

Einen Interventionsspezialisten in Deutschland zu finden, ist allerdings nicht ganz einfach. Während in den USA alle größeren Kliniken über Listen von Interventionsspezialisten verfügen, gibt es hierzulande noch viel zu wenig Fachkräfte, die in dieser Methode ausgebildet worden sind, Erfahrung damit haben und sie beherrschen. Über eine entsprechende Adressenliste verfügt derzeit nur das Institut für strukturierte Intervention in Köln (siehe Adressteil).

Damit sich diese in den USA bewährte Methode auch in Deutschland durchsetzen kann, ist es erforderlich, dass diese Form der Therapie bei den an der Rehabilitation Abhängigkeitskranker beteiligten Einrichtungen und Institutionen anerkannt wird. Gleichzeitig müssen mehr Möglichkeiten für eine sich unmittelbar anschließende Entgiftungs- und Entwöhnungsbehandlung geschaffen werden. Für Selbstzahler und Privatpatienten ist dies bereits heute im Regelfall möglich, die Mitglieder der gesetzlichen Rentenversicherung müssen allerdings meist mit einem erheblich höheren bürokratischen Aufwand rechnen, um in den Genuss einer Therapiemaßnahme zu gelangen.

Ich bin überzeugt, dass sich diese Methode der Therapiemotivation auch in Deutschland mehr und mehr durchsetzen wird.

Literatur

CASOLARO, V. & SMITH, R.J. (1993): The process of intervention: getting alcoholics and drug abusers to treatment. In: STRAUSSNER, S.L.A., Clinical work with substance-abusing clients. New York: Guilford Press.

FEARING, J.A. (1996): Comparative analysis of the impatient chemical dependency treatment. Experience between professionally intervened patients and self referred patients. Minnesota: unveröffentl. Manuskript.

GALLANT, D. (1994): Alcohol. In: GALANTER & KLEBER, American Psychiatric Press Textbook of Substance Abuse Treatment. Washington: American Psychiatric Press.

JOHNSON, V.E. (1973): I'll quit tomorrow. New York: Harper & Row.

JOHNSON, V.E. (1986): Intervention. Minneapolis: Johnson Institute.

PICARD, FRANK, L. (1991): Family Intervention. New York: Prentice Hall Press.

STORTI, E. (1988): Crisis Intervention. New York: Crown Publishers.

WINKELMANN, A. (1990): Risikogruppe – erwachsene Kinder von Alkoholikern. In: *Psychologie heute*, 10, S. 54-64.

WINKELMANN, A. (1995): Kinder aus Suchtfamilien: Grundlagen, Kontexte, Arbeitsfelder. In: BIENEMANN, G., CARLHOFF, H.W., HASEBRINK, M., NIKLES, B. (Hg.), Handbuch des Kinder- und Jugendschutzes. Münster: Votum Verlag, S. 184-189.

WINKELMANN, A. (1997): Intervenieren statt abfinden. In: *Trojaner*. Forum für Lernen, Bildungswerk der Hessischen Wirtschaft e.V., Heft 2, S. 41-43.

Der Hilfeverein KOALA e.V.

KOALA
Kinder ohne den schädlichen Einfluss
von Alkohol und anderen Drogen e.V.

Hilfen für Kinder von Suchtkranken finden – wenn sie überhaupt geleistet werden – oft unter schwierigen finanziellen Verhältnissen statt. Die Möglichkeiten einer einheitlich geregelten Fallfinanzierung, wie sie aus dem Rehabilitations- und Akutmedizinbereich bekannt sind, sind im Bereich der Primär- und Sekundärprävention nicht gegeben. Oft müssen verschiedene Finanzierungsquellen (z.B. Erzieherischer Kinder- und Jugendschutz nach § 14 KJHG, Soziale Gruppenarbeit nach § 29 KJHG, Eingliederungshilfen für seelisch behinderte Kinder und Jugendliche nach § 35a KJHG, Mittel zur Förderung der Primärprävention durch die Krankenkassen nach § 20 SGB V, Spenden u.v.m.) kombiniert werden. Dabei ist es in Fachkreisen völlig unstrittig, dass Kinder suchtkranker Eltern in vielen Fällen intensiver Hilfe bedürfen und dass die Frühzeitigkeit dieser Hilfen einen entscheidenden Beitrag zu ihrer Wirksamkeit leistet. Immerhin sind in der Bundesrepublik Deutschland ca. 1,8 Millionen Kinder alkoholabhängiger Eltern, ca. 40.000 Kinder drogenabhängiger Eltern und eine nicht näher bekannte Zahl von Kindern Suchtmittel missbrauchender Eltern potenziell betroffen.

Um die Möglichkeiten für frühzeitige und unbürokratische Hilfen für Kinder suchtkranker Eltern zu verbessern, hat sich im Jahre 2000 der gemeinnützige Hilfeverein KOALA e.V., *K*inder *o*hne den schädlichen Einfluss von *Al*kohol und *a*nderen Drogen, gegründet. Es ist der bislang einzige Verein dieser Art in der Bundesrepublik Deutschland. Ihm gehören Fachkräfte der Sucht- und Jugendhilfe, Wissenschaftlerinnen und Wissenschaftler sowie Vertreterinnen und Vertreter der Selbsthilfe und andere interessierte Personen an.

Ziel des Vereins ist es, ein öffentliches und bundesweites Forum für die Thematik »Kinder von Suchtkranken« zu sein. Dazu sollen interessierte Personen und Institutionen miteinander vernetzt und für deren Engagement finanzielle Ressourcen akquiriert und zur Verfügung gestellt werden. Der Verein unterstützt therapeutische, pädagogische und präventive Aktivitäten, die die Lebensbedingungen von Kindern und Jugendlichen aus suchtbelasteten Familien verbessern. Dies geschieht im Einzelnen durch:

⊙ Förderung von Hilfeprojekte
⊙ Erstellen und Verbreiten von Informationsmaterial/Öffentlichkeitsarbeit
⊙ Durchführung von Tagungen und Seminaren zu wissenschafts- und praxisrelevanten Themen
⊙ Unterstützung und Förderung wissenschaftlicher Arbeiten
⊙ Erweiterung der Aus- und Fortbildungsmöglichkeiten
⊙ Förderung der Vernetzung interessierter Institutionen, Initiativen und Modellprojekte

Mehrfach bereits wurden öffentliche Veranstaltungen (z.B. Konzerte, Sportveranstaltungen) als Benefizveranstaltungen zugunsten von KOALA durchgeführt. Als Ansprechpartner steht Ihnen der Vorsitzende des Vereins, Prof. Dr. Michael Klein (Köln, Mikle@t-online.de) zur Verfügung. Sie können sich auch an die Geschäftsstelle des Vereins wenden:

KOALA e.V.
Kinder **o**hne den schädlichen Einfluss von **Al**kohol
und **a**nderen Drogen
Bundesgeschäftsstelle
Wörthstraße 10, 50668 Köln
Bankverbindung: Volksbank Bocholt
Konto-Nr. 247 610 900, BLZ 428 600 02
Homepage: www.koala-online.de

Anhang

Checkliste zur Risiko- und Ressourceneinschätzung für Jugendliche und Erwachsene aus alkoholbelasteten Familien[1]

Die folgenden Fragen sollen Ihnen helfen, einen Überblick über Ihre Erfahrungen im Elternhaus und ihre aktuelle Situation zu verschaffen. Die Checkliste versteht sich nicht als streng wissenschaftlich geprüftes Instrument, sondern dient in erster Linie der eigenen Selbstreflexion. Insbesondere geht es um folgende Punkte:

⊚ Hat oder hatte ein Elternteil Alkoholprobleme?
⊚ Wie habe ich mein Elternhaus erlebt?
⊚ Wie erlebe ich mich heute selbst?
⊚ Wie erlebe ich meine Freunde?
⊚ Welche Verhaltensweisen sehe ich bei mir als problematisch an?
⊚ Welche Stimmungen herrschen bei mir in der Regel vor?
⊚ Welche Fähigkeiten sehe ich bei mir?
⊚ Wie ist mein Verhältnis zum Alkohol?

Hat oder hatte ein Elternteil Alkoholprobleme?

Bitte lesen Sie sich die nachfolgenden Fragen aufmerksam durch und beurteilen Sie, ob eine oder mehrere Fragen für Sie zutreffen.

	ja	nein
1. Dachten Sie je daran, dass einer Ihrer Eltern ein Alkoholproblem haben könnte?	☐	☐
2. Haben Sie je einen Ihrer Eltern aufgefordert, mit dem Trinken aufzuhören?	☐	☐
3. Haben Sie sich jemals mit einem Ihrer Eltern gestritten oder geschlagen, wenn er/sie getrunken hatte?	☐	☐
4. Haben Sie jemals gehört, dass sich Ihre Eltern prügelten, wenn einer Ihrer Eltern betrunken war?	☐	☐
5. Hatten Sie mal die Idee, dass es besser wäre, den Alkohol zu Hause zu verstecken oder auszuschütten?	☐	☐
6. Wünschten Sie sich jemals, dass einer Ihrer Eltern mit dem Trinken aufhören sollte?	☐	☐

(nach Hodgins et al. 1995)

Wenn Sie drei oder mehr Fragen mit »Ja« beantwortet haben, dann hat/hatte ein Elternteil mit hoher Wahrscheinlichkeit ein Alkoholproblem.

Wie habe ich mein Elternhaus erlebt?

Im Folgenden geht es darum, wie Sie Ihre Jugend zwischen dem 12. und dem 18. Lebensjahr erlebt haben. Lesen Sie bitte jede der folgenden Aussagen durch und geben Sie dann an, ob oder wie sehr Sie diese Aussage für zutreffend halten. Beachten Sie bitte, dass es keine richtigen oder falschen, sondern nur ganz subjektive Antworten gibt. Kreuzen Sie in jeder Zeile das an, was Ihrer Meinung nach für Sie zutrifft. Wenn es Ihnen schwer fällt, sich zu entscheiden, dann sollten Sie diejenige Antwort wählen, die Ihrer Einschätzung am ehesten entspricht.

Die Atmosphäre in meiner Familie war meistens ...

harmonisch	1----2----3----4----5----6	disharmonisch
warm	1----2----3----4----5----6	kalt
offen	1----2----3----4----5----6	verschlossen
berechenbar	1----2----3----4----5----6	unberechenbar
friedfertig	1----2----3----4----5----6	gewalttätig
ehrlich	1----2----3----4----5----6	verlogen
fröhlich	1----2----3----4----5----6	bedrückt
förderlich	1----2----3----4----5----6	hemmend
freundlich	1----2----3----4----5----6	unfreundlich
stabil	1----2----3----4----5----6	instabil
entspannt	1----2----3----4----5----6	angespannt

Ein Punktwert bis 22 zeigt an, dass Sie in Ihrer Familie im Allgemeinen einen respektvollen und wertschätzenden Umgang erfahren haben, der Sie in Ihren Möglichkeiten gefördert und bestärkt hat. Punktwerte zwischen 23 und 39 weisen auf eine moderate Problembelastung in der Familie hin, die aber keine allzu gravierenden Folgen für das Zusammenleben hatte. Bei einem Punktwert zwischen 40 und 54 kann von einer erhöhten familiären Problemlage ausgegangen werden, die zumindest zeitweise zu einer Beeinträchtigung Ihrer seelischen Gesundheit geführt hat. Ein Punktwert von 55 und höher zeigt an, dass es in Ihrer Familie wahrscheinlich schwere Problemlagen gab, die die Atmosphäre schwer beeinträchtigten. Sie haben kaum Respekt und Anerkennung erfahren und wurden in Ihren Möglichkeiten wenig gefördert.

Körperliche Gewalt (in Form von Prügel, Schlägen, Tritten usw.) gab es in meiner Familie ...

☐ täglich oder fast täglich   ☐ oft (mehr als fünfmal im Monat)
☐ manchmal (bis zu fünf-   ☐ selten (höchstens einmal im Monat)
    mal im Monat)   ☐ nie

Seelische Gewalt (in Form von Schreien, Drohen, Liebesentzug) gab es in meiner Familie ...

☐ täglich oder fast täglich   ☐ oft (mehr als fünfmal im Monat)
☐ manchmal (bis zu fünf-   ☐ selten (höchstens einmal im Monat)
    mal im Monat)   ☐ nie

Wenn es um körperliche Gewalt in der Familie ging, dann war(en) in der Regel das (die) Opfer ...

☐ ich selbst   ☐ Mutter   ☐ Vater
☐ Geschwister   ☐ Großeltern   ☐ andere Personen
☐ trifft nicht zu

Die häufige oder regelmäßige Erfahrung von körperlicher und seelischer Gewalt im Elternhaus hat Auswirkungen auf das Selbstbewusstsein und führt in vielen Fällen dazu, dass die Betroffenen später als Erwachsene ebenfalls körperliche und/oder seelische Gewalt anwenden, um ihre Ziele zu erreichen.

	1 trifft voll zu	6 trifft gar nicht zu
Ich habe von dem Alkoholproblem in meiner Familie nicht viel mitbekommen.	1----2----3----4----5----6	
Ich habe von den Streitigkeiten meiner Eltern nicht viel mitbekommen.	1----2----3----4----5----6	
Ich hatte mindestens eine enge, vertrauensvolle Beziehung zu einer Person außerhalb der Familie (z.B. Tante, Onkel, Großvater, -mutter, Nachbar/-in, Freund/-in).	1----2----3----4----5----6	

Kinder, die den elterlichen Streitigkeiten oder dem elterlichen Trinken weniger ausgesetzt waren und darüber hinaus eine Vertrauensperson in ihrer Nähe hatten, haben später weniger Probleme in der Lebensführung.

Wie erlebe ich mich heute selbst?

bewusst	1---2---3---4---5---6	unbewusst
unabhängig	1---2---3---4---5---6	abhängig
beziehungsfähig	1---2---3---4---5---6	beziehungsunfähig
aktiv	1---2---3---4---5---6	passiv
kreativ	1---2---3---4---5---6	einfallslos
humorvoll	1---2---3---4---5---6	humorlos
moralisch	1---2---3---4---5---6	unmoralisch
wach	1---2---3---4---5---6	verträumt
leistungswillig	1---2---3---4---5---6	leistungsunwillig
zielstrebig	1---2---3---4---5---6	ziellos
verlässlich	1---2---3---4---5---6	unzuverlässig
verantwortungsvoll	1---2---3---4---5---6	verantwortungslos
optimistisch	1---2---3---4---5---6	pessimistisch
selbstbewusst	1---2---3---4---5---6	schüchtern
kontaktfreudig	1---2---3---4---5---6	zurückgezogen

Ein Punktwert bis 30 zeigt an, dass Sie sich als lebendigen und wachen Menschen erleben, der in seiner Lebensführung kaum oder wenig Probleme hat. Punktwerte zwischen 31 und 53 weisen darauf hin, dass es in Ihrem Leben zwar einige Problemlagen gibt, diese aber im Wesentlichen von Ihnen gemeistert werden können. Punktwerte zwischen 54 und 74 zeigen an, dass Sie mit sich selbst häufig nicht »im Reinen« sind und mitunter erhebliche Probleme in Ihrer Lebensführung haben. Punktwerte von 75 und mehr deuten auf ausgeprägte Problemlagen hin, die Ihr Leben deutlich beeinträchtigen.

Wie erlebe ich meine Freunde?

Meine Freunde sind ...

zielstrebig	1---2---3---4---5---6	ziellos
nie alkoholisiert	1---2---3---4---5---6	oft alkoholisiert
verlässlich	1---2---3---4---5---6	unzuverlässig
sozial	1---2---3---4---5---6	egoistisch
frei von Problemen	1---2---3---4---5---6	voller Probleme
ohne Aggressionen	1---2---3---4---5---6	voller Aggressionen

☐ Ich habe keine Freunde.

Eine Punktzahl bis 12 weist darauf hin, dass Ihre Freunde insgesamt eher wenig Probleme haben. Bei Punktwerten zischen 13 und 21 zeigen Ihre Freunde einige Problemlagen, die Ihr Leben insgesamt aber wenig beeinträchtigen. Punktwerte zwischen 22 und 29 weisen auf eine erhöhte Problembelastung Ihrer Freunde hin. Werte ab 30 deuten darauf hin, dass Sie in erster Linie mit solchen Menschen in Ihrem engeren Umfeld zu tun haben, die sehr problembehaftet sind. Sollten Sie hier deutlich erhöhte Werte erreichen, dann neigen Sie möglicherweise dazu, in Beziehungen eher als helfend und stützend aufzutreten und ihre eigenen Bedürfnisse zu vernachlässigen.

Welche Verhaltensweisen sehe ich bei mir als problematisch an?

	1 trifft voll zu	6 trifft gar nicht zu
Ängste	1----2----3----4----5----6	
Depressionen	1----2----3----4----5----6	
Gestörtes Essverhalten	1----2----3----4----5----6	
Glücksspiel	1----2----3----4----5----6	
Übermäßiges Arbeiten	1----2----3----4----5----6	
Sozial abhängiges Verhalten (z.B. Eifersucht, Unselbstständigkeit)	1----2----3----4----5----6	
Mangelndes Selbstwertgefühl	1----2----3----4----5----6	
Mangelndes Vertrauen	1----2----3----4----5----6	
Gefühlsverleugnung/-verwirrung	1----2----3----4----5----6	
Schuldgefühle	1----2----3----4----5----6	
Stimmungsschwankungen	1----2----3----4----5----6	
Schlaflosigkeit	1----2----3----4----5----6	
Zwänge im Handeln oder Denken	1----2----3----4----5----6	
Dauernde körperliche Beschwerden	1----2----3----4----5----6	

Bei den jeweiligen Beschwerden sind Punktwerte von 1 und 2 als besonders kritisch anzusehen, Punktwerte von 3 weisen auf eine Gefährdung hin, Punktwerte ab 4 deuten eher auf unproblematisches Verhalten.

Welche Stimmungen herrschen bei mir in der Regel vor?

In Bezug auf meine emotionale Stimmung herrscht normalerweise Folgendes vor:

	1 sehr stark	6 sehr schwach
Traurigkeit	1------2------3------4------5------6
Fröhlichkeit	1------2------3------4------5------6
Wut	1------2------3------4------5------6
Gleichgültigkeit	1------2------3------4------5------6
Neid	1------2------3------4------5------6
Unlust	1------2------3------4------5------6
Zorn	1------2------3------4------5------6
Gefühl von Panik	1------2------3------4------5------6
Liebesgefühl	1------2------3------4------5------6
Nervosität	1------2------3------4------5------6
Schuldgefühle	1------2------3------4------5------6
Anspannung	1------2------3------4------5------6
Ärger	1------2------3------4------5------6
Lebensfreude	1------2------3------4------5------6
Minderwertigkeit	1------2------3------4------5------6
Angst	1------2------3------4------5------6
Depression	1------2------3------4------5------6
Stimmungsschwankungen	1------2------3------4------5------6
Ohnmachtsgefühle	1------2------3------4------5------6
Freude	1------2------3------4------5------6
Optimismus	1------2------3------4------5------6

Bei den jeweiligen negativen Stimmungen sind Punktwerte von 1 und 2 als besonders kritisch anzusehen, Punktwerte von 3 weisen auf eine Gefährdung hin, Punktwerte ab 4 deuten eher auf unproblematisches Verhalten. Umgekehrt ist es bei den positiven Stimmungen, hier sind Werte von 5 und 6 eher bedenklich, während Punktwerte von 4 eine kritische Grenze bilden.

Welche Fähigkeiten sehe ich bei mir?

	1 sehr stark				6 sehr schwach	
Zuverlässigkeit	1------2------3------4------5------6
Treue	1------2------3------4------5------6
Durchsetzungsfähigkeit	1------2------3------4------5------6
Konsequentes Verhalten	1------2------3------4------5------6
Herzlichkeit	1------2------3------4------5------6
Intelligenz	1------2------3------4------5------6
Sprachliche Gewandtheit	1------2------3------4------5------6
Körperliche Fitness	1------2------3------4------5------6
Sportlichkeit	1------2------3------4------5------6
Diplomatisches Geschick	1------2------3------4------5------6
Kompromissfähigkeit	1------2------3------4------5------6
Guter Überblick	1------2------3------4------5------6
Selbstvertrauen	1------2------3------4------5------6
Gefühlsbetontheit	1------2------3------4------5------6
Einfühlungsvermögen	1------2------3------4------5------6
Begeisterungsfähigkeit	1------2------3------4------5------6
Vermittlungsfähigkeit	1------2------3------4------5------6
Hilfsbereitschaft	1------2------3------4------5------6
Ausgleichende Fähigkeiten	1------2------3------4------5------6
Bescheidenheit	1------2------3------4------5------6
Wahrnehmungsgenauigkeit	1------2------3------4------5------6
Aufmerksamkeit	1------2------3------4------5------6
Improvisationsvermögen	1------2------3------4------5------6
Krisen aushalten können	1------2------3------4------5------6
Risikofreude	1------2------3------4------5------6
Fantasie	1------2------3------4------5------6
Kreativität	1------2------3------4------5------6
Belastbarkeit	1------2------3------4------5------6
Loyalität	1------2------3------4------5------6
Gewissenhaftigkeit	1------2------3------4------5------6
Pflichtbewusstsein	1------2------3------4------5------6
Spontaneität	1------2------3------4------5------6

Bei den jeweiligen Fähigkeiten sind Punktwerte von 1 und 2 als besonders förderlich anzusehen, Punktwerte ab 4 deuten eher auf eine kritische Selbsteinschätzung hin.

Wie ist mein Verhältnis zum Alkohol?

Ich trinke Alkohol ...

☐ jeden Tag
☐ jeden zweiten Tag
☐ einmal pro Woche
☐ alle zwei Wochen
☐ einmal im Monat
☐ einmal im Quartal
☐ selten
☐ nie

Ich trinke dann meistens

.... Gläser Bier (0,3 l)
.... Gläser Wein (0,1 l)
.... Gläser Sekt (0,1 l)
.... Gläser Likör
.... Gläser Hochprozentiges

Ich bin betrunken ...

☐ jeden Tag
☐ einmal pro Woche
☐ einmal im Monat
☐ selten

☐ jeden zweiten Tag
☐ alle zwei Wochen
☐ einmal im Quartal
☐ nie

Mehr als drei Gläser Bier à 0,33 l bei Männern und mehr als zwei Gläser Bier à 0,33 l bei Frauen (oder vergleichbare Mengen an Wein: Männer: 5 Gläser Wein à 0,1 l, Frauen: drei Gläser Wein à 0,1 l) täglich bedeuten bereits einen riskanten Konsum von Alkohol, der auf Dauer zu körperlichen Schäden führt. Das regelmäßige Trinken von Alkohol kann zur Toleranzsteigerung und damit zur Erhöhung der Trinkmengen führen. Blackouts (»Filmrisse«), regelmäßige Vollräusche am Wochenende und Probleme durch Alkohol (Beruf, Partnerschaft, Führerschein) deuten auf ein bestehendes Alkoholproblem hin.

Ich trinke vorwiegend Alkohol, ...

	1 trifft voll zu	6 trifft gar nicht zu
weil meine Unsicherheit dann verschwindet	1---2---3---4---5---6	
weil ich mich dann viel stärker fühle	1---2---3---4---5---6	
weil meine Angst dann weniger wird	1---2---3---4---5---6	
weil ich dann meinen Stress vergessen kann	1---2---3---4---5---6	
weil meine Anspannung dann nachlässt	1---2---3---4---5---6	
weil ich dann viel ruhiger werde	1---2---3---4---5---6	
weil ich anderen damit imponieren will	1---2---3---4---5---6	
weil ich dann ein Gefühl von Männlichkeit habe	1---2---3---4---5---6	

weil ich kein »Waschlappen« sein will	1---2---3---4---5---6
weil alle anderen auch Alkohol trinken	1---2---3---4---5---6
weil es mir das Gefühl gibt, dazuzugehören	1---2---3---4---5---6
weil ich mit dabei sein will	1---2---3---4---5---6
weil es mit Alkohol mehr Spaß macht	1---2---3---4---5---6
weil ich dann eher auf andere zugehen kann	1---2---3---4---5---6
weil ich Probleme habe	1---2---3---4---5---6
weil ich oft sehr deprimiert bin	1---2---3---4---5---6
weil ich oft einfach nicht weiter weiß	1---2---3---4---5---6

□ Ich trinke keinen Alkohol.

Punktwerte bis 34 sind als besonders kritisch anzusehen, da hier Alkohol mehr oder weniger gezielt zur Stimmungsaufhellung, zum »Abbau« von Stress, zum Aufbau von Geselligkeit und zur Steigerung von Selbstbewusstsein eingesetzt wird. Summenwerte von 35 bis 60 zeigen an, dass Alkohol zumindest bis zu einem gewissen Grad im obigen Sinne mehr oder weniger bewusst eingesetzt wird. Bei Werten zwischen 61 und 84 besteht eine eher geringe Neigung, Alkohol entsprechend problemorientiert zu konsumieren. Punktwerte von 85 und mehr sind dagegen unauffällig.

Wie hoch ist meine Alkoholtoleranz?

	1 trifft voll zu	6 trifft gar nicht zu
Meine Bekannten meinen, dass ich viel Alkohol vertragen kann.	1-----2-----3-----4-----5-----6	
Nach einer durchzechten Nacht fühle ich mich am nächsten Morgen wieder recht »fit«.	1-----2-----3-----4-----5-----6	
Ich merke, dass ich mehr Alkohol trinken muss als früher, um die gewünschte Wirkung zu erzielen.	1-----2-----3-----4-----5-----6	
Ich merke, dass ich mehr Alkohol vertragen kann als früher.	1-----2-----3-----4-----5-----6	
Manchmal bin ich erstaunt, wie viel ich noch leisten kann, obwohl ich eine große Menge an Alkohol getrunken habe.	1-----2-----3-----4-----5-----6	

Ein Punktwert bis zu 10 Punkten deutet an, dass Sie bereits über eine erhebliche Alkoholtoleranz verfügen, also häufig Alkohol trinken und Ihre Trinkmengen in der Vergangenheit gesteigert haben. Summenwerte zwischen 11 und 18 weisen darauf hin, dass Sie eine erhöhte Alkoholtoleranz zeigen und in Gefahr stehen, zu viel Alkohol zu konsumieren. Punktwerte zwischen 19 und 24 können auf eine beginnende Gewöhnung hinweisen. Punktwerte von 25 und mehr sind als unbedenklich anzusehen.

Wer in meiner Verwandtschaft hat/hatte Probleme mit Suchtmitteln?
In meiner Verwandtschaft haben/hatten folgende Personen ein Problem mit Alkohol, Medikamenten oder Drogen:

Bruder	□ ja	□ nein	□ weiß nicht
Schwester	□ ja	□ nein	□ weiß nicht
Onkel väterlicherseits	□ ja	□ nein	□ weiß nicht
Onkel mütterlicherseits	□ ja	□ nein	□ weiß nicht
Tante väterlicherseits	□ ja	□ nein	□ weiß nicht
Tante mütterlicherseits	□ ja	□ nein	□ weiß nicht
Großvater väterlicherseits	□ ja	□ nein	□ weiß nicht
Großvater mütterlicherseits	□ ja	□ nein	□ weiß nicht
Großmutter väterlicherseits	□ ja	□ nein	□ weiß nicht
Großmutter mütterlicherseits	□ ja	□ nein	□ weiß nicht

Je mehr Verwandte ein problematisches Verhältnis zu Suchtmitteln haben, umso höher ist Ihr Risiko, ebenfalls Probleme mit Suchtmittel zu bekommen.

Habe ich Suchtprobleme?
□ nein
□ ja, im Umgang mit folgenden Substanzen (z.B. Alkohol, Medikamente): . . . .
. . . .
. . . .

□ ja, mit bestimmten Verhaltensweisen (z.B. Arbeiten, Glücksspiel, Essen): . . . .
. . . .
. . . .

Lebe ich mit Personen zusammen, die Suchtprobleme (Alkohol, Medikamente, Drogen, Arbeiten, Glücksspiel, Essen) haben?

□ nein   □ ja

Wenn ja, welche Person(en) ist (sind) dies? . . . .

. . . .

. . . .

Sofern Sie Probleme mit Suchtmitteln bei sich feststellen oder mit Personen zusammenleben, die nichts gegen ihr Suchtproblem tun, sollten Sie sich überlegen, ob Sie professionelle Hilfe in Anspruch nehmen. Ansprechpartner sind insbesondere Suchtberatungsstellen oder entsprechende Selbsthilfegruppen.

Anmerkung

1 Der Herausgeber bedankt sich bei Prof. Dr. Michael Klein, Katholische FH NRW Köln, für die Mitarbeit und methodische Unterstützung bei der Erstellung der Checkliste.

Literatur

HODGINS, D.C., MATICKA-TYNDALE, E., EL-GUEBALY, N., WEST, M. (1995): Alternative cut-point scores for the CAST-6. *Addictive Behaviors, 20,* S. 267-270.

Hilfreiche Adressen

Suchtberatungsstellen

Wenn die regionale Suchtberatungsstelle nicht direkt als solche im Telefonbuch ausgewiesen oder in den Gelben Seiten zu finden ist, können in der Regel der Allgemeine Soziale Dienst vor Ort, das Gesundheitsamt und gegebenenfalls das Jugendamt weiterhelfen.

Hilfe bei der Suche nach Suchtberatungsstellen und anderen Einrichtungen der Suchthilfe bieten auch Beratungsstellen, die von den Rentenversicherungsträgern als ambulante Behandlungsstellen für Alkoholabhängige anerkannt sind; Sie können sie unter Tel. (0 23 81) 90 15-0 (Deutsche Hauptstelle gegen die Suchtgefahren) oder (02 21) 89 20 31 (Bundeszentrale für gesundheitliche Aufklärung) erfragen.

Deutsche Hauptstelle gegen die
Suchtgefahren e.V. (DHS)
Postfach 1369, 59003 Hamm
Internetseite:http://www.dhs.de

Dort stehen Ihnen Links zu weiteren Verzeichnissen zur Verfügung:

⊙ Suche im deutschen Suchtverzeichnis
⊙ Suche nach Einrichtungen des »buss« (Bundesverband für stationäre Suchtkrankenhilfe e.V.)
⊙ Suche nach Einrichtungen der Caritas
⊙ Suche nach Einrichtungen der Diakonie
⊙ Suche nach Einrichtungen zu Glücksspielsucht
⊙ Suche nach Fachkliniken für Frauen
⊙ Landesstellen gegen die Suchtgefahren

Selbsthilfe

Selbsthilfegruppen für Kinder aus alkoholbelasteten Familien gibt es unter dem Dach der Al-Anon-Selbsthilfegruppen für Angehörige und Freunde von Alkoholikern.

Zentrales Dienstbüro der Al-Anon
Familiengruppen Interessengemeinschaft e.V.
Emilienstr. 4, 45128 Essen
E-Mail: al-anon.zdb@t-online.de
Homepage: http://www.al-anon.de/alateen.shtml

Erwachsene Kinder von suchtkranken Eltern/Erziehern
Dienstbüro
Rosental 30, 53111 Bonn
Tel. und Fax (02 28) 69 29 10

Auch die anderen Selbsthilfegruppen haben in der Regel Angebote für Angehörige von Suchtkranken:

Anonyme Alkoholiker
Interessengemeinschaft e.V.
Gemeinsames Dienstbüro
Postfach 46 02 27, 80910 München
Tel. (0 89) 3 16 95 00, Fax (0 89) 316 51 00
E-Mail: kontakt@anonyme-alkoholiker.de
Homepage: http://www.anonyme-alkoholiker.de

Blaues Kreuz in der Ev. Kirche e.V.
Bundesverband
Matthiasstr. 13, 44879 Bochum
Tel. (02 34) 94 22 240, Fax (02 34) 94 22 41
E-Mail: bke@blaues-kreuz.org
Homepage: http://www.blaueskreuz.de

Deutscher Guttempler-Orden (I.O.G.T.)
Adenauerallee 45, 20097 Hamburg
Tel. (0 40) 24 58 80, Fax (0 40) 24 14 30
E-Mail: info@guttempler.de
Homepage: http://www.guttempler.de

Freundeskreise für Suchtkrankenhilfe Bundesverband e.V.
Kurt-Schumacher-Straße 2, 34117 Kassel
Tel. (05 61) 78 04 13, Fax (05 61) 71 12 82
E-Mail: mail@freundeskreise-sucht.de
Homepage: http://www.freundeskreise-sucht.de

Kreuzbund
Bundesgeschäftsstelle
Münsterstraße 25, 59065 Hamm/Westf.
Tel. (0 23 81) 67 27 2-0, Fax (0 23 81) 67 27 2-33
Bundeseinheitliche Telefonnummer: (0 18 05) 41 04 50
E-Mail: webmaster@blaueskreuz.de
Homepage: http://www.kreuzbund.de

Kontrolliertes Trinken

Internet: www.kontrolliertes-trinken.de

Bietet neben Informationen zum kontrollierten Trinken ein autodidaktisch zu erlernendes 10-Schritte Programm zum kontrollierten Trinken.

Therapie

Vor Ort verfügen viele Sozialpsychiatrische Dienste – meistens am Gesundheitsamt angesiedelt – über eine Broschüre der regionalen Beratungs- und Therapieangebote. Auch die örtlichen Kassenärztlichen Vereinigungen helfen bei der Suche nach niedergelassenen Therapeutinnen und Therapeuten. Für die überörtliche Suche bietet der Bundesverband Deutscher Psychologinnen und Psychologen e.V. Hilfestellung:

Berufsverband Deutscher Psychologinnen
und Psychologen e.V. (BDP)
Bundesgeschäftsstelle
Glinkastr. 5-7, 10117 Berlin
Tel. (0 30) 20 67 98-61, Fax (0 30) 22 60 56 98
E-Mail: k.erber@bdp-verband.org
Homepage: http://www.bdp-verband.org

Persönliche Telefonberatung des BDP bei der Suche nach niedergelassenen Therapeutinnen und Therapeuten:

Psychotherapie-Infodienst PID
Tel. (02 28) 74 66 99, Fax (0228) 987 31-71
E-Mail: wd-pid@t-online.de
Homepage: http://www.bdp-verband.org/html/praxen/idprax.html

Auch die unabhängigen Verbraucherberatungen können bei der Suche nach Adressen von Psychotherapeutinnen und Psychotherapeuten helfen:

Bundesarbeitsgemeinschaft der PatientInnenstellen
Geschäftsstelle:
Gesundheitsladen München e.V.
Auenstr. 31, 80469 München
Tel. (0 89) 77 25 65, Fax (0 89) 72 50 474
Homepage: http://gesundheitsladen-muenchen.de

Neben den PatientInnenstellen haben einige Verbraucherzentralen der Bundesländer (z.T. regionale) Psychotherapieführer herausgegeben. Der Bereich »Gesundheitsdienstleistungen« ist an den Verbraucherzentralen jedoch unterschiedlich stark ausgebaut und auch nicht immer gleich strukturiert. Während

Bremen und Hamburg diesen Bereich schon seit Jahren pflegen, haben Thüringen, Schleswig-Holstein, Brandenburg und Mecklenburg-Vorpommern erst im Juli 2001 mit dem Aufbau dieser Leistung begonnen. Bei Interesse kann man sich an den Bundesverband der Verbraucherzentralen wenden, der über eine Liste der Ansprechpartner in den Bundesländern verfügt:

Verbraucherzentrale Bundesverband
Markgrafenstr. 66, 10969 Berlin
Tel. (0 30) 2 58 00-0
Fax (0 30) 2 58 00-5 18
E-Mail:info@vzbv.de
Homepage: http:// www.vzbv.de

Literatur

Jugendbücher

Ab 10 Jahren

FISCHER, F. (2000): Katja reitet wieder. Wuppertal: Blaukreuz.

LUDWIG, S. (1998): Juli und Augustus. Frankfurt: Fischer.

RAUPRICH, N. (2001): Was ist los mit meinem Bruder? Gütersloh: Bertelsmann.

Ab 12 Jahren

LADIGES, A. (2001): Hau ab, du Flasche. Reinbek: Rowohlt.

Für junge Erwachsene

DOUBEK, K. (1999): Ich bin doch keine Flasche. Wenn Jugendliche zu viel trinken. München: Kösel.

STEWART, M. (1997): Alki? Ich doch nicht. Ravensburg: Ravensburger.

Kinder aus alkoholbelasteten Familien

ARENZ-GREIVING, I. (1998): Die vergessenen Kinder. Kinder von Suchtkranken. Wuppertal: Blaukreuz.

LAMBROU, U. (1990): Familienkrankheit Alkoholismus. Im Sog der Abhängigkeit. Reinbek: Rowohlt.

LINDEMANN, F. (1999): Den Suchtkreislauf durchbrechen. Hilfen für Kinder aus suchtbelasteten Lebensgemeinschaften. Geesthacht: Neuland.

WOITITZ, J. G. (2000): Um die Kindheit betrogen. Hoffnung und Heilung für erwachsene Kinder von Suchtkranken. 5., aktualisierte Auflage, München: Kösel.

WOITITZ, J. G. (2000): Sehnsucht nach Liebe und Geborgenheit. Wie erwachsene Kinder von Suchtkranken Nähe zulassen können. 3., aktualisierte Auflage, München: Kösel.

ZOBEL, M. (2000): Kinder aus alkoholbelasteten Familien – Entwicklungsrisiken und -chancen. Göttingen: Hogrefe.

Alkohol und Alkoholabhängigkeit

FEUERLEIN, W. (1999): Wenn Alkohol zum Problem wird. Hilfreiche Informationen für Angehörige und Betroffene. 4. Auflage, Stuttgart: Trias.

KÖRKEL, J., KRUSE, G., (2000): Mit dem Rückfall leben. Abstinenz als Allheilmittel? 4. Auflage, Bonn: Psychiatrie-Verlag.

KRUSE, G., KÖRKEL, J., SCHMALZ, U. (2000): Alkoholabhängigkeit erkennen und behandeln. Mit literarischen Beispielen. Bonn: Psychiatrie-Verlag.

LINDENMEYER, J. (1998): Lieber schlau als blau. 5., überarbeitete und erweiterte Auflage, Weinheim: Psychologie-Verlags-Union.

LINDENMEYER, J. (1999): Alkoholabhängigkeit. Göttingen: Hogrefe.

SCHNEIDER, R. (1998): Die Suchtfibel. 12., überarbeitete Auflage, Hohengehren: Schneider-Verlag.

Co-Abhängigkeit

ASSFALG, R. (1999): Die heimliche Unterstützung der Sucht: Co-Abhängigkeit. 3., überarbeitete Auflage, Geesthacht: Neuland.

BEATTIE, M. (1990): Die Sucht, gebraucht zu werden. München: Heyne.

KOLITZUS, H. (1997): Die Liebe und der Suff. Schicksalsgemeinschaft Suchtfamilie. 4. Auflage, München: Kösel.

KOLITZUS, H. (2000): Ich befreie mich von deiner Sucht. Hilfen für Angehörige von Suchtkranken. München: Kösel.

LAMBROU, U. (1996): Helfen oder aufgeben? Ein Ratgeber für Angehörige von Alkoholikern. Reinbek: Rowohlt.

NORWOOD, R. (1986): Wenn Frauen zu sehr lieben. Die heimliche Sucht, gebraucht zu werden. Reinbek: Rowohlt.

RENNERT, M. (1990): Co-Abhängigkeit. Was Sucht für die Familie bedeutet. 2. Auflage, Freiburg: Lambertus.

RUTHE, R., GLÖCKL, P. (1999): Alkohol und Ehe und Familie. Was die Familie tun kann. 4., erweiterte Auflage, Wuppertal: Blaukreuz.

SCHAEF, A. W. (1995) Co-Abhängigkeit. Die Sucht hinter der Sucht. München: Heyne.

Alkoholembryopathie

KNAPPEN, B. v. (1987): Alkoholschäden bei Kindern. Ratgeber zur Alkoholembryopathie. Freiburg: Lambertus.

LÖSER, H. (1995): Alkoholembryopathie und Alkoholeffekte. München: Urban & Fischer.

Praktische Arbeit mit Kindern und Jugendlichen aus alkoholbelasteten Familien

EHRENFRIED, T., HEINZELMANN, C, KÄHNI, J, MAYER, R. (1998): Arbeit mit Kindern und Jugendlichen aus Familien Suchtkranker. Ein Bericht aus der Praxis für die Praxis. Balingen: Selbstverlag. Anschrift: Heilpädagogisch-psychologische Gemeinschaftspraxis Weinmann-Mayer und Dr. Mayer, Hermann-Rommel-Str. 22, 72336 Balingen.

Suchtprävention

BRAUN, A. (1999): Weniger ... ist oft mehr. 3. Auflage, München: Kösel.

DRECHSLER-SCHUBKEGEL, K. (1999): Suchtprävention. Süchte erkennen, mit Süchten umgehen, Süchte bekämpfen (Lernmaterialien). Donau-wörth: L. Auer.

GOODYER, P. (1999): Kids und Drugs. Ein praktischer Ratgeber. Freiburg: Herder.

HAUG-SCHNABEL, G., SCHMID-STEINBRUNNER, B. (2000): Sucht-prävention im Kindergarten. So helfen Sie Kindern, stark zu werden. Freiburg: Herder.

HILLENBERG, L., FRIES, B. (1998): Starke Kinder: zu stark für Drogen. Handbuch zur praktischen Suchtvorbeugung. München: Kösel.

KOLIP, P. (1999): Programme gegen Sucht. Internationale Ansätze zur Suchtprävention im Jugendalter. Weinheim: Juventa.

KROWATSCHEK, D. (1999): Nein sagen können. Suchtvorbeugung (Lernmaterialien). Lichtenau: AOL-Verlag.

LEPPIN, A., HURRELMANN, K., PETERMANN, H. (2000): Jugendliche und Alltagsdrogen. Konsum und Perspektiven der Prävention. Neuwied: Luchterhand.

ROBRA, A. (1999): Das Suchtspielbuch. Spiele und Übungen zur Suchtprävention in Kindergarten, Schule, Jugendarbeit und Betrieben. Seelze: Kallmeyer/SVK.

SCHIFFER, E. (1999): Warum Huckleberry Finn nicht süchtig wurde. 4. Auflage, Weinheim: Beltz.

SCHMIDT, B., HURRELMANN, K. (2000): Präventive Sucht- und Drogen-politik. Ein Handbuch. Leverkusen: Leske + Buderich.

TOSSMANN, P., WEBER, N. (2001): Alkoholprävention und Erziehung und Unterricht. Herbolzheim: Centaurus.

Der Herausgeber

Dr. phil. **Martin Zobel**, Jahrgang 1962, Diplom-Psychologe, psychologischer Psychotherapeut, Fachbuchautor; arbeitet in eigener psychotherapeutischer Praxis in Koblenz, seit 1993 wissenschaftlicher Mitarbeiter der Kliniken Daun, Eifel, Mitbegründer des Rheinischen Instituts für angewandte Suchtforschung (RIAS); zahlreiche wissenschaftliche Veröffentlichungen, Weiterbildungen und Fachvorträge zum Thema Kinder aus alkoholbelasteten Familien; seit 1996 gemeinsame Durchführung mit Prof. Dr. Michael Klein, KFH Köln, des Modellprojekts »Prävention und Frühintervention bei Kindern aus suchtbelasteten Multiproblemfamilien« im Auftrag des Ministeriums für Kultur, Jugend, Familie und Frauen des Landes Rheinland-Pfalz und in Zusammenarbeit mit der Kreisverwaltung Altenkirchen und dem Diakonischen Werk Altenkirchen.
Arbeitsschwerpunkte: ambulante Psychotherapie, Weiterbildung und Forschung zum Thema Kinder aus suchtbelasteten Familien, Therapieevaluation, stoff- und nicht stoffgebundene Abhängigkeiten, Internetabhängigkeit, ambulante Rehabilitation verkehrs- und alkoholauffälliger Kraftfahrer, Coaching von Führungskräften.
Adresse: Bahnhofstr. 6, 56068 Koblenz, Tel.: (02 61) 4 37 88, Fax: (02 61) 4 37 94, E-Mail: Martin.Zobel@t-online.de, Internet: www.rias.de.

Die Autorinnen und Autoren

Dirk Bernsdorff, Jahrgang 1954, Lehrer für das Gymnasium, Suchttherapeut, Psychodrama-Leiter (DAGG); war von 1987 bis 1992 tätig als Einzel- und Gruppentherapeut in Fachkliniken für Suchterkrankungen und als Leiter einer Einrichtung zur Reintegration von Langzeitarbeitslosen; seit 1993 Mitarbeiter der »Fachstelle für Suchtprävention und für Kinder aus suchtbelasteten Familien« im Diakonischen Werk in Altenkirchen, Westerwald.
Arbeitsschwerpunkte: Suchtprävention, Kinder aus suchtbelasteten Familien.
Adresse: Diakonisches Werk Altenkirchen, Fachstelle für Suchtprävention und für Kinder aus suchtbelasteten Familien, Stadthallenweg 16, 57610 Altenkirchen, Tel.: (0 26 81) 80 08-20, Fax: (0 26 81) 80 08-82, E-Mail: diakonie.altenkirchen@t-online.de.

Bettina, Jahrgang 1967, Diplom-Sozialpädagogin, dreijährige Mitarbeit im Modellprojekt »Familienorientierte Arbeit mit Kindern und Jugendlichen alkoholabhängiger Eltern/-teile«; zurzeit – abgesehen von einzelnen Referententätigkeiten zum Thema Kinder in Suchtfamilien – im Erziehungsurlaub.
Arbeitsschwerpunkt: ambulante Arbeit mit Kindern Suchtkranker.

Helga Dilger, Jahrgang 1957, Diplom-Sozialpädagogin, Supervisorin, Aufbau und Leitung von MAKS (Modellprojekt Arbeit mit Kindern von Suchtkranken) seit 1990.
Arbeitsschwerpunkte: Öffentlichkeitsarbeit, Finanzierung.
Adresse: MAKS, Kartäuserstraße 77, 79104 Freiburg, Tel.: (07 61) 3 32 16.

Theresa Ehrenfried, Jahrgang 1961, freiberuflich tätige Heilpädagogin, Trainerin für emotionale Kompetenz.
Arbeitsschwerpunkte: präventive Gruppenarbeit für Kinder und Jugendliche aus Familien Suchtkranker, Verfahrenspflegerin bei Trennung und Scheidung.
Adresse: Martin-Luther-Str. 11/1, 72336 Balingen, Tel.: (0 74 33) 38 23 16, Fax: (0 74 33) 38 34 57, E-Mail: ehr.goe@t-online.de.

Hans-Jürgen, Jahrgang 1961, lebt in Rheinland-Pfalz.

Siegfried Holtorf, Jahrgang 1957, Diplom-Sozialpädagoge, arbeitet bei der Kreisverwaltung Altenkirchen im Allgemeinen Sozialen Dienst.
Arbeitsschwerpunkte: Mediation bei Trennung und Scheidung, Krisenintervention in Familien, Beratung bei sexuellen Übergriffen und Misshandlungen.
Adresse: Kreisverwaltung Altenkirchen, Parkstr. 1, 57610 Altenkirchen. Telefon: (0 26 81) 81-25 32, Fax: (0 26 81) 81-25 90.

Dr. rer. nat. **Michael Klein**, Jahrgang 1954, Diplom-Psychologe, psychologischer Psychotherapeut, Professor für Klinische Psychologie an der Katholischen Fachhochschule Nordrhein-Westfalen, Köln. Sprecher des dortigen Forschungsschwerpunktes »Sucht und Familie«, Aufbau des ersten Master-Studiengangs (Master of Addiction Prevention and Treatment) in Deutschland an der KFH Köln, Vorstandsmitglied des Eifler Verhaltenstherapie-Institutes e.V. Daun, Präsident der Deutschen Gesellschaft für Suchtpsychologie.
Arbeitsschwerpunkte: Kinder in Suchtfamilien, Sucht und Gewalt, Supervison, Psychotherapie, Organisationsberatung.
Adresse: Katholische Fachhochschule NW, Wörthstr. 10, 50668 Köln, Telefon: (02 21) 77 57-1 56, Fax: (02 21) 77 57-1 80, E-Mail: Mikle@t-online.de, Internet: www.rias.de.

Dr. phil. **Joachim Körkel**, Jahrgang 1954, Diplom-Psychologe, psychologischer Psychotherapeut. Nach vierjähriger Leitung der Psychotherapie in einer Fachklinik für alkohol- und medikamentenabhängige Frauen und Männer seit 1988 Professor für Psychologie an der Evangelischen Fachhochschule für Sozialwesen in Nürnberg. Mitherausgeber der Zeitschrift Suchttherapie.

Arbeitsschwerpunkte: Rückfallprävention, kontrolliertes Trinken, motivierende Beratung, Selbstwirksamkeitswirkungen, Ethik und Sucht, Diagnostik.
Adresse: Ev. Fachhochschule Nürnberg, Fachbereich Sozialwesen, Bärenschanzstr. 4, 90429 Nürnberg, Tel.: (09 11) 27 25 38 29, Fax: (09 11) 27 25 38 13, E-Mail: joachim.koerkel@evfh-nuernberg.de, Internet: www.kontrolliertes-trinken.de.

Dr. rer. nat. **Johannes Lindenmeyer**, Jahrgang 1954, Diplom-Psychologe, Direktor der Salus-Klinik Lindow, Ausbilder und Supervisor für Verhaltenstherapie (KBV), seit neunzehn Jahren in der Behandlung von Alkohol- und Medikamentenabhängigen tätig, seit zwölf Jahren an vielen Ausbildungsinstituten für Verhaltenstherapie als Supervisor und Ausbilder tätig.
Arbeitsschwerpunkte: Motivierungsstrategien, Rückfallprävention, Exposition in vivo in der Suchtbehandlung, Organisationsentwicklung und Supervision.
Adresse: Salus-Klinik Lindow, Straße nach Gühlen 10, 16835 Lindow, Tel.: (03 39 33) 88-0, Fax: (03 39 33) 88-119, E-Mail: lindenmeyer@salus-lindow.de, Internet: www.ruppin.de/lindow/binfo/salus.html.

Prof. Dr. med. **Hermann Löser**, Jahrgang 1940, emeritiert, vormals Kinderarzt und Kinderkardiologe an der Universitäts-Kinderklinik Münster, arbeitet seit 1974 wissenschaftlich über Folgeschäden bei Kindern infolge Alkoholkonsum in der Schwangerschaft. Mitbegründer einer Elterninitiative alkoholgeschädigter Kinder e.V. mit Sitz in Duisburg.
Adresse: Schweriner Str. 38, 48161 Münster, Tel. (0 25 34) 75 45 (privat).

Dr. **Reinhardt Mayer**, Jahrgang 1956, Diplom-Psychologe, Diplom-Pädagoge, psychologischer Psychotherapeut für Erwachsene, Jugendliche und Kinder, systemischer Familien- und Hypnotherapeut, Supervisor (BDP), arbeitet in freier heilpädagogisch-psychologischer Gemeinschaftspraxis und verkehrspsychologischer Praxis in Balingen.
Arbeitsschwerpunkt: präventive Gruppenangebote für Kinder und Jugendliche aus Familien Suchtkranker.
Adresse: Heilpädagogisch-psychologische Gemeinschaftspraxis, Hirschbergstr. 30, 72336 Balingen, Tel.: (0 74 33) 1 57 58, Fax: (0 74 33) 27 33 67, E-Mail: info@praxis-weinmann-mayer.de, Internet: www.praxis-weinmann-mayer.de.

Claudia Quinten, Jahrgang 1955, Diplom-Psychologin, psychologische Psychotherapeutin, Supervisorin, leitende Psychologin der Kliniken Daun-Thommener Höhe. Ausbildung in Verhaltenstherapie, Gesprächspsychotherapie und katathym-imaginativer Psychotherapie, Vorstandsmitglied des Eifler Verhaltenstherapie-Institutes e.V. Daun.
Arbeitsschwerpunkte: Ethik in der Psychotherapie, Kinder von Suchtkranken, Konzeptentwicklung, Medikamentenabhängigkeit, Rückfallbehandlung.
Adresse: Kliniken Daun-Thommener Höhe, 54552 Darscheid, Telefon: (0 65 92) 2 01-7 07, Telefax: (0 65 92) 2 01-7 51, E-Mail: cquinten@ahg.de, Internet: www.ahg.de/Thommen.

Dr. **Monika Rennert**, Jahrgang 1949, Diplom-Psychologin und psychologische Psychotherapeutin; von 1979 bis 1989 Leiterin der Jugend- und Drogenberatungsstelle in Hofheim, Taunus, danach Entwicklung und Leitung des Familienprogramms der deutsch-amerikanischen Klinik für Psychosomatik und Abhängigkeitserkrankungen in Garmisch-Partenkirchen; seit 1992 Sucht- und Gesundheitsbeauftragte für die Beschäftigten der Stadt Wiesbaden sowie nebenberuflich Referentin und Psychotherapeutin.

Arbeitsschwerpunkte: Information und Beratung von Betroffenen sowie vom familiären und betrieblichen Umfeld, Seminare zum Umgang mit suchtkranken oder -gefährdeten Mitarbeiterinnen und Mitarbeitern, Gesundheitsförderung, Psychotherapie.

Adresse: Stadt Wiesbaden 11 BSD, Postfach 3920, 65029 Wiesbaden, Telefon: (06 11) 31 38 69, E-Mail: monika.rennert@wiesbaden.de.

Sascha Treis, Jahrgang 1975, lebt in Rheinland-Pfalz.

Veronika, Jahrgang 1971, lebt in Köln.

Dr. med. **Monika Vogelgesang**, Jahrgang 1960, Fachärztin für Neurologie und Psychiatrie sowie für psychotherapeutische Medizin, Zusatzbezeichnungen: Psychotherapie und Rehabilitationswesen, abgeschlossene Weiterbildung in tiefenpsychologischer Psychotherapie, Verhaltenstherapie und verhaltenstherapeutischer Gruppentherapie sowie in EMDR (Eye Movement Desentisation and Reprocessing), Supervisorin und Dozentin für Verhaltenstherapie, Lehrbeauftragte der Universität des Saarlandes, Chefärztin der Psychosomatischen Fachklinik Münchwies.

Arbeitsschwerpunkt: posttraumatische Belastungsstörungen, Essstörungen, Suchterkrankungen, frauenspezifische Therapie.

Adresse: Psychosomatische Fachklinik Münchwies, Turmstr. 50-58, 66540 Neunkirchen, Tel.: (0 68 58) 6 91-0, Fax: (0 68 58) 6 91-4 20, E-Mail: medleitungmue@ahg.de, Internet: www.ahg.de/Muenchwies.

Arno Winkelmann, Jahrgang 1954, Diplom-Psychologe, Ausbildung u.a. als Interventionsspezialist am Johnson Institut, Minnesota, und am Betty Ford Center in Sucht- und Familientherapie, dort »Prefered Intervention-Specialist«; Ausbildung in Rational-Emotiver Therapie (RET) bei Albert Ellis, New York, Mitglied im »International Advisery Board« der Hazelden Foundation, Gründungsmitglied der »Association of Intervention Specialists« (AIS), USA, Gründer des Instituts für strukturierte Intervention in Köln.

Arbeitsschwerpunkte: Durchführung von Interventionen bei Abhängigkeitserkrankungen in Familien und Organisationen, Beratung bei Abhängigkeitsproblemen.

Adresse: Lütticher Str. 15, 50574 Köln, Telefon: (02 21) 5 62 57 97, Telefax: (02 21) 5 62 57 98, E-Mail: i.s.i.winkelmann@t-online.de, Internet: www. intervention.de.